モンゴル語ことわざ用法辞典

塩谷　茂樹
E. プレブジャブ　著

大学書林

前書き

　モンゴルでは、ことわざは古来、口から口へと語り継がれ、広く人々の間に流布している。その証拠に、モンゴル人は日常生活の中で実に多くのことわざを自由自在に用いている。これは、モンゴル語を学習する人なら誰でも実感することであり、私たち日本人がすでにあまりことわざを用いなくなったことと好対照をなしている。

　しかしながら、モンゴルでことわざが口頭で非常に発達している反面、ことわざを文字で記録し、書物として記したものが意外に少ないことに驚かされる。これは、ひとえにことわざが口承文芸に属すると言われるゆえんであろう。事実、モンゴルには、単なる〝ことわざ採録集〟なるものがいくつか存在するが、実際にどういう場面でいかに用いるべきかという〝ことわざ用法辞典〟はごく限られたものしかない。また、別の見方をすれば、日本では、ことわざがすでに口承性を失いつつあり、何らかの形で記録にとどめる必要に早急に迫られているが、モンゴルでは、まだそのような危機的な状況には至っていないという事実の裏返しなのかもしれない。いずれにせよ、この口承性からくる難しさこそが、日本において、モンゴル語のことわざ研究を非常に立ちおくらせてきた最大の原因であると言える。

　とは言え、モンゴル語のことわざは、まさにモンゴル民族の〝知恵の結晶〟であり、それと同時に、モンゴル口承文芸の様々なジャンルの中でも、〝最小の表現形式〟で〝最大の意味内容〟を表す芸術作品でもある。私たちは、この芸術作品を通して、モンゴル民族の知恵を、学問の様々な研究分野から探求するこ

とができるわけであり、この点で、ことわざはまさに名実ともに〝名言宝蔵〟と言えるであろう。

　本書は、こうした状況を考慮し、しかもモンゴル語のことわざを独習できるように十分配慮し、作成されたものである。

　本書の特徴は次の三点である。

１．本書の最大の特徴は、単にモンゴル語のことわざを挙げ、説明を加えるだけでなく、モンゴル語の例文を付けることにより、少なくともどんな文脈で使われるかわかるように配慮した点である。これにより、本書を利用する人が、個々のことわざのイメージを何らかの形でつかんでいただければ幸いである。

２．本書の中心は、何と言っても、第二章のモンゴル語ことわざ用法辞典(テキスト)にあり、これは、次のような順序で構成されている。

　１）見出し語…モンゴル語のことわざを、キリル文字表記によるモンゴル語のアルファベット順に配列した。

　　　日本語訳…見出し語に対する日本語訳。一部のものを除いて、できるだけ元の意味をそこねないように直訳の形をとった。

　　【語句】……見出し語の中の注意すべき語句の説明。

　　【同義】……見出し語と同義のモンゴル語のことわざ。

　２）【説明】……見出し語のことわざに対する解釈。

　３）【類義】……見出し語のことわざに対応する日本語のことわざで、明確な意味の共通点が見られるもの。

　　【参照】……見出し語のことわざに対応する日本語のことわざで、多少の意味のずれがあるが、共通点の見られるもの。

4)【例文】……見出し語のことわざを用いたモンゴル語の例文。

　日本語訳…例文の日本語による全訳。

　語句………例文の中の注意すべき語句の説明。

3．見出し語に挙げたモンゴル語のことわざに対応する日本語のことわざは、意味が完全に対応することだけを目指したと言うよりも、むしろモンゴル語のことわざの意味を理解するのを助けるうえで、便宜上、当てたものであると理解していただきたい。さらに、本書は、モンゴル語のことわざ全般に関心をもつ日本人に向けて書かれたものであることは言うまでもないが、逆に日本語のことわざに関心をもつモンゴルの人たちにも利用できるように、対応する日本語のことわざには、すべてふりがなと説明を付け、特に便宜をはかった。

　なお、本書は、第二章のモンゴル語ことわざ用法辞典(テキスト)のモンゴル語の例文をE. プレブジャブが、その他のすべて、すなわち、第一章、第二章の例文を除く部分、第三章、第四章、第五章、補遺1、補遺2、参考文献などの部分を塩谷が執筆担当した。ただし、テキストで取り扱った200のモンゴル語のことわざの選出は、使用頻度を最優先にして、両者で十分話し合って決定した。

　最後に、本書の出版に際し、終始暖かく見守り励ましてくださった大学書林社長、佐藤政人氏に対し、また、本書の完成を一番心待ちにし、日夜絶ゆまず私を精神的に支え、いかなる質問、疑問に対しても、常に的確なアドバイスで全面的に協力してくれた妻に対して、ここに記して心から感謝の意を表したい。また、今回、特別にモンゴルの漫画家S. ツォグトバヤル氏に、見出し語に挙げたモンゴル語のことわざから連想されるイ

ラストを、ほぼ3、4の例に1枚の割合で、合計58枚描いていただいた。合わせて感謝の意を表したい。

モンゴル語のことわざいわく、

　　Оролдвол нэгийг бүтээдэг
　　Уралдвал нэг нь түрүүлдэг
　　　努力すれば何かを実現する
　　　競争すれば誰かが先頭に立つ

人間、何事も努力が肝心である。

　　2005年11月20日　　　　箕面の空に虹かかりし吉日にて

　　　　大阪外国語大学アジアⅠ講座モンゴル語

　　　　　塩谷茂樹（Shigeki SHIOTANI）

目　次

第一章：モンゴル語のことわざについて ……………………1

第二章：モンゴル語ことわざ用法辞典（テキスト） ………11

第三章：モンゴル語のことわざの構造的特徴 ………………277

第四章：中世モンゴル語諸文献に見えることわざ
　　　　―現代モンゴル語のことわざと比較して― ………297

第五章：数字の入ったモンゴル語のことわざ ………………311

補遺1：モンゴル語と日本語のことわざの比較 ……………317

補遺2：日本語のことわざ索引 ………………………………347

参考文献 …………………………………………………………353

著 者

E. プレブジャブ

S. ツォグトバヤル

第一章

モンゴル語のことわざについて

1．モンゴル語のことわざが示すことわざの特徴

モンゴル語のことわざの特徴は、次の3つのことわざで示される。
1) 庶民的特徴
　　　　Цэцэн үг цээжинд
　　　　Цэцэг навч ууланд
　　　　　　格言は胸に、草花は山に
　　─ことわざのもつ簡潔さと口調のよさ(響きの美しさ)により、人々の記憶にとどまり、広く庶民の間に流布していく特徴をもつ。
2) 表現的特徴
　　　　Зүйргүй үг байдаггүй
　　　　Зүйдэлгүй дээл байдаггүй
　　　　　　比喩のない言葉はない
　　　　　　継ぎ目のないデールはない
　　─抽象的表現は避け、比喩(たとえ)でもって具体的に表現することにより、表現におもしろみを加えるとともに、人々の理解や共感を得やすくする特徴をもつ。
3) 内容的特徴
　　　　Хуучин үгэнд худалгүй
　　　　Худгийн усанд загасгүй
　　　　　　故事に嘘なし、井戸水に魚なし
　　─古来言い伝えられてきたことわざには、嘘偽りはなく、どれも真理を表しているという特徴をもつ。

2．モンゴル語のことわざの描写上の手法による分類

モンゴル語のことわざ（зүйр цэцэн үг）は、一般に描写上の手法の違いにより、1）цэцэн үг と 2）зүйр үг とに大別できる。

1) цэцэн үг（知恵言葉）

物事を<u>科学的手法</u>で描写した真理を表す短い定型表現。

  Эрхийг сурахаар
  Бэрхийг сур
   わがままを学ぶよりも厳しさを学べ

2) зүйр үг（比喩言葉）

物事を<u>文学的手法</u>で比喩的に描写した短い定型表現。

  Ганцаараа идсэн гахай таргалахгүй
  Олуулаа идсэн оготно турахгүй
   一人で食べた豚は太らない
   大勢で食べた野ネズミはやせない

ただし、両方とも教訓や戒めとした意味を示す点で共通しているため、通常この2つの分類は必ずしも厳密ではない。

さらに、上記の2つに加えて、сургаал үг、мэргэн үг、хуучин үг などと下位分類する立場もあるが、人によって分類や定義が異なるため、ここでは、これ以上の議論は避けることにする。

3．モンゴル語のことわざに見える修辞学的技法

修辞学的技法は、1)表現上の技法と2)形式上の技法とに大別できる。

1) 表現上の技法

a) 直喩 (зүйрлэл)

比喩表現であることをはっきりと明示するもの。

この場合、比較・類比を示す語句 шиг、мэт《～のような(に)、～の如き(く)》の接続が可能である。

  Ууж идэхдээ <u>уургын морь</u>
  Урагшаа гишгэхдээ <u>ургаа хад</u>
   飲み食いするときは<u>馬捕り用の馬</u>
   前へ踏み出すときは<u>不動の岩</u>

b) 隠喩 (адилтгал)

比喩表現であることをはっきりとは明示しないもの。

  <u>Зүүд</u>ээ ярих гээд
  <u>Хулгай</u>гаа ярих
   <u>夢</u>を話そうとして<u>盗み</u>を話す

→ зүүд《夢》は、〈現実に起こっていない抽象的な事柄〉を、хулгай《盗み》は、〈現実に起こった具体的な悪事〉を示す。

c) 換喩 (төлөөлөл)

物事をそれと何らかの関係のある別の表現で表すもの。

これは隠喩 (адилтгал) の一部としてとらえることも可能である。

  <u>Opoo</u> нь ороогоороо
  <u>Жороо</u> нь жороогоороо
   <u>捕えにくい馬</u>は捕えにくい馬同士で

　　　　　　跑足の馬は跑足の馬同士で
→ opoo（морь）《捕えにくい馬》によって、〈悪い人〉を、жороо（морь）《跑足の馬》によって、〈良い人〉を表す。

d ）誇張（хэтрүүлэл）
意味を強調し、表現におもしろみを加えるため、物事を大げさに表現するもの。

　　　Өлсөхөд өлөн бугын эвэр зөөлөн
　　　Цадахад цагаан хурганы сүүл хатуу
　　　　空腹のときは灰色の鹿の角はやわらかい
　　　　満腹のときは白い子羊の尾はかたい

e ）対比（зэрэгцүүлэл）
意味を強調するため、物事を比べ合わせて表現するもの。

　　　Хүний эрээн дотроо
　　　Могойн эрээн гаднаа
　　　　人のまだらは内に、蛇のまだらは外に

f ）逆説（парадокс буюу эсрэгээр тайлбарлах）
一見すると反対のことを言っているようだが、実際には真理を言い表しているもの。

　　　Хүний эрхээр жаргахаар
　　　Өөрийн эрхээр зов
　　　　他人の支配で楽しむよりも
　　　　自分の支配で苦しめ

2 ）形式上の技法
　a ）単語の数の一致（үг жигдлэх ёс）
　　モンゴル語のことわざは、構成上、その大半が 2 行から成るが、各行に含まれる単語の数をそろえるという特徴をもつ。

この場合、各行の単語の数は、通常 2、3、4 あるいは、せいぜい 5 つ程度であり、それ以上のものになると、数的にかなり少ない。

```
  1     2
 Хүн   ахтай
  |     |
 Дээл  захтай
```

  人に長あり、衣に襟あり

```
  1     2    3
 Айвал  бүү  хий
  |     |    |
 Хийвэл бүү  ай
```

  恐れるならするな、するなら恐れるな

```
   1       2     3     4
 Инээсэн  бүхэн  нөхөр  биш
   |       |     |     |
 Уурласан бүхэн  дайсан биш
```

  笑った者すべてが友ではない

  怒った者すべてが敵ではない

```
    1         2       3         4      5
 Давахгүй  гэсэн  даваагаар  гурав  давдаг
    |       |       |         |      |
 Уулзахгүй гэсэн   хүнтэй    гурав уулздаг
```

  越えないと思った峠を三度越える

  会わないと思った人と三度会う

```
   1      2      3     4      5      6
  Зан   сайтай  айлд  хүн   болгон  цуглана
   |     |      |     |      |      |
  Замаг сайтай  усанд загас болгон  цуглана
```

  性格の良い家に人ごと集まる

  藻の良い川に魚ごと集まる

```
    1     2     3      4       5      6      7
   Сайн   эм  аманд  гашуун  болович  өвчинд  тустай
    |     |    |      |       |       |       |
   Шударга үг  чихэнд  хатуу  болович  явдалд  тустай
```

良薬は口に苦くても病気に効果あり

真実は耳につらくても行動に効果あり

b) 頭韻（толгой холбох）

リズミカルな美しい響きにするため、各行の初めを同じ音で合わせるもの。

これは、モンゴル語のことわざに見える形式上の技法のうち、最も頻繁に見られる基本的かつ重要な技法である。

　　<u>Э</u>дээр биеэ чимэхээр
　　<u>Э</u>рдмээр биеэ чим
　　　　物で自らを飾るよりも学で自らを飾れ

c) 脚韻（сүүл холбох）

リズミカルな美しい響きにするため、各行の終わりを同じ音で合わせるもの。

これは、頭韻の場合とは異なり、各行の終わりで語尾（名詞の格語尾・動詞語尾）や接尾辞（語派生接尾辞）を一致させるといった文法韻の要素が強い。

　　Чамд инээ<u>д</u>
　　Над ханиа<u>д</u>
　　　　君には笑い、私には咳

d) 反復（үг давтах）

意味をさらに強調するため、同じ語を繰り返して用いるもの。

　　<u>Хуурсаар хуурсаар</u> худалч
　　<u>Хумсалсаар хумсалсаар</u> хулгайч

だましながらだましながら嘘つき
盗みながら盗みながら泥棒
　e）省略（товчлон хураангуйлах）
　ことわざをより簡潔に、しかも印象強くするために、あえて行の終わりの述語を省くもの。
　　　Эрдмийг хичээлээр（сурдаг）
　　　Эрлийг сургаар（олдог）
　　　　学問は努力で(学ぶ)
　　　　捜し物は尋ねて(見つける)

4．モンゴル語のことわざにおける意味の力点

　モンゴル語のことわざは、構成上、1行だけから成るもの、あるいは、元来2行であったが、そのいずれか一方が省略されて1行になったものなど若干見られるが、概して言えば、その大半が2行から成っていると言っても過言ではない。この場合、意味の力点がどこにあるのかという観点から、次の3つに分類できる。
　1）単一型
　　意味の力点が2行のうちのいずれか一方にある場合。
　通常、1行目にある場合が多いが、2行目にある場合も少なくない。ただし、2行のうちのどちらが先か後かという順序が人によって異なり、必ずしも固定していないものもあるので、先か後かという議論は、実際の所、あまり大きな意味をもたない。
　　a）意味の力点が1行目にある場合
　　　<u>Санаж явбал бүтдэг</u>
　　　Сажилж явбал хүрдэг

　　　　　<u>思って行けば実現する</u>
　　　　　ゆっくり行けば到着する
　　b）意味の力点が2行目にある場合
　　　　　Дуслыг хураавал далай
　　　　　<u>Дуулсныг хураавал эрдэм</u>
　　　　　滴を集めれば海
　　　　　<u>聞いた事を集めれば学</u>
2)　複合型
　　意味の力点が1行目と2行目のいずれにもある場合。
つまり、この場合、多少の頻度の差こそあれ、そのいずれの
意味でも用いることができる。
　　　　　Болсноос ам хүр
　　　　　Буурлаас үг сонс
　　　　　　出来上がったものに口をつけよ
　　　　　　老人の言うことを聞け
3)　連続型
　　意味の力点が1行目から2行目へと連続する場合。
すなわち、1行目と2行目の両方が合わさって、はじめて一
つの意味を表す。このパターンは、数としてはかなり多い。
　　　　　Нэг чихээр ороод
　　　　　Нөгөө чихээр гарах
　　　　　　一方の耳から入って
　　　　　　他方の耳から出る

第二章

モンゴル語ことわざ用法辞典
（テキスト）

1. Аавдаа авгай авахыг заах

自分の父親に妻をめとるのを教える

【説明】

〝自分の父親に結婚するのを教える″というたとえから、一般に〈すでによく知り尽くしている人に対して、素人があれこれ教えようとするのは無駄で愚かなことだ〉という意を示す。

【類義】「釈迦に説法」、「河童に水練」
(専門家に対して素人がものを説くのは愚かである、ということ)

【例文】

"Чи надад хонь яаж хариулахыг заавал ёстой

Аавдаа авгай авахыг заах гэгчийн үлгэр болно шүү" гэж хоньчин өвгөн, хотоос шинэхэн ирсэн малын эмч залууд шуудхан хэлэв.

「おまえがおれに羊をどうやって放牧するのか教えるなら、まさに〈自分の父親に妻をめとるのを教える〉という例えになるぞ」と羊飼いの老人は、町からつい最近やって来たばかりの獣医の若者にじかに言った。

- шинэхэн
  つい最近（＝саяхан）

— 12 —

2. Аавын бийд хүнтэй танилц
Агтны бийд газар үз

父のいるときに人と知り合え
馬のいるときに土地を見よ

【説明】

　父がいるうちにできるだけ多くの人と知り合い、馬がいるうちにできるだけ多くの土地を見ることは、牧民が将来自立して生きて行くための大切な生活の手段である。このことから、一般に〈好機を逸することなく早いうちから自立するすべを学べ〉という意を示す。

【参照】「若い時の苦労は買うてもせよ」

(若いときの苦労は、将来役立つ貴重な経験となるから、自ら進んでせよ、ということ)

【例文】

　Аав нь хоёр хүүхэддээ "Аавыгаа танагтайхан байсан дээр хот хүрээ орж, юм үзэж нүд тайл！ Манай монголчууд эртнээс нааш

　　　Аавын бийд хүнтэй танилц

　　　Агтны бийд газар үз хэмээн сургамжилдаг юм" гэж аминчлан захилаа.

　父親が二人の子供に「父さんが元気なうちに町に行って、ものを見て見聞を広めろ。我々モンゴル人は、古来〈父のいるときに人と知り合え、馬のいるときに土地を見よ〉と教え諭すものだ」と親身になって言った。

- нүд тайлах　　見聞を広める、視野を広げる
- сургамжлах　　教訓となす、教え諭す

• аминчлан　親身になって、自分の事のように

3. Ажил хийвэл
Ам тосдоно

仕事をすれば
脂を口にする

【語句】
- ам тосдох …《脂を口にする》が原義だが、これより転じて《食にありつく、暮らしがうるおう》の意。

【同義】

　　Гар хөдөлбөл　　手が動けば
　　Ам хөдөлнө　　　口が動く

【説明】
　〝仕事をすれば脂を口にする〟というたとえから、一般に〈人はよく働けば働くほど、それだけ多くの利益を得て、おいしいものが食べられ、暮らしも向上するものだ〉という意を示す。

【類義】「働けば回る」
(よく働けば、自然に金が入ってくる、ということ)
　　　　「働かざる者食うべからず」
(人は食べるためには、働くべきである、ということ)

【例文】
　Баатар гурван найзынхаа хамт Доржийнд үхэр төхөөрч өгсөнд, гэрийн эзэн Дорж тэр дөрөвт баярласнаа илэрхийлэхийн ялдамд
　　　"*Ажил хийвэл*
　　　　Ам тосдоно гэдэг биз дээ" хэмээж, хэдэн удаа чанаж идэх мах өгчээ.

バータルは、三人の友達と一緒にドルジの家で牛をさばいてあげたところ、家の主人のドルジは、その四人に感謝の気持ちを表す際に「〈仕事をすれば脂を口にする〉というだろ」と言って、何回か煮て食べる肉をあげた。

• төхөөрөх　屠殺する、さばく

4. Ажил хийвэл дуустал
Давс хийвэл уустал

仕事をすれば終わるまで
塩を入れれば溶けるまで

【同義】

Эхэлбэл дуусгах хэрэгтэй
Эрвэл олох хэрэгтэй
　始めれば終えなければならない
　捜せば見つけなければならない

【説明】

〝仕事をすれば終わるまで、塩を入れれば溶けるまで″というたとえから、一般に〈いったん着手したら、何事も最後まで責任をもってやり遂げなければならない〉という意を示す。

【類義】「乗りかかった船」
(一度始めたことは、途中でやめることはできない、ということ)

【例文】

Ямар нэгэн ажил хэргийг эхэлбэл заавал эцсий нь үзэх ёстой.

　　Ажил хийвэл дуустал

　　Давс хийвэл уустал гэдэг зүйр цэцэн үг бий шүү.

何かある事柄を始めたら、必ず最後まで見とどけなければならない。〈仕事をすれば終わるまで、塩を入れれば溶けるまで〉ということわざがありますよ。
- ажил хэрэг　事柄、物事
- эцсий нь үзэх　最後まで見とどける、結果を見る

5. Айвал бүү хий
　　Хийвэл бүү ай

恐れるならするな
するなら恐れるな

【説明】
　"恐れるくらいなら、しない方がましだし、するなら、恐れない方がましだ"というたとえから、一般に〈するなら果敢に、しないなら潔く、何事もぐずぐずしないで思い切った決断を下せ〉という意を示す。

【類義】「一か八か」、「当たって砕けよ」
（結果はどうなるかわからないが、とにかく思い切ってやってみ

— 16 —

よ、ということ)
【例文】
 "Авч явсан хамаг мөнгөөрөө ном авчихлаа. Аавааcaa айгаад байна, түүнд юу гэж хэлдэг юм билээ" гэхчлэн үглэж суусан хүүдээ ээж нь：
 "*Айвал бүү хий*
 　Хийвэл бүү ай" хэмээн хэлж, зүрхийг нь чангалав.
「持って行ったお金全部で本を買ってしまった。お父さんがこわいよう。何て言ったらいいかなあ」などとつぶやいていた息子に、母親が「〈恐れるならするな、するなら恐れるな〉」と言って、彼を勇気づけた。

6. Айж явбал
　　Аминд тустай

恐がって行けば
命のため

【説明】
 "恐がって行けば命のため(になる)" というたとえから、一般に〈何事も用心するに越したことはなく、危険なものには敢えて近寄らない方が身の安全のためだ〉という意を示す。
【類義】「君子危うきに近寄らず」
(教養のある立派な人は、危険なことには近づかない、ということ)
【例文】
 Миний охин оройтож ирэх үедээ гэрэлгүй харанхуй гудамжаар битгий яваарай! Хол ч гэсэн гэрэлтэй төв

замаар нь явж байгаарай !

Айж явбал

Аминд тустай гэдгийг үргэлж санаж явбал зохино шүү.

あなたは遅く帰ってくるときは、街灯のない暗い通りを歩かないように。遠くても街灯のある大通りを歩くようにしなさい。〈恐がって行けば命のため〉ということを常に覚えておくべきだよ。

• санаж явах　　覚えておく、心に留めておく

7. Айл хүний амь нэг
Саахалт хүний санаа нэг

家族の人の命はひとつ
近隣の人の意はひとつ

【語句】
• саахалт … 日本で言うところの隣近所ではなく、モンゴルの田舎の1kmほど離れた近隣の2つの家を指す。

【説明】
"家族の人の命はひとつ、近隣の人の意はひとつ"というたとえから、一般に〈家族や近隣で共に暮らす人々の絆は強く、考えも一致している〉という意を示す。

【類義】「世は相持ち」
(世の中は互いに助け合うことで成り立っている、ということ)

【例文】
Ганбаатар хэдэн үхрээ худаг дээр услаад дуусч байтал, хөрш айлынх нь саалийн үнээнүүд уван цувсаар хүрч иржээ. Тэрээр хамт явсан хүүдээ : "Хүний, өөрийн

гэж ялгах юу байх вэ? Амьтан л болсон хойно, ийм халуун өдөр цангаж яваа биз. Энэ хэдийг хоёулаа услаад явуулчихъя.

Айл хүний амь нэг

Саахалт хүний санаа нэг гэдэг чинь ёстой үнэн үг шүү" гэж хэлэнгээ, үргэлжлүүлэн ховоодожээ.

ガンバータルが数頭の自分の牛に井戸の所で水を飲ませ終わりかけていると、彼の隣の家の乳牛たちが次々にやって来た。彼は同行した息子に「他人の、自分のと区別することがあろうか。生き物である以上、こんな暑い日にのどが乾いているんだろ。この数頭に二人で水を飲ませて行かせることにしよう。〈家族の人の命はひとつ、近隣の人の意はひとつ〉というのは、まさに本当のことだよ」と言いながら、引き続き井戸桶で水をくんだ。

- услах　水を飲ませる、水をやる
- уван цувсаар　次々に、相次いで
- ховоодох　井戸桶で水をくむ（＜ховоо 井戸桶）

— 19 —

8. Айлаас эрэхээр
Авдраа уудал

人の家から捜すよりも
自分の衣装箱を捜せ

【説明】

〝人の家から捜すよりも自分の衣装箱を捜せ〟というたとえから、一般に〈何か捜し物をするときは、人にたずねて捜すよりも、まず自分の身近なところをくまなく捜すようにしなさい〉という意を示す。

【類義】「灯台下暗し」
（自分の身近なことは、かえってわからず、気がつかないものだ、ということ）

【例文】

Охин нь утсаар найздаа : "Чамд шинэ гарсан япон-монгол хэлний толь бичиг байвал түр зээлүүлээч дээ" хэмээхийг сонсоод, ээж нь охиндоо : "Чи юу ярина вэ? Манайд тэр толь чинь бий шүү дээ. Аав чинь өнгөрсөн долоо хоногт авчирсныг мэдээгүй юм уу ?

 Айлаас эрэхээр

 Авдраа уудал гэдгийг мэдэхгүй юү ? Чи" гэв.

娘が電話で友達に「新しく出た日蒙辞典を持っていたら、ちょっと貸してよ」と言うのを聞いて、母親は娘に「あなたは何を言ってるの。うちにその辞書はあるわよ。お父さんが先週買ってきたのを知らなかったの。〈人の家から捜すよりも自分の衣装箱を捜せ〉ということを知らないの、あなたは」と言った。

9. Айхад
Аргал хөдөлнө

恐がると
牛糞が動く

【語句】
- аргал …《乾いた牛糞、アルガル》

【説明】
〝こわいと思うと、全く動くはずのない牛糞までが、まるで動いたかのように思われる〟というたとえから、一般に〈いったん恐怖心をいだくと、何でもないものまで恐ろしく思えるものだ〉という意を示す。

【類義】 「疑心暗鬼を生ず」、「杯中の蛇影」
(疑い恐れる心を持つと、何でもないことまで恐ろしく思えるものだ、ということ)

【例文】
Сүрэн： Тэнд нэг урт хорхой байх шиг байна.
Даян： Өө тийм үү. Яг хаана байна?
Сүрэн： Энэ замын хажуу дахь бутны ёроолд.
Даян： Юу ч алга байна шүү дээ. Ёстой нөгөө
　　　 "*Айхад аргал хөдөлнө*" гэдэг л болох нь дээ.

スレン：あそこに一匹、蛇がいるみたいだ。
ダヤン：ああ、そう。一体どこにいる？
スレン：この道のわきの茂みの奥だよ。
ダヤン：何もいないよ。まさに例の〈恐がると牛糞が動く〉というところだね。

- урт хорхой 「長い虫」、могой《蛇》に対するタブー

- бут　やぶ、茂み

10. Алтны дэргэд гууль шарладаг

金のそばで真ちゅうが黄色くなる

【説明】

〝金のそばで真ちゅうが黄色くなる〟というたとえから、一般に〈良い人と付き合えば、自然に感化されて自分も良くなるものだ〉という意を示す。

【類義】「麻の中の蓬」

(まっすぐ生え育つ麻の中でいっしょに育てば、曲がりやすい蓬も麻の影響を受けてまっすぐに伸び育つの意より、善良な人と交われば、自然に感化されて善良な人に育つ、ということ)

【例文】

　Багш нь ангийнхаа сурагчдад "Манай ангид сурлага сайтай хүүхэд олон байгаа учраас бусаддаа тун сайн нөлөө үзүүлж байна.

　　　　 Алтны дэргэд гууль шарладаг гэдэг ёстой үнэн үг юм даа" гэж хэлж урам хайрлав.

　先生は自分のクラスの生徒たちに「うちのクラスは成績の良い子がたくさんいるので、他の子にとても良い影響を与えています。〈金のそばで真ちゅうが黄色くなる〉というのは、まさに本当の事ですね」と言って、励ました。

- урам хайрлах　励ます、激励する (〝やる気、刺激を与える〟が原義)

11. Ам алдвал барьж болдоггүй
Агт алдвал барьж болдог

失言すればつかまえられない
馬を失えばつかまえられる

【説明】

 〝なくした馬は取り戻せるが、失言は取り戻せない〟というたとえから、一般に〈いったん口に出して言ったことは取り消すことができないので、発言には気をつけるべきである〉という意を示す。

【類義】 「吐いた唾は呑めぬ」

(一度言ったことは取り消すことができない、ということ)

【例文】

 Чи түрүүчийн долоо хоногийн цугларалт дээр "Ирэх сарын цугларалтанд яг оролцоно" гэж ам гарсан мөртлөө өнөөдөр "Яаж ч магадгүй гэхийг чинь бид нар ерөөсөө ойлгохгүй байна.

Ам алдвал барьж болдоггүй

Агт алдвал барьж болдог гэдэг биз дээ" хэмээн түүнийг ятгацгаав.

おまえは先週の集会で「来月の集会には絶対出席する」と約束したのに、今日になって「どうなるかわからないと言うのは、私たちには全く理解できない。〈失言すればつかまえられない、馬を失えばつかまえられる〉というだろ」と言って彼を説得した。

- цугларалт　（複数の人の）集会、会合
- ам гарах　約束する

12. Амны бэлгээр
Ашдын жаргал

口の吉兆で
永遠の幸福

【同義】

　　Монгол хүн　　　　　モンゴル人は
　　Амныхаа бэлгээр　　　口の吉兆で

【説明】

"口の吉兆で永遠の幸福"というたとえから、一般に〈常日頃から縁起の良いことを言えば、将来、物事はすべて思い通りにうまく行くものだ〉という意を示す。

これは、縁起の悪いことは口に出さないように戒めた表現である。

【比較】

モンゴル人は、日本人に比べ縁起でもないことを言うことを忌み嫌う傾向が強く、このことわざは、そういったモンゴル人

の人生観の一端をよく表しているものと考えられる。

【例文】

　Наян насных нь найр дээр
　　"Зуу насалж
　　　Зургаадай таяг тулаарай!"
хэмээн ерөөсөнд, өвөө маань ихэд талархан хүлээн авснаа илэрхийлж
　　"*Амны бэлгээр*
　　　Ашдын жаргал" гэж хариу хэлэв.

　八十歳の祝いの席で「百歳まで長生きして籐の杖をついて下さい」と祝福したところ、うちのおじいさんは、ひどく感謝し、その言葉を頂戴したことを表し、「〈口の吉兆で永遠の幸福〉」と返答した。

- зургаадай　［植物］籐(とう)

13.　Амташсан хэрээ
　　Арван гурав эргэнэ

　　味をしめた烏(からす)は
　　13回やって来る

【語句】

- эргэнэ … эргэж ирнэ《やって来る》の意。この代わりに、しばしば дахина《繰り返す》とも言う。

【説明】

　"味をしめた烏は13回やって来る"というたとえから、一般に〈人間の欲にはきりがなく、一度味をしめた者は何度でも同じ事を繰り返すものだ〉という意をしめす。

【類義】「一(ひと)つよければまた二(ふた)つ」、「欲(よく)に頂(いただき)なし」

（一つがうまくいくと、また次々に欲が出て満足することがないの意から、人間の欲には限りがない、ということ）

【例文】

　Чи дахин дахин сугалаа татаад юм таарахгүй л байна уу？ Хэд хоногийн өмнө ганцхан удаа таарсан гээ биз дээ. Ер нь

　　Амташсан хэрээ

　　Арван гурав эргэнэ гэдэг үг байдгийг санаж явбал илүүдэхгүй байх шүү.

　おまえは何度くじを引いても当たらないのか。何日か前一度だけ当たったと言っただろ。そもそも〈味をしめた烏は13回やって来る〉という言葉があることを覚えておくに越したことはないですよ。

- илүүдэхгүй (-хад⁴, -вал⁴ の形に続けて)　〜するに越したことはない

14. Аяганы хариу өдөртөө
　　Агтны хариу жилдээ

　　茶碗の返しはその日に
　　馬の返しはその年に

【説明】

　"茶碗の返しはその日に、馬の返しはその年に"というたとえから、一般に〈人に恩徳を施せば、その大小にかかわらず、いつか必ずよい報いが自分に返ってくるものだ〉とか、逆に〈人から受けたどんな恩に対しても、必ず恩で報いなければならない〉という意を示す。

　ここでは、аяга《茶碗（の飲食）》によって〈小さな恩〉を、

また агт《馬(の譲与)》によって〈大きな恩〉を代表させていることに注意されたい。

【類義】「情けは人の為ならず」
(人に親切にすれば、必ずよい報いがある、ということ)
　　　　「陰徳あれば陽報あり」
(人知れず恩徳を施せば、必ずよい報いがある、ということ)

【例文】

"За хө, чи надад нэг удаа тус хүргэ ! Би сумын төв орох гэсэн чинь унаагүй зүдэрч байна. Нэг хөл дүүжлэх юм өгнө үү.

　　Аяганы хариу өдөртөө

　　Агтны хариу жилдээ гэдэг биз дээ. Ах нь чамд тэвдсэн үед чинь заавал тус хүргэнэ шүү !" хэмээн царайчлан гуйхыг нь сонсоод, өрөвдөөд нэг морио түүнд түр өгчихлөө.

「ねえ、君は僕を一度助けてよ。僕はソムの中心に行こうとしたんだが、乗り物がなくて困っているんだ。ちょっと乗り物を貸して下さい。〈茶碗の返しはその日に、馬の返しはその年に〉というだろ。僕は君が困ったときには必ず助けるよ」とこびてお願いするのを聞いて気の毒に思い、自分の馬を一頭彼に貸してあげた。

- хөл дүүжлэх юм　　("足をたれるもの"が原義)乗り物
- царайчлах　　　　　こびる、取り入る

15. Бага залхуугаас
Их залхуу болох

小さな怠惰から
大きな怠惰になる

【説明】

"小さな怠惰から大きな怠惰になる"というたとえから、一般に〈ついちょっとした怠け心が、後にとんでもない怠け心を引き起こし、それが取り返しのつかない大きな失敗のもとになることがあるので、日頃から怠け心を起こさないよう注意すべきである〉という意を示す。

【類義】「一時の懈怠は一生の懈怠」

(わずかな時間の怠け心が、一生を怠けるもとになる、ということ)

【例文】

Аливаа ажил хэргийг цаг алдалгүйгээр багаас нь л эхэлж хийх хэрэгтэй. Хийлгүй хойш тавиад байвал хуримтлагдаад дааж давшгүй их болчихдог юм.

Бага залхуугаас
Их залхуу болох гэгчийн үлгэр болж магадгүй шүү.

あらゆる事柄を時間をむだにしないで、少ないうちからやり始めなければならない。しないで後回しにしていると、たまってしまい、全く手に負えないほど多くなってしまうものだ。〈小さな怠惰から大きな怠惰になる〉という例えになるかもしれないよ。

• цаг алдах　　　時間をむだにする

- хойш тавих 　　　後回しにする
- хуримтлах 　　　ためる、蓄積する
- дааж давшгүй 　かかえきれない、手に負えない

16. Бадарчин явсан газар балагтай
　　Батгана суусан газар өттэй

托鉢僧の行った所に害あり
蠅の止まった所に蛆あり

【語句】
- бадарчин …《托鉢僧》の意で、僧のまねごとをしながら、民衆をだまし世間を渡り歩く放浪者のことを言う。

【説明】
　"托鉢僧の行った所に害あり、蠅の止まった所に蛆あり"というたとえから、一般に〈悪人は行く先々で悪い影響を及ぼすものだ〉という意を示す。
　これは悪の及ぼす影響力が大きいことのたとえに用いられる。

— 29 —

【類義】「毒は早く回る」
（悪い事の伝播や影響は速やかで著しい、ということ）
【例文】

　Хуучин цагт бадарчингаас тун их болгоомжилдог байсан бололтой. Тэдэнд сайн нэр ховор байв. Иймээс ч
　　Бадарчин явсан газар балагтай
　　Батгана суусан газар өттэй хэмээн батганатай зүйрлэн хэлсэн нь буй.

　昔、托鉢僧に非常に用心していたようだ。彼らに良い評判はまれであった。そのために、〈托鉢僧の行った所に害あり、蠅の止まった所に蛆あり〉といって、蠅にたとえて言ったことがある。

- нэр　　評判、名声
- (-тай³) зүйрлэх　（〜に）たとえる、なぞらえる

17. Бардам үгээр цэцэн болохгүй
　　 Балмад явдлаар баатар болохгүй

　　傲慢な言葉で賢者にならない
　　野蛮な行為で英雄にならない

【説明】
　"いくら偉そうに言っても、それで賢者になれるわけではないし、また、いくら野蛮に振舞っても、それで英雄になれるわけでもない"というたとえから、一般に〈単に口や力だけでいくら威張って見せても、実質が伴わなければ、真の人格者にはなれない〉という意を示す。
【類義】「自慢高慢馬鹿のうち」
（うぬぼれて自慢したり、偉そうにしている者は、愚か者と同様

— 30 —

である、ということ)

【例文】

"Би л бүхнийг чадна" гэсэн маягтай ихэмсэг дээрэнгүй байдлаар бусадтай харьцдаг хүнд

Бардам үгээр цэцэн болохгүй

Балмад явдлаар баатар болохгүй гэж хэлэхэд яг таарна.

「私だけ何でもできる」といったような横柄で高慢な態度で他人と付き合う人には、〈傲慢な言葉で賢者にならない、野蛮な行為で英雄にならない〉というのがまさにぴったりだ。

• (-тай³) харьцах　(〜と)付き合う、接する

18. Барилдахаасаа таахалзах нь
Хийхээсээ хээхэлзэх нь

相撲を取るよりも威張って歩く方が
何かをするよりも気取って歩く方が

【語句】

- таахалзах …《威張って、のしのし歩く》、特にモンゴル相撲の力士が肩をいからせながら、のしのし歩くさまを指して言う。
- хээхэлзэх …《気取って、反り返り歩く》(〜хаахалзах)
  (>хээхгэр〜хаахгар《威張った、偉そうな》)
- 各行の終わりには、ともに илүү《〜の方が多い》という語が省略されていると考えられる。

【説明】

"相撲を取るよりも威張って歩く方が多い、何かをするよりも気取って歩く方が多い" というたとえから、一般に〈何もできないのに、うわべではできるふりをして、空威張りしたり虚勢

— 31 —

を張ったりする〉という意を示す。

【類義】「吠える犬は嚙みつかぬ」
(むやみに威張ったり、大きなことを言う者に限って、実力はない、ということ)

【例文】

Оройн хоолоо бэлдэж байсан охиндоо ээж нь："Ганц удаа хоол хийх гэж ийм олон сав суулга гаргаад юу болж байна даа. Үүнийг чинь хүмүүс харвал

Барилдахаасаа таахалзах нь

Хийхээсээ хээхэлзэх нь гэж хэлж магадгүй шүү" хэмээн анхааруулав.

夕食の準備をしていた娘に母親が「一度だけ食事を作ろうとしてこんなにたくさんの食器を出してどうなってるの。これを人が見たら、〈相撲を取るよりも威張って歩く方が、何かをするよりも気取って歩く方が〉と言うかもしれないよ」と注意した。

- сав суулга　食器

19. Баян хүн нэг шуурганд
　　 Баатар хүн нэг суманд

金持ちは一回の嵐で
英雄は一本の矢で

【語句】
- 各行の終わりには、それぞれ ядуурна《貧しくなる》、үхнэ《死ぬ》という語が省略されていると考えれられる。

【説明】

"いくら金持ちでも、一回の嵐ですべての財産を失うこともあれば、また、いくら英雄でも、一本の矢で命を落とすこともあ

る"というたとえから、一般に〈この世は無常で、栄える者も一瞬にして衰えるはかないものだ〉という意を示す。

【類義】「無常の風は時を選ばず」
(風が花を吹き散らすように、人の命はいつ果てるともわからないはかないものだ、ということ)

【例文】

Даян：Энэ хавиар шуурганы хохирол ямархуу байна даа?

Малчин өвгөн：Саяын цасан шуурганд хэдэн муу малаа тавиад туучихлаа.

Даян：Өө тэгээ юү. Хэцүү юм болж дээ.

Малчин өвгөн：

Баян хүн нэг шуурганд

Баатар хүн нэг суманд гэдэг л боллоо.

Даян：Байгалийн аюул гэж яасан аймаар юм бэ.

Малчин өвгөн：Чухам аа, чухам.

ダヤン　　：このあたりでは、嵐の被害はどんな具合ですか。
牧民の老人：先頃の吹雪で家畜を数頭失ってしまってね。
ダヤン　　：ああ、そうでしたか。大変なことになりましたね。

牧民の老人：〈金持ちは一回の嵐で、英雄は一本の矢で〉というところだ。
ダヤン　　　：自然災害とは何とこわいものだろう。
牧民の老人：本当にその通りだ。

- тавиад туучихлаа　　失ってしまった、死なせてしまった
  （＝алдчихлаа, үхүүлчихлээ の意）
- байгалийн аюул　　自然災害、天災

20. Биеэ мэдвэл хүн
　　 Бэлчээрээ мэдвэл мал

自らを知れば人間
牧地を知れば家畜

【語句】
- мэдэх …《知る》が原義だが、ここでは《制する、支配する》(＝удирдах, захирах）の意。

【説明】
〝自分の牧草地を制して本当の家畜となるように、人は自らを制してこそ一人前の人間となるものだ〟というたとえから、一般に〈人は自分のことは自分で責任をもって、自らを戒めるべきである〉という意を示す。

【類義】「人を怨むより身を怨め」
（他人を怨むより、まず自分の至らなさを反省せよ、ということ）
　　　　「自ら知る者は人を怨まず」
（自分自身の価値を自覚している者は、自分の至らなさを知っているので、他人を怨むことがない、ということ）

【例文】
Хүү："Би цагаа гээчихжээ" хэмээн уруу царайлав.

Ээж : Чи чинь яасан бүтэл муутай золиг вэ? Юмаа хямгадаж явахгүй яасан юм бэ?

Хүү : Олон хүнтэй автобусан дотор оосор нь тасраад уначихсан байна.

Ээж : Чиний л буруу даа.
Биеэ мэдвэл хүн
Бэлчээрээ мэдвэл мал гэдэг биз дээ. Одоо харамсаад хэрэггүй, миний хүү.

Хүү : Уучлаарай, ээжээ.

息子：「僕は時計をなくしてしまった」と言って、しょげた。

母親：おまえは何て出来の悪い子なの。自分のものを大切にしないのはどうしてなの？

息子：人のたくさん乗ったバスの中で、バンドが切れて落ちてしまったんだ。

母親：おまえだけが悪いのよ。〈自らを知れば人間、牧地を知れば家畜〉というだろ。今さら悔やんでも仕方がないよ、おまえ。

息子：ごめんなさい、お母さん。

- уруу царайлах　しょげる、がっくりする

21. Болсноос ам хүр
Буурлаас үг сонс

出来上がったものに口をつけよ
老人の言うことを聞け

【語句】

- болсноос …《出来上がった飲食物から》
  (＝болсон хоол унднаас)

- ам хүрэх …《口をつける、味わう》(＝амсах)
- үг сонсох …《(人の) 言うことを聞く》(＝үгэнд орох)
- буурлаас …《老人から》(＝настай хүнээс)

【説明】
 〝出来上がったものに口をつけよ、老人の言うことを聞け〟というたとえから、一般に〈老人の言うことには、耳を傾け、その忠告に従った方がよいように、モンゴルの習慣では、飲食として出されたものには、少しでもいいから必ず口をつけるのが礼儀である〉という意を示す。

【類義】「敵の家でも口を濡らせ」
(たとえ敵の家でも、出された食べ物には口をつけるのが礼儀である、ということ)

【例文】

 Түүнийг орж ирэнгүүтээ "Би ажил ихтэй байгаа. Ийм учраас одоохон явахгүй бол болохгүй" гэхэд нь, гэрийн эзэгтэй:

  Болсноос ам хүр

  Буурлаас үг сонс гэдэг юм. Түр зуурхан хүлээгээрэй! Ингэсгээд цай буцлахлаар амсчихаад явсан чинь дээр" гэв.

 彼は入って来るとすぐに、「私は仕事がたくさんあるんですよ。だから、今すぐ行かなければならない」と言うと、家の女主人は、「〈出来上がったものに口をつけよ、老人の言うことを聞け〉というものです。ちょっとだけ待って下さい。もうじきお茶が沸きますから、少し飲んでから行った方がいいわ」と言った。

- эзэгтэй　女主人、主婦

22. Бороотой боловч болзоондоо
Хуртай боловч хугацаандаа

風雨であっても約束に
降雨であっても期限に

【語句】

• бороо … 現代モンゴル語では、《雨》を意味する基礎語彙だが、中世モンゴル語の『モンゴル秘史』では、《風雪》と見え、かつては単なる《雨》よりもむしろ、現在の шуурга《嵐、吹雪、大風》の意に近かったものと考えられる。(この痕跡は、カルムィク語に боран (borān)《荒天、暴風雨雪》と見える。)したがって、ここでは、このことを考慮し、《風雨、暴雨》と訳出した。

• хур … 現代モンゴル語では、単独で用いられることは少なく、通常 хур бороо《雨》という連語で用いられるが、中世モンゴル語の『秘史』では、単に《雨》と見え、かつては《雨》を意味する基礎語彙であったと考えられる。(この痕跡は、保安語 Gura、東郷語 Gura、土族語 xʊraː、東部裕固語 xura、ダウル語 xwar (ともに《雨》の意)に見える。)したがって、ここでは、このことを考慮し、単に《降雨》と訳出した。

【説明】

"風雨であっても約束に、降雨であっても期限に"というたとえから、一般に〈どんな困難や障害があっても、いったん決めた約束や期限は必ず守らなければならない〉という意を示す。

【類義】 「武士に二言なし」

(約束したことは必ず守る、ということ)

【例文】

Даян： Маргааш үдээс хойш 5 цагаас хуралтай шүү.

Дорж： Өө тийм үү?
Даян： Яг цагтаа ирээрэй дээ.
Дорж： "*Бороотой болвоч болзоондоо*
　　　　Хуртай болвоч хугацаандаа" ирнээ хө.
ダヤン：明日午後5時から会議があるよ。
ドルジ：ああ、そうなの?
ダヤン：ちょうど時間通りに来てよ。
ドルジ：〈風雨であっても約束に、降雨であっても期限に〉来るよ。

23. Бөх хүн
Бүдүүн өвсөнд бүдрэх

力士も
太い草につまずく

【説明】

"強い力士でさえ、太い草につまずいて倒れることがある"ということから、一般に〈どんなにその道に優れている者でも、

時には失敗することがある〉という意味を示す。
【類義】「猿も木から落ちる」
(いかにすぐれた専門家でも、時には失敗することがある、ということ)
【比較】
モンゴル語：бөх《力士》 → бүдрэх《つまずく》
日　本　語：「猿」　　　→「落ちる」
【例文】

　Радиогоор "Хүчит бөхийн барилдааны дөрвийн даваанд Бат-эрдэнэ аварга аймгийн заан залуу бөхөд тун амархан өвдөг шороодов.

　　Бөх хүн
　　　Бүдүүн өвсөнд бүдрэх гэдэг л боллоо" хэмээн хэлэв.

　ラジオで「モンゴル大相撲大会の4回戦で横綱バト・エルデネは、アイマグの関脇、若手力士にいとも簡単に敗れました。まさに〈力士も太い草につまずく〉という具合になりました」と言った。

- өвдөг шороодох （″ひざに土がつく″が原義）（相撲で）負ける、土がつく（＝унах の意)
- モンゴル相撲の力士の称号 аварга《チャンピオン》、арслан《ライオン》、заан《象》、начин《はやぶさ》は、それぞれ日本の大相撲の番付「横綱」、「大関」、「関脇」、「小結」にほぼ相当するものである。

24. Булавч булчайна
Даравч дардайна

埋めても突き出る
押してもはみ出る

【語句】

- булчайх …《突き出る、現れる》(＝ил гарах の意)
- дардайх …《横からはみ出る》(＝хажуугаас нь гарч ирэх の意)

【説明】

"いくら埋めても突き出し、また押しても横からはみ出す"というたとえから、一般に〈いくら真実を覆い隠そうとしても、いずれ必ず明らかになるものだ〉という意を示す。

【類義】「隠すより現る」

(物事は隠そうとすればするほど、かえって人に知られるものだ、ということ)

【例文】

Аав нь хүүдээ "Буруу юм хийвэл ерөөсөө битгий нууж хааж бай! Муу юмыг нууж хааваас

Булавч булчайна

Даравч дардайна гэдэг юм. Энэ үгийг санаж явахад илүүдэхгүй шүү" гэхчлэн сургаалын хэдэн үг айлдав.

父親は自分の息子に「間違ったことをしたら決して包み隠ししないように。悪事を包み隠しすれば、〈埋めても突き出る、押してもはみ出る〉というものだ。この言葉を覚えておくに越したことはないよ」などと教訓の言葉をいくつか述べた。

• нууж хаах　　包み隠す

25. Бурхангүй газар Бумба галзуурах

仏のいない所で
尼僧が狂う

【説明】

"仏のいない所で尼僧が狂う"というたとえから、一般に〈能力のある優れた人のいない所で、たいした能力のないつまらない者が大きな顔をして威張る〉という意を示す。

【類義】「鳥なき里の蝙蝠」

(鳥のいない所で鳥でない蝙蝠が威張って飛び回るの意から、優れた人のいない所でつまらない者が威張る、ということ)

【比較】

モンゴル語：бурхан《仏》／ бумба《尼僧》
日　本　語：「鳥」　　　／「蝙蝠」

【例文】

Сурвалжлагч : Танай сум хүн эмнэлгийн салбартай юу ?

Малчин : Манай суманд хүн эмнэлгийн салбар байтугай, хүний эмч ч байхгүй.

Сурвалжлагч : Тэгээд яадаг юм бэ ?

Малчин : Заримдаа зэргэлдээх сумын төв орж, сум дундын эмнэлэгт үзүүлдэг. Заримдаа Долгор бариачид үзүүлдэг.

Сурвалжлагч : Долгор гуай хэр зэрэг сайн бариач вэ ?

Малчин : Энэ хавьдаа л гайгүй гэгддэг болович зарим хүмүүс

Бурхангүй газар

Бумба галзуурах гэж хэмээн шүүмжилдэг л юм.

記者：おたくのソムには診療所がありますか？

牧民：うちのソムには診療所どころか医者もいない。

記者：それでどうしているんですか？

牧民：時には隣のソムの中心へ行って、ソム間の病院に見せるが、時にはドルゴル整骨師に見せるんだ。

記者：ドルゴルさんはどれくらい良い整骨師ですか？

牧民：このあたりでは、まあまあだと言われるが、一部の人々は、〈仏のいない所で尼僧が狂う〉といって批判しているんだ。

- хүн эмнэлгийн салбар　診療所
- бариач　整骨師（モンゴルの伝統的民間療法師）

26. Бухын доодохыг харж Үнэг турж үхэх

種牛の下半身を見て
キツネがやせて死ぬ

【説明】

〝種牛が死んだら、その睾丸を食べようと待ちかまえているキツネが、そのうちに自らやせ衰えて死ぬ〞というたとえから、一般に〈いつ実現するともわからないものを当てにして、いくら待っても無駄である〉という意を示す。

【類義】「百年河清を俟つ」
（いつも濁っている黄河の水が澄むのを待つの意から、いくら待っても望みが実現しない、ということ）

— 42 —

【例文】

Сүрэн：“Чи чинь надад хэдэн төгрөг удахгүй зээлнэ, зээлнэ гэсээр сар гаруй болчихлоо шүү.

Бухын доодохыг харж

Үнэг туржухэх гэдгийн үлгэр л болж байна даа" хэмээн найздаа хатуухан үг хэлэв.

スレン：「おまえはおれに何トグルグかすぐに貸す、貸すと言いながら、一ヶ月余り経ってしまったぞ。〈種牛の下半身を見て、キツネがやせて死ぬ〉という例えのようだな」と自分の友達にかなりきつい言葉を言った。

- зээлэх　1．[奪格要求] 借りる、2．[与位格要求] 貸す
  ここでは、2．の意で、これは特に口語で多用される。

27. Буцах бэрд
Үнээ нийлэх хамаагүй

戻る嫁に
母牛が子牛と一緒になるのは無関係

【語句】
- үнээ нийлэх …《母牛と子牛が一緒に寄り添い、子牛が母牛の乳を吸う》(＝үнээ тугал нийлэх の意)

【説明】
〝離婚して実家に帰る嫁には、母牛と子牛が一緒に寄り添い、搾乳の妨げとなっても、そんなことはもう関係ないことだ〟というたとえから、一般に〈いったん責任を負う必要がなくなってしまうと、まわりでどんなことが起こっても、全く関係ない〉という意を示す。

【類義】「対岸の火事」
(向こう岸の火事は、こちらの岸に燃え移る心配はないの意から、自分にとっては全く関係なく、痛くもかゆくもない、ということ)

【例文】
"Ажлаасаа хоёрхон сарын дараа гарах гэж байгаа Оюунаар ирэх жилийн ажлын төлөвлөгөөг хийлгүүлэхийн оронд надаар хийлгүүлбэл дээр.

Буцах бэрд
Үнээ нийлэх хамаагүй гэдгийг мэднэ биз дээ" хэмээн өөрийн хэлсэн үгэндээ хүч нэмэв.
「仕事をわずか二ヶ月後にやめようとしているオヨンに来年の勤務計画を作らせる代わりに、私に作らせたらいいわ。〈戻る

嫁に母牛が子牛と一緒になるのは無関係〉というのを知っているでしょ」と自分の言った言葉を強調した。

28. Бушуу туулай
Борвиндоо баастай

急ぐうさぎは
アキレス腱に糞がつく

【説明】

"急ぐうさぎはアキレス腱に糞がつく"というたとえから、一般に〈物事を急いであわてて行う者は、内容が不十分で雑になり、かえって失敗するものだ〉という意を示す。

【類義】「急いては事を仕損じる」

(物事はあまり急いでやると、失敗しやすい、ということ)

【例文】

Багш нь шавь нартаа: "Аливаа ажил төрлийг хийж гүйцэтгэхдээ хэтэрхий их яаравчлан хийж болдоггүй юм шүү. Манай өвөг дээдэс

Бушуу туулай

Борвиндоо баастай хэмээн сургамжилдаг байсныг хэзээ ямагт санаж явах хэрэгтэй" гэв.

先生は自分の生徒たちに「どんな仕事をやり遂げるときも、あまりに急いで行ってはいけませんよ。我々の先祖は、〈急ぐうさぎはアキレス腱に糞がつく〉と教え諭していたことを、いつも常に心に留めておかなければなりません」と言った。

29. Бүгдээрээ хэлэлцвэл буруугүй
Бүлээн усаар угаавал хиргүй

みんなで話し合えば間違いなし
ぬるま湯で洗えば汚れなし

【説明】

〝みんなで話し合えば間違いなし、ぬるま湯で洗えば汚れなし″というたとえから、一般に〈物事を決めるときは、一人ではなく、大勢で話し合って結論を出した方が間違いない〉という意を示す。

【類義】「三人寄れば文殊の知恵」
(平凡な人間でも、三人で集まって相談すれば、良い知恵が出るものだ、ということ)

【例文】

Пүүсийн захирал: Ирэх жилийн ажлын төлөвлөгөөний эхийг гаргасан уу?

Хэлтсийн дарга: Гаргасан.

Пүүсийн захирал: Бусадтайгаа сайн зөвлөж ярилцсан биз дээ.

Хэлтсийн дарга: Уучлаарай, яг үнэнийг хэлэхэд цаг давчуухан байсан учраас өөр хүмүүсийн саналыг тусгаж амжаагүй.

Пүүсийн захирал: Муу л байна даа.

Бүгдээрээ хэлэлцвэл буруугүй

Бүлээн усаар угаавал хиргүй гэдэг биз дээ.

社長:来年度の営業計画の原案は出したかい?
部長:出しました。

社長：他の者とよく相談し話し合ったんだろ。
部長：申し訳ありません。実を申しますと、時間が切迫しておりましたので、他の人たちの意見を反映させることができませんでした。
社長：全くだめだな。〈みんなで話し合えば間違いなし、ぬるま湯で洗えば汚れなし〉というだろ。

- -ж амжих 　～する時間がある、～することができる

30. Гадагшаа явах хүн амаа хичээ
Гэрт байх хүн галаа хичээ

外へ行く人は口に努めよ
家にいる人は火に努めよ

【語句】
- хичээх …《努める（"気をつける"の意で）》
- галаа хичээх …《火を消さないよう努める》
（＝галаа унтраахгүйг хичээх の意）

【説明】
　"外では口に、内では火に努めよ"というたとえから、一般に〈人は外では、言葉を慎み、発言に注意すべきである〉という意を示す。
　なお、二行目の内容は、昔、火を起こすことが大変労力を要する困難な作業であり、いったん起こした火種は消さないように、誰かが必ず家に残り、火の番をしていた当時の生活ぶりをうかがわせるものとして興味深い。

【類義】「口と財布は締めるが得」
（無駄口と浪費は慎め、ということ）

— 47 —

【例文】

 Биднийг бага байхад өвөө минь "Хүний үргэлжид санаж явбал зохих зүйлийн нэг нь хаширлал болгоомжлол мөн. Гадна дотно явахдаа үг хэлээ сайн бодож ярьж байх хэрэгтэй. Итгэл муутай ойворгон хүнд нарийн ширийн зүйлийг хамаагүй яривал буруутаж мэднэ шүү. Иймч учраас

  Гадагшаа явах хүн амаа хичээ
  Гэрт байх хүн галаа хичээ хэмээн
сургамжилдаг юм" гэхчлэн хэлдэгсэн.

 私たちが小さいとき、私のおじいさんは「人が常に心に留めておくべきことの一つは、慎重さ、用心深さだ。内外(うちそと)どこへ行くときも自分の話す言葉をよく考えて話をしなければならない。あまり信用できない軽率な人に詳しい事をむやみやたらに話すと事を誤るかもしれないぞ。だからこそ、〈外へ行く人は口に努めよ、家にいる人は火に努めよ〉といって、教え諭すものだ」などとよく言っていたものだ。

31. Гаднаа гяланцаг
Дотроо паланцаг

外はピカピカ
中はペラペラ

【語句】

- гяланцаг …《きれいでピカピカした》
  (＜гялан《ピカピカの、ピカピカ光る》)
- паланцаг …《いいかげんでペラペラな》
  (＜салан палан《いいかげんな、ばらばらな》)
- (注) -цаг⁴(-нцаг⁴)は、出名名詞接尾辞で、関連した意を表す。
  эрэгцэг《絶壁》(＜эрэг《岸》)
  бөөрөнцөг《砲丸》(＜бөөр《腎臓》)

【説明】

"外はピカピカ、中はペラペラ" というたとえから、一般に〈外見は良くても、中味・実質が悪い〉という意を示す。

なお、このことわざは、1. 二行を対比させ、両方で一つの意を示す、2. 人にも物にも用いられる、ことの2点に注意されたい。

【類義】 「見掛け倒し」

(外見ばかりよくて実質が伴っていないこと)

【例文】

Сүрэн маш гоёмсог зураг бүхий шарыг хүрэмнийхээ халааснаас гаргаад үлээвэл пасхийтэл хагарав. Үүнийг нүд салгалгүй харж суусан ах нь:

"*Гаднаа гяланцаг*
　　Дотроо паланцаг гэдэг чинь ёстой энэ дээ"

гэж хэлэв.

　スレンは非常にきれいな絵のついた風船をジャンパーのポケットから出して吹くと、パンと割れた。それを目を離さずに見ていた兄が、「〈外はピカピカ、中はペラペラ〉というのはまさにこれだね」と言った。

- нүд салгалгүй　目を離さずに、目を凝らして

32. Гай газар дороос
　　Гахай модон дотроос

　　災いは地面の下から
　　猪は森林の中から

【語句】
- мод…《森、森林》（ここでは、ой мод の意）

【説明】
　"災いは地面の下から、猪は森林の中からやって来る"というたとえから、一般に〈災難は突然やって来るものだから、普段から十分注意すべきである〉という意を示す。

【類義】「災難の先触れはない」
（災難は予告なしに突然やって来るものだ、ということ）

【例文】
　Өглөөний 10 цагийн олон улсын галт тэргээр ирэх хурлын төлөөлөгчдийг тосч авахаар вокзал руу яаравчлан давхиж явтал машины дугуй хагарсанд, арын суудалд сууж явсан дарга маань :

　　"*Гай газар дороос*

　　　　Гахай модон дотроос гэдгийн үлгэр л болж байна даа" гэж нэлээд уурлангуй хэлэв.

朝10時の国際列車でやって来る会議の代表者たちを迎えに駅へ急いで飛ばして行くと、車のタイヤがパンクしたので、後部座席に座っていた上司は、「〈災いは地面の下から、猪は森林の中から〉という例えのようだな」とかなり怒ったように言った。

33. Ганц дээлт барилдаач
Ганц морьт уралдаач

一着だけの服を持つ者は相撲を取りたがる
一頭だけの馬を持つ者は競馬に出たがる

【語句】
- V-аач⁴ …《常に～するのが好きな、よく～したがる》の意。

【説明】
　一着しか着る服を持たないのに、やたら相撲を取りたがったり、また一頭しか乗る馬を持たないのに、やたら競馬に出たがる者は、その結果、もし服が破れたり、あるいは馬が死んでしまったらどうなるかまでは全く考えないものである。このことから、一般に〈物を持たない者が、物を持っているかのように、結果を考えず無計画や身分不相応に振舞う〉という意を示す。

【類義】「銭なしの市立ち」、「元手なしの唐走り」
(金を持たずに市に行く、とか元手もないのに中国まで仕入れに出かけるという意から、一般に身のほどを知らない、ということ)

【例文】
"Доржийнх ганцхан морьтой мөртлөө наадам алгасахгүй уралдах юм.
　　Ганц дээлт барилдаач
　　Ганц морьт уралдаач гэдэг л болж байна

даа" хэмээн хавь ойрынх нь хүмүүс шивэр авир ярилцахыг Дорж өөрөө сонссон ч эс сонссон дүр үзүүлдэг гэнэ.

　「ドルジの家は一頭しか馬がいないのに、ナーダムには欠かさず競馬に出る。〈一着だけの服を持つ者は相撲を取りたがる、一頭だけの馬を持つ者は競馬に出たがる〉というようだな」と近所の人たちがひそひそ話し合うのを、ドルジは自分で聞いても聞かなかったふりをしているそうだ。

・уралдах　　競馬に出る

34. Ганц мод гал болдоггүй
　　Ганц хүн айл болдоггүй

一本の木は火にならない
一人の人は家族にならない

【説明】

　"一本の木だけでは火を起こせないように、一人だけでは家族を構成できないものだ"というたとえから、一般に〈人間は、決して自分一人では生きていけないので、必ず互いに協力していかなければならない〉という意を示す。

【類義】「単糸線を成さず」

(一本の糸では、より糸にならないの意より、人間は一人では何もできない、ということ)

【例文】

　Манай ангийн Батсүх эхнэртэйгээ танилцаад тийм ч удаагүй байхдаа

　　"Ганц мод гал болдоггүй

　　Ганц хүн айл болдоггүй юм гэнэ лээ" хэмээн

арай ядан хэлж, гэр бүл болцгооё гэсэн санаагаа илэрхийлсэн ажээ.

うちのクラスのバトスフは、奥さんと知り合ってそれほど経っていないときに、「〈一本の木は火にならない、一人の人は家族にならない〉といいますよ」とやっとのことで言って、一緒に家庭を築こうという自分の思いを表現したのだった。

• арай ядан　　やっとのことで、どうにかこうにか

35. Ганцаараа идсэн гахай таргалахгүй
Олуулаа идсэн оготно турахгүй

　　一人で食べた豚は太らない
　　大勢で食べた野ネズミはやせない

【説明】

"一人で食事を食べても太ることはないし、逆に大勢で食べてもやせることはない"というたとえから、一般に〈食事は一人ではおいしくなく、大勢で食べた方がおいしく感じられるものだ〉という意を示す。

また、これより転じて、〈物事は一人占めするのではなく、みんなで平等に分け与えるべきである〉という意でも広く用いられる。

【類義】「鯛(たい)も一人(ひとり)はうまからず」
(食事はいくらおいしいものでも、一人ではおいしくなく、大勢で食べてこそおいしく感じられるものだ、ということ)

【例文】

Тавагны ёроолд үлдсэн хоёр ширхэг алимыг дөрвөн хүүхэд нь булаалдах янз ороход, ээж нь:

"*Ганцаараа идсэн гахай таргалахгүй*
Олуулаа идсэн оготно турахгүй"

хэмээн загнангуй хэлэнгээ тэнцүүхэн таллан хувааж өгөв.

皿の底に残った二個のりんごを四人の子供が奪い合いそうになると、母親は「〈一人で食べた豚は太らない、大勢で食べた野ネズミはやせない〉」と叱ったように言いながら、等しく半分に分けてやった。

36. Гар бариад
Бугуй барих

手を握って
手首を握る

【同義】

| Даварсаар даварсаар | 度を越えに越えて |
| Дагвын орон дээр | ダグワ(人名)のベッドの上に |

【説明】

〝手を握ったかと思うと、今度は手首まで握る″というたとえから、一般に〈人は一度他人の好意に甘えると、調子に乗って、さらにそれ以上のことを求めるものだ〉という意を示す。

【類義】「負ぶえば抱かりょう」

(子供をおんぶしてやると、今度は抱いてと甘えることから、一度親切にすると、つけ上がって、それ以上のことを求める、ということ)

【例文】

Сүрэн намайг дааж давшгүй их ажилтай байхад гуйж гувшсаар байгаад машинаар минь Шарга морьтын зусланд хүргүүлээд, эцэст нь буцахын үед "Чадвал маргааш ирээд авахыг бодоорой" гэдэг байна шүү. Би түүнийг цаашлуулж :

"*Гар бариад*

 Бугуй барих гэдгийн үлгэр л болох нь дээ" гэв.

スレンは、私が手に負えないほどたくさんの仕事があるとき、しきりに頼み込んで、私の車でシャラガ・モリトの別荘に送り届けさせ、そのあげく戻るときに「できれば明日ここに来て、乗せて行ってくれるように」と言うんだよ。私は彼をからかって「〈手を握って手首を握る〉という例えのようだな」と言った。

• дааж давшгүй　　かかえきれない、手に負えない
• гуйж гувших　　　しきりに頼み込む

37. Голсон юм голд орж
Шилсэн юм шилд гарах

嫌ったものが役立ち
選んだものが不用になる

【語句】
- голд орох … (慣用句)《役立つ、助けになる、命を救う》
- шилд гарах …《尾根に出る》が原義だが、ここでは、単に голд орох の逆で、《役立たない、不用になる》の意。

【説明】
　〝良くないと嫌ったものが非常に役立ち、逆に一番良いと選んだものが実際に何も役立たない″というたとえから、一般に〈何がいつ、どのように役立つかは、全く予想できないもので、しばしば自分の考えとは正反対になるものだ〉という意を示す。

【類義】「無用の用」
（一見して何の役にも立たないと思われるものが、実は非常に大切な役割を果たすものだ、ということ）

【例文】
　Ээж нь охиндоо : "Чиний муухай өнгөтэй гээд голоод өмсөхгүй байсан зузаан бор дээл энэ өвлийн их хүйтэнд аминд чинь орлоо доо. Энэ дээл байгаагүй бол чи ч хэцүүдэх байсан шүү.

　Голсон юм голд орж

　Шилсэн юм шилд гарах гэдэг чинь ёстой энэ дээ" хэмээн хэлэв.

　母親は自分の娘に「あなたがいやな色と嫌って着ないでいた厚手の茶色のデールが、この冬の厳しい寒さの中、あなたの命

を救ったね。このデールがなかったら、あなたは大変なところだったよ。〈嫌ったものが役立ち、選んだものが不用になる〉というのはまさにこのことね」と言った。

• аминд орох　　（人の)命を救う（＝амь аврах の意)

38. Гэм нь урдаа
　　Гэмшил нь хойноо

　　過ちは前に
　　後悔は後に

【説明】

〝過ちは前に来るものであり、後悔は後に来るものだ（過ちを犯した後で、後悔するものだ)〟というたとえから、一般に〈事が終わってしまってから、いくら悔やんでも、もはや取り返しがつかないので、あとあと後悔しないよう事前に十分注意すべきである〉という意を示す。

【類義】「後悔先に立たず」

（済んでしまった事を、後で悔やんでももう遅い、ということ）

【例文】

Хичээлээ тухай бүрт нь сайн хийлгүй явсаар эцэст нь шалгалтандаа муу үнэлэлт авсан оюутан : "Уучлаарай, багшаа！ Би дараа улиралд чармайх болно" хэмээн хэлэхэд, багш нь : "Эхнээсээ л сайн чармайх хэрэгтэй.

　　Гэм нь урдаа

　　Гэмшил нь хойноо гэсэн зүйр цэцэн үг байдгийг санаж яваxaд илүүдэхгүй шүү" гэв.

勉強をその都度しっかりしないままで、最後に試験で悪い成績を取った学生が、「先生、ごめんなさい。僕は来学期はがんば

ります」と言うと、先生は「最初からしっかりがんばらなければならない。〈過ちは前に、後悔は後に〉ということわざがあることを心に留めておくに越したことはないぞ」と言った。

39. Гэмт хүн гэлбэлзэх
Дайрт морь далбилзах

罪ある人はびくびくする
鞍傷ある馬は身を揺する

【語句】

• далбилзах …《身を揺する》

【説明】

　いったん罪を犯した人は、常にびくびく、おどおどしたりするものであり、また鞍傷のある馬は、痛さのあまり身を左右に揺すってぶるぶるするものである。

　このことから、一般に〈何か悪いことをして心にやましいことのある人は、良心の呵責に苛まれ、それがおのずと態度や行動に表れるものだ〉という意を示す。

— 58 —

【類義】「心の鬼が身を責める」

(やましい行いをして、良心がとがめる、ことのたとえ)

【例文】

"Сүрэн надаас хэдэн ном зээлж аваад хоёр жилийн нүүр үзэж байгаа мөртлөө одоо болтол эргүүлж өгөөгүй л байна. Бүр манай энүүгээр харагдахаа ч больсон.

Гэмт хүн гэлбэлзэх

Дайрт морь далбилзах гэдэг ёстой үнэн үг юмаа" гэхчлэн хэлж, Даян түүнээс болгоомжилж байхыг надад аминчлан захив.

「スレンは僕に何冊か本を借りて2年も経っているのに、今までずっと返してくれないんです。全くこのあたりでは、ちっとも見かけなくなった。〈罪ある人はびくびくする、鞍傷ある馬は身を揺する〉というのはまさに本当のことだな」などと言って、ダヤンは彼には用心しているように私に親身になって言った。

40. Дааганаас унаж үхдэггүй Даравгараас болж үхдэг

子馬から落ちて死ぬことはない
大口のせいで死ぬ

【語句】

- даага …《1歳から2歳までの子馬》
- даравгар …《大口の、大きく口の開いた》ここでは、их юм ярих, их амтай《たくさんしゃべる、口数の多い、おしゃべりな》の意。

【説明】

小さくておとなしい子馬から落ちても、それで命を落とすこ

とはまずないが、何でもかんでも余計なことをしゃべりすぎて、そのせいで危険な目に会うことはありうるものである。このことから、一般に〈不注意な発言が時に災いを招くこともあるので、発言には十分注意しなければならない〉という意を示す。

【類義】「口は禍の門(<ruby>口<rt>くち</rt></ruby>は<ruby>禍<rt>わざわい</rt></ruby>の<ruby>門<rt>かど</rt></ruby>)」
（発言がもとで災いを招くことがある、という意味）

【例文】

Ээж минь биднийг бага байхад "Учир начрыг нь сайн мэдэхгүй юмыг мэдэмхийрэн ярьж болдоггүй юм шүү. Хамаагүй юмыг итгэл муутай хүнд ярьснаас болж хэл аманд өртөж ч мэднэ.

Дааганаас унаж үхдэггүй

Даравгараас болж үхдэг гэдгийг цаг үргэлжид санаж яваарай" гэдэгсэн.

私の母は、私たちが小さい頃、「詳しい事情がよくわからないことを知ったかぶりをして話してはいけないよ。いらないことをあまり信用できない人に話したせいで、いざこざに巻き込まれるかもしれない。〈子馬から落ちて死ぬことはない、大口のせいで死ぬ〉ということを、常日頃、心に留めておきなさい」とよく言っていたものだ。

- учир начир　　　　　詳しい事情
- хэл аманд өртөх　　いざこざに巻き込まれる

41. Даахгүй нохой булуу хураах

かみ切れない犬が骨端を集める

【語句】

- даахгүй нохой …《年老いて歯がなくなり、堅いものを食べれ

ない犬》
- булуу …《髄骨（чөмөг яс）の末端の太くて堅い部分》

【説明】

〝年老いて歯がなくなった犬が、自分では堅くて食べられもしない骨端を、他に与えるでもなく、自分のもとに集める〟というたとえから、一般に〈全く無駄なものを集めると、何の役にも立たず、後でかえって自分に邪魔になるだけである〉とか、それより転じて〈自分で責任がとれないのに引き受けて、後でできなくて面倒なことになる〉という意を示す。

【類義】「無用の長物」

（あっても何の役にも立たず、かえって邪魔になる、ことのたとえ）

「安請け合いは当てにならぬ」

（気軽に引き受けてくれた頼み事はあまり当てにできない、ということ）

【例文】

Доржийг Дарханаас Улаанбаатар хот руу явахад нь хоёр хүн жаахан юм дайжээ. Түүнийг нь галт тэрэгнээс буухдаа анзааралгүй мартаад орхичихсон байсныг аав нь дуулаад:

"*Даахгүй нохой*

　　Булуу хураах гэдэг л болж байна даа" хэмээн загнав.

ドルジがダルハンからオラーンバータル市へ行くとき、二人の人が（彼に）少し物をことづけた。それを列車から下りるとき、（彼が）うっかり置き忘れてしまったことを、彼のお父さんが聞いて、〈かみ切れない犬が骨端を集める〉というようだな」と叱った。

• дайх　　［口語で］（ついでに）持って行ってもらう、ことづける

42. Давахгүй гэсэн даваагаар гурав давдаг
　　Уулзахгүй гэсэн хүнтэй гурав уулздаг

　　越えないと思った峠を三度越える
　　会わないと思った人と三度会う

【同義】
　　Өст хүн　　　　　　　　　敵意のある人に
　　Өлийн даваан дээр　　　　小山の峠で(出会う)

【説明】
　"自分では絶対越えないと思っていた峠をやむをえず三度も越える、とか絶対会わないと思っていた人と偶然三度も会う"というたとえから、一般に〈人生には自分の予期しない事が何度となく起こるものであり、全く予測できないものだ〉という意を示す。

【類義】「一寸先は闇」
（未来のことは誰も全く予測することはできない、ということ）

【例文】
Оюун：Чи ойрдоо Балдантай уулзалдаж байна уу？

Даян：Чин үнэнийг хэлэхэд би түүнд жаахан буруу юм хийчихсэндээ санаа зовоод, уулзалдахгүй байхыг аль болох хичээж байсан юм.

Оюун：Өө тийм үү.

Даян：Тэгтэл чинь бараг л өдөр бүхэн дайралддаг боллоо.

Оюун：*Давахгүй гэсэн даваагаар гурав давдаг Уулзахгүй гэсэн хүнтэй гурав уулздаг* гэдэг

　　　　биз дээ.
オヨン：あなたは最近バルダンと会っているの？
ダヤン：実を言うと、僕は彼に少し悪いことをしてしまったので気になって、できるだけ会わないでおこうと心掛けていたんだ。
オヨン：ああ、そうなの。
ダヤン：そしたら、ほとんど毎日偶然出会うようになったんだよ。
オヨン：〈越えないと思った峠を三度越える、会わないと思った人と三度会う〉というでしょ。

43. Дассан газрын
Даавуу зөөлөн

慣れた土地の
布はやわらかい

【説明】

〝慣れた土地の布はやわらかい〟というたとえから、一般に〈どんな場所であっても、自分が住み慣れた所が一番心地良いものだ〉という意を示す。

【類義】「住めば都」

(どんな土地でも、長く住み慣れれば愛着がわいて、そこが住みよくなるものだ、ということ)

【例文】

Наран：Аян замдаа сайн явж ирэв үү？

Сүрэн：Сайн явж ирлээ.

Наран：Төрсөн нутагтаа ирээд сайхан байгаа биз дээ.

Сүрэн：Тэгэлгүй яахав.

Дассан газрын

Даавуу зөөлөн гэдэг тун үнэн үг юмаа.

ナラン：道中無事帰って来ましたか。

スレン：無事帰って来ました。

ナラン：自分のふるさとに帰って来て、よかったでしょ。

スレン：もちろんですとも。〈慣れた土地の布はやわらかい〉というのは、実に本当のことだね。

44. Дахан дор эр
Даахин дор хүлэг

毛皮の下に丈夫(ますらお)
もつれ毛の下に駿馬(しゅんめ)

【語句】
- дах …《毛皮の外套》
- даахь …《もつれ毛（長い間といていない状態の毛を指す）》

【説明】

〝毛皮の外套の中に強くて立派な男がいる、もつれ毛の中に足の速いすぐれた馬がいる〟というたとえから、一般に〈人や馬の真価は、外見ではなく、その内面に秘められた性質や能力にある〉という意を示す。

【考察】

дах, даахь はともに〈全体が毛でおおわれている〉という共通点をもち、ここでは一般に〈外見、見かけ〉を指す。

一方、эр, хүлэг はともに〈力強く勇ましい〉という共通点をもち、ここでは〈内面、本質〉を指す。

【類義】「馬(うま)と武士(ぶし)は見(み)かけによらぬ」

（馬も武士も、外見だけではその真価はわからない、ということ）

「人(ひと)は見(み)かけによらぬもの」

（人間の性質や能力は、その人の外見だけでは判断できない、ということ）

【例文】

Энэ жилийн сумын наадамд тав давж, өвдөг шороодолгүй түрүүлсэн залуу бөх Мөнхөөг нутгийнх нь өвгөчүүл :

"Дахан дор эр

Даахин дор хүлэг гэдэг ёстой энэ дээ" хэмээн магтацгаав.

今年のソムのナーダムで5回勝って、土つかずで優勝した若手力士ムンフーを地元の老人たちは、「〈毛皮の下に丈夫、もつれ毛の下に駿馬〉というのはまさにこのことだな」とほめたたえた。

45. Долоо хэмжиж
Нэг огтол

七回測って
一回切れ

【説明】

"七回慎重に測って、それからやっと一回切れ"というたとえから、一般に〈物事は失敗しないように、あらかじめ用心の上にも用心を重ね、十分慎重に対処した上で行うべきである〉という意を示す。

【類義】「念には念を入れよ」、「転ばぬ先の杖」

(物事は用心の上にも用心を重ね、手落ちのないようにすべきだ、ということ)

【例文】

Монгол дээл эсгэж суусан охиндоо ээж нь : "Дээл эсгэхдээ урьдаар сайн бодож, хэмжээ дамжааг нь их нарийн таарууслсныхаа эцэст л хайчлах хэрэгтэй байдаг юм. Чухам ийм учраас л

Долоо хэмжиж

Нэг огтол гэдэг үг гарсан байх" хэмээн хэлэв.

デール(モンゴルの民族衣装)を裁断していた自分の娘に、母親が「デールを裁断するときは、あらかじめよく考え、寸法を綿密に合わせて、最後にやっと切らないといけないものなのよ。

まさにそれだからこそ、〈七回測って一回切れ〉という言葉が生まれたんでしょう」と言った。

46. Дураараа дургиж
Дунд чөмгөөрөө жиргэх

勝手気ままに振舞い
大腿骨で遊ぶ

【語句】

- дунд чөмөг …《大腿骨》
- жиргэх …《жиргэ(駒を一列に3個並べる)遊びをする》
  (ここでは、тоглох《遊ぶ》の意)

【説明】

元来、жиргэ遊びでは、石ころ、くるぶし、羊糞など小さなものを駒として遊ぶところを、大きな大腿骨で遊ぶというのは、到底、無茶な話であり、まさに身勝手というものである。

このことから、一般に〈他人のことなど全くかまわず、自分勝手でわがままに振舞う〉という意を示す。

【類義】「傍若無人」
("傍に人無きが若し"の意より、周囲の人のことなどかまわず、自分の思うがまま好き勝手に振舞う、ということ)

【例文】

Эцэг эхийнхээ үлдээсэн хэдэн хонийг зарахы нь зарж, идэхий нь идэж дуусгаж байгаа Баатарын тухай хавь ойрынх нь малчид: "Энэ ч ёстой

Дураараа дургиж

Дунд чөмгөөрөө жиргэх гэдгийн үлгэр л болж байна даа" хэмээн халаглан ярилцах болсон гэнэ.

自分の両親の残した数匹の羊を売れるだけ売り、食べられるだけ食べ尽くしているバータルのことを、近所の牧民たちは、「これはまさに〈勝手気ままに振舞い、大腿骨で遊ぶ〉という例えのようだな」と哀れんで話すようになったそうだ。

- халаглах　哀れむ

47. Дуслыг хураавал далай　Дуулсныг хураавал эрдэм

滴を集めれば海
聞いたことを集めれば学

【説明】

"小さな水の滴を集めれば大きな海となるように、人から聞いたことを少しずつ集めればやがては大きな学識、教養となるものだ"というたとえから、一般に〈物事を成就するためには、

何事もまず身近なところから一歩一歩着実に努力を重ねて行わなければならない〉という意を示す。

【類義】「塵も積もれば山となる」

(ごくわずかなものでも、たくさん積み重なると非常に大きなものになる、ということ)

「千里の道も一歩から」

(どんな大事業も、手近なところから着実に行わなければならない、ということ)

【例文】

Түүхийн багш Баасанхүү манай ангид хичээл орох болгондоо: "Монгол ёс жаягаа гаргууд мэддэг өвгөд хөгшдөөс эртнээс уламжлалтай үндэснийхээ зан заншлын талаар нэрэлхэлгүй сайн асууж тэмдэглэж авбал хожимдоо хэрэг болж мэднэ шүү.

Дуслыг хураавал далай

Дуулсныг хураавал эрдэм" гэж юм л бол хэлдэг байж билээ.

歴史の先生バーサンフーは、私たちのクラスで授業をするたびに、「モンゴルの慣習をずば抜けて知っている老人たちに、昔から伝統的な民族の風俗習慣のことを遠慮しないで、しっかり聞いて記録しておけば、将来役に立つかもしれないぞ。〈滴を集めれば海、聞いたことを集めれば学〉」としょっちゅう言っていたものだよ。

• юм л бол (=дандаа)　[口語で] しょっちゅう、いつも

48. Дуудах нэрийг эцэг эх нь
Дуурсах нэрийг өөрөө

呼ぶ名前を両親が
轟(とどろ)く名前を自分が

【語句】
- дуурсах …《有名になる、世に広まる》（＝алдарших の意）
- 各行の終わりには、それぞれ өгдөг《つける》、олж авдаг《獲得する》という動詞が省略されていると考えられる。

【説明】

"生まれたときの名前は、一般に両親がつけるものだが、その後の名声は、自分自身で獲得するものである" ということから、一般に〈後世にどんな名声を残すかは、まさにその本人の心掛け次第である〉という意を示す。

【類義】「人(ひと)は一代(いちだいな)名は末代(まつだい)」

（人は立派な名を残すよう心掛けねばならない、ということ）

【例文】

Хүү: Манай ангийн Даян чөлөөт бөхөөр энэ хавар улсын аварга болсныг та сонссон уу?

Аав: Сонсохоор барах уу.

Хүү: Манай Даян ч чөлөөт бөхдөө үнэхээрийн хорхойтой хүн дээ. Сайн зүтгэснийхээ хүчинд том амжилт гаргалаа.

Аав: Ёстой ёстой.

Дуудах нэрийг эцэг эх нь

Дуурсах нэрийг өөрөө гэдгийг ангийнхан дотроосоо хамгийн түрүүнд бодитоор үзүүллээ, хөөрхий муу Даян. Хүн ямар нэгэн юманд сэтгэл шулуудан чармайвал заавал амжилтанд хүрнэ шүү, миний хүү.

息子：うちのクラスのダヤンがレスリング（フリースタイル）でこの春、国内チャンピオンになったことをお父さん、聞いた？

父親：聞いたなんてものじゃないよ。

息子：うちのダヤンはレスリングには本当に熱心な人だよ。しっかり努力したおかげで大成功を収めたんだ。

父親：まさにその通りだ。〈呼ぶ名前を両親が、轟く名前を自分が〉ということを同級生のうちで一番最初に実証したんだ。さすがダヤンだ。人は何かあることに意を決して努力すれば必ず成功するよ、息子よ。

• сэтгэл шулуудах　意を決する

49. Дэм дэмэндээ
　　Дээс эрчиндээ

助けは助けで
縄はねじれで

【同義】

Хүн хүний хүчинд　　人は人の力で
Загас усны хүчинд　　魚は水の力で

【説明】

　一方の助けは、他方の助けがあってこそ、両者の関係はうまく成立するものである。また、縄はねじれがあってこそ強くなるもので、ねじれが不十分であれば縄をなうことはできないものである。そのため、いずれの場合も、両者はお互い様、つま

り相互扶助の関係にある。このことから、一般に〈物事は双方が互いに協力し助け合ってこそ、はじめてうまく行くものだ〉という意を示す。

【類義】「世は相持ち」
(世の中は互いに助け合うことで成り立っている、ということ)

【例文】

　Сумын засаг дарга Сүрэн гуай : "Бат, Мөнх хоёрынх айл саахалт нутагласаар найм есөн жил болж байна. Адуугаа дэллэх, ямаагаа самнах, хонионоослох, эсгий хийх, хашаа хороо барих зэрэг хүн хүч шаардсан нүсэр ажлуудаа хэзээд элбэлцэн хийцгээдэг юм.

　　Дэм дэмэндээ

　　Дээс эрчиндээ амьдрахын сайхан үлгэр дууриалыг үзүүлж байгаа хоёр доо" хэмээн бидэнд танилцуулав.

　ソムの行政長スレンさんは、「バトとムンフの家は近隣に居住して8、9年経っている。馬のたてがみを切ったり、山羊の毛をとかしたり、羊の毛を刈ったり、フェルトをつくったり、家畜小屋を建てたりするなど、人の力のいる大変な仕事の数々を、いつもお互いに助け合って一緒に行っている。〈助けは助けで、

縄はねじれで〉生活するすばらしい模範を示している二人だ」と私たちに紹介した。

- айл саахалт　日本で言うところの隣近所ではなく、モンゴルの田舎の1kmほど離れた〈近隣の2つの家〉を指す。

50. Дээд хүн суудлаа олохгүй бол Доод хүн гүйдлээ олохгүй

上の人が地位を得なければ
下の人は行動を得ない

【語句】
- суудал …《地位、身分》（＝байр суурь の意）
- гүйдэл …《行動、動き》（＝явдал の意）

【説明】
〝上に立つ者がしっかりした地位に就いて十分な指導を行わなければ、下の者はどう行動してよいかわからなくなる″というたとえから、一般に〈上に立つ者が正しい十分な指導を行えば、下の者もそれに応じて正しく行動できるため、物事はうまく運ぶものだ〉という意を示す。

【類義】「勇将の下に弱卒なし」
（指導者が優れていれば、その部下も優れたものになる、の意）
「頭が動かねば尾が動かぬ」
（上の者が率先して働かなければ、下の者は働かない、の意）

【例文】

Их хурлын гишүүн Баянбат сонгогчидтойгоо уулзаж санал хүсэлтийг нь сонсов. Нэгэн хүн босоод :

"*Дээд хүн суудлаа олохгүй бол*
　Доод хүн гүйдлээ олохгүй.Ийм учраас их

хурлын гишүүд та бүхэн төрийн хууль ёсоо чандлан сахиж, өөр хоорондоо хий дэмий цэц булаалдаж, тар түр гэлгүй байсан чинь өлзийтэй шүү. Та нар гэдсэндээ хөлөө хийлцээд байвал бид бүхэн чухам яах болж байна !" гэхэд нь хүмүүс алга нижигнүүлэн ташив.

国会議員のバヤンバトは、自分の(選挙区の)有権者たちと会って、彼らの意見、希望を聞いた。一人の人が立ち上がり、「〈上の人が地位を得なければ下の人は行動を得ない〉。そのため、国会議員のあなたたちが国の法律を厳しく守り、お互いにむだに論争し、あれこれ言い争いをしない方がいいよ。あなたたちが足の引っ張り合いをしていたら、我々は一体どうすればいいんだい！」と言うと、人々は割れるような拍手をした。

- тар түр гэх　あれこれ言い争いをする（＝хэрэлдэх の意）
- гэдсэндээ хөлөө хийлцэх　("おなかに足を入れ合う"が原義)（お互いの欠点を見つけ)足の引っ張り合いをする

51. Ерөөлийн үзүүрт тос
Хараалын үзүүрт цус

祈りの果ては脂
呪いの果ては血

【参考】

ここでは、тос《脂》は баяр баясгалан《喜び》や жаргал《幸福》を、цус《血》は үхэл《死》や зовлон《苦しみ》を象徴しているものと考えられる。

【説明】

"祈りの果ては脂、呪いの果ては血"というたとえから、一般にく日常生活において祈りの言葉(祝詞)は吉を、呪いの言葉(罵

倒語)は凶を招くものであるから、縁起の悪い言葉はできるだけ避け、祝福の言葉で人生に幸福を招き寄せたいものだ〉という強い願いが込められている。

【類義】「禍福 己による」
(禍福は本人の心掛けによって、人がみずから招くものである、ということ)

【例文】

Өвөө аав нь ач хүүгийнхээ даахийг үргээх ёслол дээр：
"Урт настай
Удаан жаргалтай
Аавдаа ачтай
Ээждээ ээлтэй
Төр улсдаа тустай
Түмэн олондоо хэрэгтэй
Сайн хүн болоорой" гэхчлэн ерөөл бэлгийн сайхан үг хэлэхэд, эмээ ээж нь：

"*Ерөөлийн үзүүрт тос*
Хараалын үзүүрт цус гэдэг юм, хүүхдүүд минь. Ерөөлөөр болох болтугай" хэмээн хэлээд, аягатай сүүг ач хүүдээ өргөн барив.

おじいさんが自分の孫息子の断髪式で、「長生きし、ずっと幸せで、お父さんに恩ある、お母さんに吉ある、国家に役立つ、国民に必要な良い子になって下さい」などと縁起の良い言葉を言うと、おばあさんは「〈祈りの果ては脂、呪いの果ては血〉というものです、子供たちよ。祈りがかないますように」と言って、茶碗に入ったミルクを自分の孫息子に差し上げた。

- даахь үргээх(＝авах) ёслол 幼児の生まれてから最初の断髪式。通常、男子は奇数年齢(3、5歳)で、女子は偶数年齢(2、

4歳)で行うものとされる。

52. Ёс мэдэхгүй хүнд
Ёр халдахгүй

慣習を知らない人に
凶兆は寄りつかない

【説明】

"慣習を知らない人に悪いことは寄りつかない"というたとえから、一般に〈慣習を知らない人が仮に人に失礼なことをしても、本人がそれに気がついていない以上、何もなかったかのように平穏に過ぎるものだ〉という意を示す。これは暗に、慣習を知っていて、あれこれ気をもむよりも、全く知らずにいた方がよい、というニュアンスを含む。

【類義】「知らぬが仏」

(事実を知れば、心配したり腹が立ったりすることでも、知らないでいれば、心の広い仏のように穏やかな気持ちでいられる、ということ)

【例文】

Зана: Чи настай хүнтэй золгохдоо малгайгүй байгаа чинь тун тусгүй дээ хө.

Бат: Харин тийм ээ.

Зана: Тиймээр барах уу даа.

Жаргал: *Ёс мэдэхгүй хүнд*
　　　　Ёр халдахгүй.

Зана: Та хүүгээ ийм юман дээр өмөөрөх нь тийм ч сайн биш шүү.

ザナ：おまえはお年寄りと新年のあいさつをするとき、帽子を
　　　かぶっていないのは全くだめだよ。
バト：ええ、そうですね。
ザナ：そうですねで済むものですか。
ジャルガル：〈慣習を知らない人に凶兆は寄りつかない〉
ザナ：あなたは自分の息子をこんなことでかばうのは、そんな
　　　にいいことじゃないよ。

53. Жаргалтай боловч орондоо бүү дуул
Зовлонтой боловч орондоо бүү уйл

　　しあわせでもベッドでは歌うな
　　つらくてもベッドでは泣くな

【同義】

　話し言葉では、次のようにも言う。
　　　Хэдий жаргалтай ч орондоо бүү дуул
　　　Хэдий зовлонтой ч орондоо бүү уйл
　また、つぎのような表現もある。

　　　　Зовлонд бүү гунь　　　　苦しみに悲しむな
　　　　Жаргалд бүү ташуур　　　楽しみに浮かれるな

【説明】
　いくらしあわせでも、ひどく浮かれることのないように、また いくらつらくても、ひどく悲しむことのないように戒めた表現である。このことから、一般に〈人生の苦楽は、何度も繰り返しやって来るものだから、そのつど一喜一憂するな〉という意を示す。

【類義】「楽は苦の種、苦は楽の種」
（楽は苦のもとになり、苦は楽のもとになるの意から、いま楽しいからといって油断してはいけないし、また苦しいからといって悲観してもいけない、ということ）

【例文】
　Хоёр охин нь орондоо орж унтахаар хэвтсэн хойноо хангиатал дуу аялангуут, ээж нь：

　　"*Жаргалтай болович орондоо бүү дуул*
　　　Зовлонтой болович орондоо бүү уйл гэдгийг сонсоогүй юу？ Ямар замбараагүй хүүхдүүд вэ？ Та нар" хэмээн зандарч болиулав.

　二人の娘がベッドに入り寝ようと横になってから、きーんと響く声で歌を口ずさむとすぐに、お母さんが「〈しあわせでもベッドで歌うな、つらくてもベッドで泣くな〉ということを聞いたことがないの？何てだらしない子供たちでしょう、あなたたちは」とどなってやめさせた。

54. Жаргалын удаан
Зовлонгийн түргэн

楽しみのゆっくりなのが
苦しみのはやいのが

【説明】

"楽しみのゆっくりなのが、苦しみのはやいのがよい"という たとえから、一般に〈楽しいことはできるだけゆっくりと長く 続いた方がよいのに対し、苦しいことはできるだけはやく短く 過ぎ去った方がよい〉という意を示す。

このことわざは、特に後者の意、すなわち〈苦しみははやく 過ぎ去った方がよい〉という意から転じて、〈辛いことやいやな ことは、後回しにせず、先に早く済ませた方がよい〉という文 脈で使われることが多い。

【類義】「楽は一日、苦は一年」

(楽しいことはすぐに過ぎ去ってしまうが、苦しいことは長く続 くものだ、ということ)

【比較】

日本語のことわざが〈現実〉を表しているのに対し、モンゴ ル語のことわざは〈現実に対する願望〉を表しているという相 違点が見られるが、これは両者の人生観の違いを端的に反映し ているものと言える。

【例文】

Сүрэн : Чиний хөл чинь гайгүй болж байна уу?

Саран : Түрүүчийн долоо хоногийг бодвол овоо дээрдэж л байна.

Сүрэн : Юун сайн юм бэ.

Жаргалын удаан

Зовлонгийн түргэн гэдэг биз дээ. Түргэхэн шиг эдгэрч, хоёр хөл дээрээ өөрөө явдаг болбол аятай юу.

Саран : Харин тиймээ.
スレン：足の具合はよくなっているかい？
サラン：先週よりもかなりよくなってきているわ。
スレン：それはよかった。〈楽しみのゆっくりなのが、苦しみのはやいのが〉というだろ。早くよくなって、二本の足で自分で歩けるようになるといいね。
サラン：ええ、そうですね。

55. Жор үзсэн эмчээс Зовлон үзсэн чавганц дээр

処方箋を学んだ医者よりも
苦しみを味わった老婆の方がよい

【説明】

〝頭でっかちの医者よりも辛酸をなめた老婆の方がよい〟というたとえから、一般に〈ただの物知りよりも長年の人生経験を積んだ年長者の方がはるかに賢い〉とか、〈理論 (онол) よりも実践 (практик) の方が優れ、結局は経験がものを言う〉という意を示す。

【類義】「亀の甲より年の功」

(年長者の経験は貴重である、ということ)

【例文】

Хүүхдийн парк доторх мөсөн гулгуурын талбай дээр тоглож байгаад, хүчтэй унаснаасаа болж

Нандинцэцэгийн тархи хөдөлсөнд, аав нь ихэд санаа зовж : "Бушуухан шиг эмнэлэг рүү аваад явъя" гэж сандарсан байдалтай хэлсэнд, ээж нь : "Иймэрхүү тохиолдолд бариачид очсон нь зүгээр байх хэмээн бодож байна. Ер нь тэгээд ч

Жор үзсэн эмчээс

Зовлон үзсэн чавганц дээр гэж ярилцдагийг чи сонсож дуулсан биз дээ хө" хэмээн хэлжээ.

遊園地の中のスケート場で遊んでいて、強く転んだせいでナンディンツェツェグが脳しんとうを起こしたので、彼女のお父さんはひどく心配し、「急いで病院へ連れて行こう」とあわてた様子で言ったところ、彼女のお母さんは、「こんなときは整骨師に行った方がよいと思うわ。そもそも、だからこそ〈処方箋を学んだ医者よりも苦しみを味わった老婆の方がよい〉というのをあなたは聞いたことがあるでしょ」と言った。

• тархи хөдлөх　脳しんとうを起こす

56. Загасчны морь усгүй

漁師の馬に水なし

【説明】

"漁師は魚を捕る仕事に忙しくて、川のすぐそばまで連れて行った自分の馬に水をやる暇がない、"というたとえから、一般に〈ある事柄を実行できる十分な可能性が最も身近にあるにもかかわらず、それには全く気を配らず、機会をうまく活用しない〉という意を示す。

【類義】「紺屋の白袴」

(他人のことに忙しくて、自分のことには手が回らない、ことの

たとえ）
【例文】

　Манай нутагт "гарын дүйтэй хүн" хэмээн олонд алдаршсан нэгэн сайн мужаан байдаг юм. Хэдэн жилийн өмнө түүгээр домбо хийлгэх захиалга өгөхөөр гэрт нь орвол сандлынх нь хөл хугархай байсныг хараад：

　　　　"*Загасчны морь усгүй* гэдэг яасан үнэн үг вэ？" хэмээн бодож билээ.

　うちの故郷に《手先が器用な人》と大衆に名の知れた一人の名職人がいるんです。数年前に彼にドンボを作ってもらう注文をしに彼の家に入ると、彼の椅子の足が折れていたのを見て、「〈漁師の馬に水なし〉というのは何と本当のことだろう」と思ったんですよ。

・домбо　　ドンボ、乳茶を入れる木製のポット

57. Залгидгийн гэрт хоолгүй
Залхуугийн гадаа түлээгүй

大食いの家に食事なし
怠け者の外にたきぎなし

【語句】
- залгидаг …《貪欲な、大食いの》(＜залги-《飲みこむ》)
  (＝ховдог шунахай の意)

【説明】
"大食いの家には食べる食事もなく、怠け者の家の外には燃やすたきぎもない"というたとえから、一般に〈食べる以外に何もしない怠け者は、手元にある物をただ浪費するだけであって、自らは何も成就できないものだ〉という意を示し、特に大食いや怠け者を戒める文脈で用いられる。

【類義】「座して食らえば山も空し」
(働かないで遊んで暮らしていれば、山のような財産もやがてはなくなってしまう、ということ)

【例文】
  Манай хөрш айлын гурван банди хичээлээсээ эртхэн харьж ирээд, гэртээ байсан хамаг л талх, боовоо цөмийг нь идээд, хоёр эмэгтэй дүүдээ юу ч үлдээгээгүйг ээж нь үзчихээд：

  "*Залгидгийн гэрт хоолгүй*

  Залхуугийн гадаа түлээгүй" гэхчлэн ихэд загнажээ.

  うちの隣の家の三人の男の子は、授業から早く帰ってきて、自分の家にあったあらゆるパンやお菓子を全部食べて、二人の

妹には何も残さなかったのを彼らの母親が見つけて、「〈大食いの家に食事なし、怠け者の外にたきぎなし〉」などとひどく叱った。

58. Зан сайтай айлд хүн болгон цуглана
Замаг сайтай усанд загас болгон цуглана

性格の良い家に人ごと集まる
藻の良い川に魚ごと集まる

【語句】
- усанд …《川に》、この代わりに нууранд《湖に》とも言う。
- загас …《魚》、この代わりに шувуу《鳥》とも言う。

【説明】
"良い藻の繁茂する川に多くの魚が集まるように、良い性格の人の家には多くの人が集まる" というたとえから、一般に〈親切で優しい社交的な家には、自然に多くの人が集まってくるものだ〉という意を示す。

【類義】「水積もりて魚聚まる」
(水の深い所に魚が多く集まるように、利益のある所には自然に多くの人が集まってくるものだ、ということ)

【例文】
Цэрэн： Энэ Жигжидийнхээр зочин гийчин ер тасрахгүй, үргэлж л хүн хартай байдаг их сайхан айл гэж хүмүүс магтацгаах юм.

Сүрэн： Аргагүй шүү дээ. Түүний эхнэр Долгор орсон гарсан хэнийг ч хамаагүй цай, хоолоор сэтгэл гарган дайлдаг юм чинь.

Цэрэн： *Зан сайтай айлд хүн болгон цуглана*

> *Замаг сайтай усанд загас болгон цуглана*
> гэдэг чинь энэ дээ.

Сүрэн：Чухам аа, чухам.

ツェレン：このジグジドの家にはお客さんが絶えることなく、いつもたくさんの人のいるとてもすばらしい家だと人々はほめている。

スレン：もちろんだよ。彼の奥さん、ドルゴルは、出入りする人は誰にでもかまわずお茶や食事で心を込めてもてなしているからね。

ツェレン：〈性格の良い家に人ごと集まる、藻の良い川に魚ごと集まる〉というのはこのことだね。

スレン：全くその通りだ。

- сэтгэл гаргах　心を込める

59. Зовох цагт нөхрийн чанар танигдана Ядрах цагт янагийн тар мэдэгдэнэ

苦しいときに友人の性質が知れる
困ったときに恋人の本性が分かる

【語句】

- тар …《本性、本質》（＝зан чанар）
- 単に1行目だけで Зовох цагт нөхрийн чанар танигдана と言うことが多い。

【説明】

　"苦しいとき、困ったときにこそ、友人や恋人の本性が分かるものだ" というたとえから、一般に〈苦境に陥り困っているときに、力になり助けてくれる友こそ、本当の友達である〉という意を示す。

【類義】「まさかの時(とき)の友(とも)こそ真(しん)の友(とも)」
(困っているときに手を差し伸べてくれる人が本当の友である、ということ)
[英語 A friend in need is a friend indeed. の訳]
【例文】

　Намайг мухар олгой авахуулаад эмнэлэгт хэвтэж байхад Билэгт хоёр ч удаа эргэж ирсэн. Тэрээр эрээд эрээд олдошгүй эм тариа авчирч өгч байсныг нь насан туршдаа мартахгүй.

　Зовох цагт нөхрийн чанар танигдана
　Ядрах цагт янагийн тар мэдэгдэнэ гэдэг чинь ёстой нэг үнэн үг байна лээ дээ.

私が盲腸の手術をして病院に入院しているとき、ビレグトは2回もお見舞いにやってきた。彼が、いくら捜しても決して手に入らない薬などを持ってきてくれたことを一生忘れない。〈苦しいときに友人の性質が知れる、困ったときに恋人の本性が分かる〉というのはまさに本当のことだったよ。

60. Зодохын муу чимхэх
Ярихын муу шивнэх

なぐることの悪いのはつねる
話すことの悪いのはささやく

【説明】

　"なぐることの悪いのはつねる、話すことの悪いのはささやく"というたとえから、一般に〈小声でひそひそ話すのは、大体何か秘密や悪口のことが多く、人に不快で悪いイメージを与えるので、慎むべきである〉という意を示す。

【類義】「囁くにろくな事は無いもの」

(小声でささやくような話には、よくないことが多い、ということ)

【例文】

Ээж： Охиндоо нэг зүйлийг сануулж хэлэх гэсэн юм.

Охин： Юу вэ？Ээжээ.

Ээж： Миний охин өчигдөр тэр олон хүний дотор Нарантай шивнэлдээд л зөндөө их юм ярилцана лээ дээ.

Охин： Тэгээд юу гэж.

Ээж： Хажуудах бусад хүмүүс чинь та хоёрын чухам юу ярилцаж байгааг ер мэдэхгүй учраас өөрсдийгөө "муулж байна"гэж бодчихвол яана！

Зодохын муу чимхэх

Ярихын муу шивнэх гэдгийг санаж яваарай, миний охин.

Охин： За ойлголоо, ээжээ.

母親：あなたに一言注意して言っておきたいんですが。

娘　：何、お母さん。
母親：あなたは昨日あのたくさんの人の中でナランとずっとひそひそ話をして、随分たくさんのことを話していたね。
娘　：それがどうかした？
母親：そばの他の人たちは、あなたたち二人が一体何を話しているのか全くわからないので、自分たちの「悪口を言っている」と思ってしまったらどうするの。〈なぐることの悪いのはつねる、話すことの悪いのはささやく〉というのを覚えておきなさい、あなた。
娘　：はい、わかりました。お母さん。

61. Зөвд зөндөө эзэнтэй Бурууд буцах эзэнгүй

正しいことに多くの主あり
間違いに認める主なし

【語句】
• буцах …《責任をとる、認める》

【説明】
　"自分が正しいと主張する者は多いが、自分が間違っていると自ら認める者はいない"というたとえから、一般に〈人は自分の犯した過ちは、すぐに自ら認めるべきである〉という意を示す。

【類義】「過ちては改むるに憚ること勿れ」
（過ちを犯したと思ったら、体裁など気にせず、すぐさま自ら認め改めるべきだ、ということ）

【例文】
　Өглөөгүүр зүв зүгээр бүтэн байсан цонхны шил

хагарчихсаныг анги удирдсан багш нь үзээд: "Хэн үүнийг хагалчихваа?" гэж асуухад сурагчид нам гүм болон, чив чимээгүй сууцгаахад нь:

"*Зөвд зөндөө эзэнтэй*

Буруд буцах эзэнгүй гэдгийн үлгэр л болох нь дээ. Буруугаа шударгаар хүлээж сурах хэрэгтэй. Хэн хагалсныг нь та нар цөмөөрөө сайн мэдэж байгаа шүү дээ" гэхчлэн загнав.

朝方、全く大丈夫で何ともなかった窓ガラスが割れてしまっていたのを担任の先生が見て、「誰がこれを割ってしまったの？」とたずねると、生徒たちは静まりかえり、黙ったまま座っていると、「〈正しいことに多くの主あり、間違いに認める主なし〉という例えのようだね。自分の過ちは正直に認められるようにならないといけない。誰がそれを割ったのかあなたたちはみんなよく知っているよね」などと叱った。

62. Зусарч хүн зулгаа бардаг
Зуудаг нохой шүдээ бардаг

おべっか使いは靴皮をすりへらす
噛みつく犬は歯をすりへらす

【語句】
• зулаг … 靴(гутал)の胴(түрий)と底(ул)の間にある皮。

【説明】
"噛みつく犬が何でも噛んで歯をすりへらすように、おべっか使いは人にこびへつらい、あちこち走り回って靴をすりへらすものだ"というたとえから、一般に〈人にこびへつらう者は、人間としての誠実さに欠けており、ただ労力を費やすばかりで

ある〉という意を示す。

【類義】 「巧言令色 鮮し仁」
(言葉が巧みで人にこびへつらう者は、人間としての徳に欠けている、ということ)

【例文】

　Компанийн захирлаа харахаар ухаан алдталаа айж, долигоном зусардахын дээдийг үзүүлдэг Чулуунд хамт ажилладаг найз нөхөд нь :

　　"*Зусарч хүн зулгаа бардаг*

　　　Зуудаг нохой шүдээ бардаг юм гэнэ лээ. Иймээс жаахан намба төрхтэй байсан чинь дээр шүү" гэж үе үе сануулдаг ажээ.

　自分の会社の社長を見たとたん、気絶するほどひどくおびえ、こびへつらい、おべっかの限りを尽くしているチョローンに一緒に働いている友人たちは、「〈おべっか使いは靴皮をすりへらす、嚙みつく犬は歯をすりへらす〉といったものだよ。だから、少し落ち着いていた方がいいよ」と時々注意しているのだった。

63. Зуун хүний зүс үзэхээр
Нэг хүний нэр тогтоо

　　百人の顔を見るよりも
　　一人の名前を覚えよ

【説明】

　"百人の顔を見て覚えるよりも、一人の名前をしっかり覚えた方がましだ" というたとえから、一般に〈相手の名前も知らずに、ただ多くの人と顔見知りになるよりも、一人でもいいから確実に相手の名前を覚えていく方が、自分の将来にとってはる

— 90 —

かに有益である〉という意を示す。これは人間が社会の一員として生きていく上で、人の名前を覚えることがいかに大切なことかを説いたものである。

【例文】

Баян： Гурван сарын өмнө манай сургууль дээр "Монгол хэлний хүндэтгэлийн үг хэллэг" гэсэн сэдвээр лекц уншсан настайвтар багшийн нэрийг хэн гэдэг билээ. Чи санаж байна уу?

Даян： Харин ээ. Би сайн санахгүй байна.

Баян： Хүний нэр усыг сайн тогтоох хэрэгтэй шүү дээ.
Зуун хүний зүс үзэхээр
Нэг хүний нэр тогтоо гэдэг зүйр цэцэн үг байдгийг чи сонсоогүй юм уу.

Даян： Тийм сүрхий юм бол нэрийг нь өөрөө тогтоохгүй яасан юм.

バヤン：三ヶ月前、うちの学校で「モンゴル語の敬語表現」というテーマで講義した年配の先生の名前は何と言ったっけ？覚えている？

ダヤン：えーと、そうですね。僕はよく覚えていません。

バヤン：人の名前をしっかり覚えなくてはいけないよ。
〈百人の顔を見るよりも一人の名前を覚えよ〉ということわざがあることを君は聞いたことがないの？

ダヤン：そんなにすごいことなら、その人の名前を自分が覚えていないのはどうして？

64. Зуун ямаанд
Жаран ухна

百匹の山羊に
六十匹の種山羊

【語句】
- ямаа …この場合は эм ямаа《雌山羊》の意。
- ухна …《種山羊(去勢していない雄山羊)》

【説明】

雌山羊(эм ямаа)が100匹いるとすると、種付けにはせいぜい種山羊(ухна)が3、4匹程度で十分なところを、60匹もいるというのは、桁はずれの多さであり、かえって支障をきたすものである。このことから、一般に〈ある事柄に従事する者の数が多すぎると、全体のバランスがとれず、かえって物事はうまく運ばない〉という意を示す。

【類義】「船頭多くして船山へ上る」
(指図する者が多すぎると、統一がとれず、物事はうまく運ばない、ということ)

【例文】

Доржийн хувийн компани нь ердөө хорь гаруйхан ажилчинтай мөртлөө арваад захиргааны ажилтантай учраас таньдаг зарим нэг найз нөхөд нь :
 "*Зуун ямаанд*
 Жаран ухна гэдэг чинь ёстой энэ дээ" хэмээн түүнийг шүүмжилдэг ажээ.

ドルジの個人経営会社にたった20人余りしか労働者がいないのに、10人ぐらいの管理職がいるので、知り合いのある友人たちは、「〈百匹の山羊に六十匹の種山羊〉というのはまさにこれだね」と彼を批判しているのだった。

65. Зүгээр суухаар
Зүлгэж суу

ただ座るよりも
磨いて座れ

【説明】

〝ただ何もしないで座るよりも、何かをして座れ″というたとえから、一般に〈何もしないでただ時間を無駄に過ごすよりは、何か有益なことをして時間を有効に使え〉という意を示す。

【類義】「徒居しょうより膝麻績め」

(ただ座っているぐらいなら、膝を使って麻でもよれ、というたとえより、暇があれば無駄に過ごさないで少しでも働きなさい、ということ)

【例文】

Хийх ажлаа олж ядан, хий дэмий гиюүрэн суусан охиндоо ээж нь :

"Зүгээр суухаар

Зүлгэж суу гэдэг юм. Наад хэдэн аяга тавгаа гялалзтал, өнгө ортол нь угаагаад өгвөл тун сайн байна даа" гэв.

することが見つからず、ただ無意味にぼうっとして座っていた娘に母親が「〈ただ座るよりも磨いて座れ〉というものよ。そこのいくつかの食器をぴかぴかにきれいになるまで洗ってくれたら大変いいわ」と言った。

- гию̈үрэх　ぼうっとする、ぼんやりする

66. Зүүдээ ярих гээд Хулгайгаа ярих

夢を話そうとして
盗みを話す

【語句】
- зүүд …《夢》、これは〈現実に起っていない抽象的な事柄〉の意。
- хулгай …《盗み》、これは〈現実に起った具体的な悪事（муу юм)〉の意。

【説明】

"夢を話そうとして盗みを話す"というたとえから、一般に〈何か悪いことをした人は、ある機会に思いがけずついうっかり自分の悪事を暴露してしまうものだ〉という意を示す。

【類義】「問うに落ちず語るに落ちる」

(人から聞かれると秘密にすることも、自分から話すときは、ついうっかり本当のことをしゃべってしまう、ということ)

【例文】

Хүү нь: "Өчигдөр намайг цай уухад энэ сэнжтэй

аяганы амсар нь бүв бүтэн байсан" хэмээн илт худлаа хэлэхэд түүний ээж нь: "Чи битгий худлаа залаад байгаарай.

Зүүдээ ярих гээд

Хулгайгаа ярих гэдэг болох нь уу? Өөрөө хагалчихаад, юундаа нууж хаагаад байгаа юм бэ?" гэхчлэн ширүүхэн хэдэн үг хэлж, амыг нь таглав.

息子が「昨日僕がお茶を飲むとき、この取っ手のついたカップの口は全く何ともなかった」と明らかなうそをつくと、彼の母親は、「おまえはうそをつかないようにしなさい。〈夢を話そうとして盗みを話す〉ということなのかい？　自分で割っておいて、どうして包み隠しているんだい？」などと厳しい言葉をいくつか言って、彼を黙らせた。

67. Зэмлэх үгийн ил нь дээр
Магтах үгийн далд нь дээр

叱る言葉はあらわなのがよい
ほめ言葉は秘めたのがよい

【説明】

"叱る言葉は公然とした方がよく、ほめ言葉は秘密にした方がよい" というたとえから、一般に〈子供をしつけるのに、叱るときは、本人に面と向かって直接厳しく叱った方がよいが、ほめるときは、できるだけ心の中に秘めてあまりあらわにほめない方がよい〉という意を示す。これは、子供をしつけるときは、内面に愛情を秘めて、外面は厳しく育てよ、という考えを反映したものである。

【参照】「ひそかに諫(いさ)めて公(おおやけ)にほめよ」

（人を叱る場合は、他の人が見ていない所でこっそり叱り、ほめる場合は、大勢の前でほめるのがよい、ということ）

【比較】

日本語のことわざは、集団の中で個人を思いやってしつけるのが大切だ、とするのに対し、モンゴル語のそれは、あくまでも個人のためだけを思いやってしつけるのが大切だ、とする教育観の違いがそこに見られる。

【例文】

Аав нь охиндоо："Хараад байхад, чи ганц хүүгээ үргэлж л нүүрэн дээр нь магтах юм.

Зэмлэх үгийн ил нь дээр

Магтах үгийн далд нь дээр гэдэг чинь бодож санууштай үнэн үг шүү. Ийнхүү дандаа л магтаад байвал хүү чинь биеэ тоож мэднэ шүү"гэв.

父親が自分の娘に「ずっと見ていると、おまえは一人息子を常に面と向かってほめている。〈叱る言葉はあらわなのがよい、ほめ言葉は秘めたのがよい〉というのは、よく考え覚えておく

べき真実だぞ。このようにいつもほめてばかりいたら、おまえの息子はうぬぼれるかもしれないぞ」と言った。

68. Идээ эзнээ таньдаггүй
Ирэг сүүлээ таньдаггүй

食べ物は自分の主人を知らない
去勢羊は自分の尻尾を知らない

【説明】

〝去勢羊が自分の尻尾の大小を知らないように、食べ物は自分の主人が誰かを知らない″というたとえから、一般に〈食べ物は、それ自体、持ち主が決まっていないので、誰が食べても、誰に差し出しても一向に構わない〉という意を示す。

これは、人が持ってきてくれた食べ物を、直接その本人に親しみを込めて差し出すときに用いる表現である。

【例文】

Тавагтай зүйл авчирч ширээн дээр тавингаа, гэрийн эзэгтэй ирсэн зочинд хандаж：" Таны авчирч өгсөн жигнэмгийг таваглаад энд тавьчихлаа, уучлаарай. Манай монголчууд

Идээ эзнээ таньдаггүй

Ирэг сүүлээ таньдаггүй гэж ярьцгаадаг юм. Иймээс та санаа зовж нэрэлхэлгүй идээрэй" гэж хэлэв.

皿に入ったものを持ってきて、テーブルの上に置きながら、家の女主人はやって来た客に向かって、「あなたの持ってきてくれたビスケットを皿に盛ってここに置いておきますね、ごめんなさい。我々モンゴル人は〈食べ物は自分の主人を知らない、去勢羊は自分の尻尾を知らない〉というものです。だから、気

にせず遠慮しないで食べて下さい」と言った。

69. Илжигний чихэнд ус ч хийсэн сэгсэрнэ
Тос ч хийсэн сэгсэрнэ

ロバの耳に水を入れても振り払う
油を入れても振り払う

【説明】

"тос《油、脂》はモンゴル人の食生活にとって欠かせない大切なものであるが、ロバにとってはそれが水であろうと油であろうと、何ら違いはなく、どちらも耳に入っては邪魔なもので、すぐに振り払ってしまう"というたとえから転じて、一般に〈いくら有意義な意見や忠告を言って聞かせても、ただ聞き流すだけで全く効果がなく無駄である〉という意を示す。

【類義】「馬の耳に念仏」

(いくら意見や忠告をしても、聞き流すだけで全く効果のないことのたとえ)

【例文】

Дасгалжуулагч Ганбаатар өөрийн удирдсан багийн тамирчдаа амжилт муутай барилдсанд сэтгэл ихэд гонсгор байв. Тэр хэвлэлийн бага хурал дээр: "Миний хэлж зааж өгсөн мэхийг ерөөсөө хийхгүй учраас л тамирчид маань эхний тойрогтоо цөмөөрөө ялагдлаа.

Илжигний чихэнд ус ч хийсэн сэгсэрнэ

Тос ч хийсэн сэгсэрнэ гэдгийн үлгэр л боллоо" хэмээн өөрийгөө илт хамгаалсан үг хэлж, олны дургүйцлийг хүргэв.

ガンバータルコーチは、自分の指導したチームの選手たちが

— 98 —

成績不振だったので、ひどくがっかりしていた。彼は記者会見で「私が言って教えた技を全くかけないために選手たちは一回戦ですべて敗れたんだ。〈ロバの耳に水を入れても振り払う、油を入れても振り払う〉という例えになった」と自分を明らかに弁護した言葉を述べて、みんなの反感を買った。

• хэвлэлийн бага хурал　記者会見

70. Инээснийг асуу
　　Уйлсныг бүү асуу

笑ったのを聞け
泣いたのを聞くな

【説明】

"笑った人のわけを聞け、泣いた人のわけを聞くな"というたとえから、一般に〈泣いている人は、心に何か苦しみがあるので、敢えてそのわけを問い正し、苦しみをさらに深めるようなことはしない方がいいのに対し、笑っている人は、心に何か喜びがあるはずなので、わけを問い正して、その真意を確かめた方がよい〉という意を示す。

【参照】「笑う者は測るべからず」
(いつも笑顔でいる者は、何を考えているのか真意がわからず、かえって怖いものだ、ということ)

【例文】

　Сурагчид хичээлдээ улайран өгүүлбэртэй бодлогоо бодон, нам гүм чимээ анирг үй сууж байтал Болд гэв гэнэт тас тас хөхрөн инээсэнд тооны багш Сүрэн ихэд уурлаж: "Болдоо чи өвчтэй юм шиг яагаад л хөхөрч инээгээд байгаа юм бэ? Ер нь хэнийг доромжлоод байна?

Инээснийг асуу

Уйлсныг бүү асуу хэмээн хэлдгийг дуулсан биз дээ.

Замбараатайхан байгаарай!" гэхчлэн загнав.

　生徒たちは授業に夢中になり、数学の文章問題を解きながら、静かに物音も立てず座っていると、ボルドが突然げらげら大笑いしたので、数学の先生スレンはひどくおこって、「ボルド！おまえは気が狂ったようにどうして大笑いしているんだ？一体誰をばかにしているんだ？〈笑ったのを聞け、泣いたのを聞くな〉というのを聞いただろ。行儀よくしていなさい」などと叱った。

71. Инээсэн бүхэн нөхөр биш
Уурласан бүхэн дайсан биш

笑った者すべてが友ではない
怒った者すべてが敵ではない

【説明】

　"笑った人がすべてが友だとは限らないし、また、怒った人がすべて敵というわけでもない" というたとえから、一般に〈人の本心は、その外見や言動だけから容易に判断してはいけない〉

という意を示す。
【類義】「顔に似ぬ心」
(外見と内心とは一致しない、ということ)
「人は見かけによらぬもの」
(人は外見だけで判断してはいけない、ということ)
【例文】

Ноос угаах тасгийн эрхлэгч нь түүнд: "Энэ Баатар саяхнаас чамайг шал худлаа магтаад л юм л бол дагаж гүйгээд нэг л биш дээ. Чамаас хэдэн төгрөг салгах гэж л эргүүлдээд байгаа бололтой. Болгоомжтой байсан чинь дээр шүү.

Инээсэн бүхэн нөхөр биш

Уурласан бүхэн дайсан биш гэдэг чинь ёстой үнэг үг дээ" хэмээн дотночлон хэлсэн ажээ.

羊毛洗浄課(洗毛課)の主任が彼に「あのバータルはつい最近おまえを全くのうそでほめたたえ、しょっちゅうついて行って何か変だぞ。おまえから何トグルグか取ろうとして、つきまとっているようだ。気をつけた方がいいぞ。〈笑った者すべてが友ではない、怒った者すべてが敵ではない〉というのは、まさに本当のことだぞ」と親しげに言ったのだった。

72. Их санасан газар
Есөн шөнө хоосон хонодог

思い焦がれた所に
九夜空腹で過ごす

【説明】

"思い望んでいた所にやってきて、そこで九夜も空腹で過ご

す"というたとえから、一般に〈物事があらかじめ自分の予想していたのとは全く異なり、はるかに期待はずれである〉という意を示す。

【類義】「開けて悔しき玉手箱」
（期待や予想がはずれて、がっかりすることのたとえ）

【例文】

Түрүүчийн олимпийн чөлөөт бөхийн төрөлд тамирчин Баатар медаль авах зорилготой байсан боловч чадаагүй билээ. Тэр энэ удаагийн олимпид ч бас медаль авч чадсангүй. Тиймээс өрсөлдөгч нь түүнд:

"*Их санасан газар*

Есөн шөнө хоосон хонодог гэдэг энэ дээ. Би явсан бол медаль авч магадгүй байсан юм" гэжээ.

前のオリンピックのレスリング種目でバータル選手はメダルを取るつもりだったが、できなかった。彼は今回のオリンピックでもメダルを取ることができなかった。そのため、彼のライバルは彼に「〈思い焦がれた所に九夜空腹で過ごす〉というのはこれだよ。おれが行ったらメダルを取るかもしれなかったのに」と言った。

73. Магтсан хүүхэн хуримандаа
   Бахадсан бөх амандаа

ほめた娘は結婚式に
自慢した力士は挑戦者に

【語句】

- ам …《(相撲の)対戦相手(бөхийн ам)》
    （＞амлах《(力士が)挑戦する》）

— 102 —

• 各行の終わりに次のような動詞が省略されていると考えられる。

　　Магтсан хүүхэн хуримандаа（унгах）
　　Бахадсан бөх амандаа（унах）
　　ほめた娘は結婚式に（おならをする）
　　自慢した力士は挑戦者に（負ける）

特に話し言葉では、一行目だけで用いられることが多い。

【説明】

〝日頃みんなからほめられ評判の良い娘が結婚式当日に思わずおならをし、醜態をさらす、とか強さを自慢していた力士が自分の選んだ格下の対戦相手に負ける〟というたとえから、一般に〈普段から人にほめられたり、自慢したりしている者が、つい油断して思わぬ失敗をする〉という意を示す。

【類義】「誉める子の寝糞」

(人にほめられたときに、しくじることのたとえ)

【例文】

Ээж： Намайг чи өнөөдөр тун эвгүй байдалд оруулсан шүү.

Охин： Яасан бэ？

Ээж： Чамайг хоол цайгаа идэж уунгуутаа л аяга тавгаа угаачихдаг овоо охин болж байгаа гээд л өвөөд чинь зөндөө магтсан юм. Гэтэл чи байдаггүй шүү. Сая өвөөтэйгээ хамт хоол идчихээд, аяга тавгаа тэр чигээр нь орхиод явчихсан. Яг үүнийг чинь настай хүмүүс：

　　Магтсан хүүхэн хуримандаа
　　　Бахадсан бөх амандаа гэж шүүмжилдэг юм даа.

Охин： Уучлаарай. ээжээ. Дараа тэгэхгүй.

母親：あなたは私を今日とてもいやな気分にさせたよ。
娘　：どうしたの？
母親：あなたのことを食事をしたらすぐに、食器を洗ってしまうかなり良い娘になっているなどとおじいちゃんに随分ほめたわ。ところが、あなたはそうじゃなかったよ。さっきおじいちゃんと一緒に食事をしてから、食器をそのまま置きっ放しにして行ってしまった。まさにこのことを年配の人たちは〈ほめた娘は結婚式に、自慢した力士は挑戦者に〉と言って批判するものですよ。
娘　：ごめんなさい、お母さん。二度とそうしません。

74. Мал хөлөөрөө
Хүн хэлээрээ

家畜は足で
人は言葉で

【説明】

〝家畜は足で歩くように、人は言葉で理解し合うものだ〟というたとえから、一般に〈人は他の動物とは異なり、心の思いを言葉で表現し、それによってお互いに理解し合うものだ〉という意を示す。

なお、このことわざは、特にけんかを仲裁するときに、双方よく話し合って解決すべきであるという文脈で用いられることが多い。

【参照】「言葉は心の使い」

（言葉は心に思っていることを伝える道具である、ということ）

【例文】

Зах дээр би чи дээ тулан зад хэрэлдэж, олны анхаарлыг татсан хоёр авгайн дундуур нэгэн эмээ орж : "Ингэж хэрэлдээд хэнд ч нэмэргүй дээ.

Мал хөлөөрөө

Хүн хэлээрээ гэдэг юм. Иймүчраас хэл амаа ололцсон нь дээр дээ" гэв.

市場でひどくいがみ合い、激しくけんかして、大勢の注目を引いた二人の主婦の間に一人のおばあさんが入って、「こんなにけんかしても誰にも何のためにもならないよ。〈家畜は足で、人は言葉で〉というものだ。だから、よく話し合って解決した方がいいよ」と言った。

- би чи дээ тулах （"おれがおまえがと争う"が原義）ひどくいがみ合う
- хэл амаа ололцох（＝учраа ололцох）よく話し合って解決する

75. Маргаашийн өөхнөөс Өнөөдрийн уушги дээр

明日の脂肪よりも
今日の肺の方がよい

【説明】
　モンゴル人の食生活にとって、өөх《脂肪》はとても有益で不可欠なものであるのに対し、уушги《肺》はほとんど無益であまりおいしいものではない。しかし、"まだ手にも入れていない有益な脂肪よりも、今手元にある無益な肺の方が、あるだけまだましだ"というたとえから、一般に〈当てにならない不確実なものに多く期待するよりも、たとえ不十分でも、今確実に手に入るものの方がよい〉という意を示す。

【類義】「明日の百より今日の五十」
（たとえわずかでも、今日確実に得られるものの方がよい、ということ）

【例文】
　Энэ жилийн VI сарын сүүлчээр Цэрэнгийн том хүү нь элсэлтийн шалгалт өгөөд, өөрөө хамгийн их сонирхож байсан англи хэлний ангид орж чадаагүй ч гэсэн дээд сургуулийн хуваарь авчээ. Тэрээр : "Нэг жил ажил хийж байгаад, дараа жилээс дахин шалгалт өгч, өөрийн дуртай ангидаа л орж суралцмаар байна" гэсэнд түүний аав нь :

"Тэгж шал дэмий жил алдаад нэмэргүй дээ.

Маргаашийн өөхнөөс

Өнөөдрийн уушги дээр" хэмээн хэлжээ.

今年の6月の終わり頃、ツェレンの長男が入学試験を受けて、自分が一番興味があった英語科に入ることができなかったが、大学の入学許可を得た。彼は「一年間仕事をしてから、来年もう一度受験して、自分の好きな科だけに入って勉強したい」と言ったが、彼のお父さんは「そうして全く一年を無駄にしてもしようがないよ。〈明日の脂肪よりも今日の肺の方がよい〉」と言った。

76. Могой гурав тасравч Гүрвэлийн чинээ

蛇は三つに切れても
とかげくらい

【説明】

"蛇は三つに切れても、なおとかげに匹敵するほどの長さだ"というたとえから、一般に〈もともと優れた立派な者は、たとえ落ちぶれても、元の価値を失わず、その品位を保ち続けるものだ〉という意を示す。

【類義】「腐っても鯛」

(優れた価値を持っているものは、どんな悪い状態になっても、本来の価値を失わない、というたとえ)

【例文】

Их хурлын гишүүнээс саяхан огцорсон Сүрэн сонгогдсон тойрогтоо ирээд, хэд хоноод буцсаны дараа нутгийнх нь хашир өвгөцүүл: "Сүрэн их хурлын гишүүнээс огцорсон ч гэсэн хэлдгээ хэлж, хийдгээ хийж л явах юм даа.

Могой гурав тасравч

Гүрвэлийн чинээ гэдэг үнэн юм даа" хэмээн хоорондоо шивэр авир ярилцах болжээ.

　国会議員を最近辞職したスレンは、自分の選挙区にやって来て、何泊かして帰った後で、地元の老練な老人たちは、「スレンは国会議員を辞職しても、言うことは言い、することはしているものだな。〈蛇は三つに切れても、とかげくらい〉というのは本当のことだな」とお互いにひそひそ話し合うようになった。

77. Мөнгө цагаан　Нүд улаан

銀は白い
目は赤い

【語句】

- мөнгө …《銀；お金》

【説明】

"銀はそれ自体、白くて何の変哲もないが、それを見る人間の目はぎらぎら輝いて赤い"といたとえから、一般に〈人間はお金に極めて貪欲である〉という意を示す。

【類義】「金に目が眩む」

(金銭に対する欲に心を奪われ、善悪の判断や物の道理を考える力がなくなること)

【例文】

Амралтан дээр мөрийтэй хөзөр тоглож, шөнө дөл болтол унтахгүй байсан хүмүүст үүдний жижүүр: "Та нар хэдэн цаг болж байгааг тоглоомондоо улайраад ер мэдэхгүй байгаа бололтой.

Мөнгө цагаан

Нүд улаан гэдэг чинь л энэ дээ" гэж хэлэв.

保養所でお金を賭けてトランプをして、夜中まで寝ないでいた人たちに、門番が「おまえたちは何時になっているのか遊びに夢中になって全くわからないようだ。〈銀は白い、目は赤い〉というのは、このことだね」と言った。

78. Муу нуухаар Сайн илчил

下手に隠すよりも
はっきり現せ

【説明】

"下手に隠すよりもはっきり現せ"というたとえから、一般に〈自分の犯した失敗や過ちは、いずれ露見するものだから、下手におおい隠そうとするよりも思い切って正直に白状した方が、

後々同じことを繰り返さないためにも、はるかに良いことである〉という意を示す。

【類義】「過ちては改むるに憚ること勿れ」
(過ちを犯したときは、素直に認めすぐさま改めるべきだ、の意)

【例文】

　Хоёр бандиасаа ээж нь : "Өнөө өглөө бүв бүтэн байсан энэ аягыг хэн чинь хагалсан бэ?" хэмээн ширүүхэн асуухад, бага хүү нь : "Бид нар хагалаагүй" гэж улайм цайм худлаа залав. Хэргийн эзнийг гадарласан ээж нь том хүүдээ хандаж :

　　　"*Муу нуухаар*

　　　　　Сайн илчил гэдэг юм" хэмээн аргадангуй байдлаар хэлэв.

　二人の男の子にお母さんは「今朝全く何ともなかったこの茶碗を誰が割ったの？」と厳しくたずねると、下の子は「僕たちは割っていない」としらじらしいうそをついた。犯人がだいたいわかったお母さんは、上の子に向かって、「〈下手に隠すよりもはっきり現せ〉というものよ」とおだてた様子で言った。

- улайм цайм　　しらじらしい、あからさまな

79. Муу үг
　　Модон улаатай

悪い事は
木の駅伝

【語句】

- улаа …《40〜45キロおきに設けられた宿駅 (өртөө) を、馬を交換しながら乗り継いで行く駅伝制のこと》

【説明】

〝悪い事は木の駅伝、つまり悪事は人ではなく、通常伝わることのない木でも伝わるものだ″のたとえから、一般に〈悪い噂や評判はあっという間に世間に知れ渡るものだ〉という意を示す。

【考察】

ここで、2行目に мод《木》がたとえに用いられた理由は、
1) 1行目の муу《悪い》と語頭の м- で韻を踏ませた、
2) 〝хүн《人》でないもの″を代表させ、誇張して表現した、
の2つに起因するものと考えられる。

【類義】「悪事千里を走る」

(悪い噂はすぐに遠くまで知れ渡る、ということ)

【例文】

Аймгийн төвөөс ирсэн албаны хүмүүст Цэрэн сумынхаа ажил байдлын талаар товчхон танилцуулаад, эцэст нь хоёр өдрийн өмнө гарсан хээрийн гал түймрийг хэрхэн унтраасан тухай ярихад, тэд энэ тухай тун сайн мэдэж байсанд маш ихэд гайхжээ. Тэрээр :

"*Муу үг*
 Модон улаатай гэдэг ёстой үнэн юм даа"

хэмээн дотроо бодов.

アイマグの中心からやって来た公務員の人たちに、ツェレンは自分のソムの仕事の状況について簡単に紹介して、最後に二日前に起こった草原火災をいかに消したかについて話すと、彼らはこれについて非常によく知っていたので、(ツェレンは)とてもひどく驚いた。彼は「〈悪い事は木の駅伝〉というのはまさに本当のことだな」と心の中で思った。

80. Муу явахад нөхөр хол
Сайн явахад садан ойр

悪いときは友人は遠い
良いときは親類は近い

【説明】

〝人は暮らし向きが悪くなると、友人さえも疎遠になり、逆に暮らし向きが良くなると、親類までもが親密になるものだ〟 といったとえから、一般に〈人は利害関係でつながっていることが多く、相手の暮らし向き次第で接する態度を変えてしまうほど現金で薄情なものである〉という意を示す。

【類義】「富貴には他人も集まり貧賤には親戚も離る」

(財産や地位のある人には、他人までが寄り集まってくるが、貧しい人には、親戚さえも離れていくという意で、世の中は利害損得で動く人が多い、ということ)

「貧家には故人疎し」

(貧乏な家には、旧友さえ寄りつかない、ということ)

【例文】

Хүү: Хөрш зэргэлдээ энэ олон айл хүнэр байхад зочид гийчид яагаад Сүрэн гуайнд л дандаа ордог юм бэ?

Аав: Харин ээ. Амьдрал ахуй нь өнгөтэй өөдтэй яваа болохоор л Сүрэнгийнд орцгоож байгаа санаатай юм байлгүй дээ хө.

Хүү: *Муу явахад нөхөр хол*
Сайн явахад садан ойр гэдэг зүйр цэцэн үгийн утгыг одоо л нэг ойлгож авлаа.

Аав: Юмны нарийн учир начрыг ойлгоод, миний хүү овоо том болж байна даа.

息子：隣近所にこんなにたくさん家があるのに、お客さんたちはどうしてスレンさんの家にだけいつも行っているの？

父親：そうだなぁ。暮らし向きがうまく順調に行っているからこそ、スレンの家にみんな行っているというわけじゃないのか。

息子：〈悪いときは友人は遠い、良いときは親類は近い〉ということわざの意味を今やっとわかったよ。

父親：物事の詳しい事情がわかって、おまえは随分成長しているね。

81. Мэхний их үнэгэнд Мэндийн их бялдуучид

狡猾の多いはきつねに
挨拶の多いはおべっか使いに

【説明】

"狡猾の多いはきつねにある、挨拶の多いはおべっか使いにある"というたとえから、一般に〈動物の中できつねが一番狡猾だと言われるように、人間の中では、おべっか使いが一番よく

ぺこぺこ頭を下げて、人にこびへつらうものだ〉という意を示す。

【類義】「追従(ついしょう)も世渡(よわた)り」

(人にこびへつらうのも、うまく世渡りするための一つの手段である、ということ)

【例文】

　Өндөр албан тушаал бүхий хүнтэй уулзахаараа хөлөө хугалчих шахам даган гүйж, нэг өдөрт тааралдах болгондоо л зусардан олонтоо мэндчилдэг хүмүүсийг
　　　"Мэхний их үнэгэнд
　　　　Мэндийн их бялдуучид байдаг" хэмээн шүүмжлэн хэлэх нь бий.

　地位の高い人と会ったら足が棒になってしまうほど走ってついて行き、一日に出会うたびにいつもおべっかを使い何度もあいさつをする人たちを、「〈狡猾の多いはきつねに、挨拶の多いはおべっか使いに〉ある」と批判して言うことがある。

82. Нас чинь бага
　　 Цус чинь шингэн

年が若く
血が薄い

【語句】

・бага … この代わりに、залуу《若い》とも言う。

【説明】

　"年が若い人の血は希薄でさらさらしている"というたとえから、一般に〈若者は年が若いので、ある事柄をやってみるチャンスがまだ十分あり、将来性に富んでいる〉という意を示す。

これは、主に何かに挫折した若者を励まし勇気づける文脈で用いられることが多い。

【類義】「春秋に富む」
(しゅんじゅう と)
(年齢が若く、将来性が豊かなこと)

【例文】

Сумын төвийн харчуул хаврын ээлжит чоный авдаа гарцгаахаар бэлтгэлээ базааж дуусаад, яг гарахын даваан дээр, арван нэгэн настай Наранбаатар хүрч ирэнгүүтээ хүүхдийн сониучхан зангаар: "Би та нартай хамтдаа явж болох уу?" гэж их л царайчилсан маягаар гуйхад нь, нутаг хошуундаа "анч" хэмээн алдаршсан Ядамсүрэн гуай: "Хүүхэд их авд явж болдоггүй юм шүү дээ. Нэг хоёр жилийн дараа бол өөр хэрэг. Одоо даанч чиний

Нас чинь бага
Цус чинь шингэн байна" хэмээн хэлжээ.

ソムの中心の男たちが春の恒例の狼狩りに出かけようと準備し終えて、ちょうど出かける間際になって、11歳のナランバータルがやって来るや、子供の好奇心から「僕はみんなと一緒に行ってもいい?」とひどく機嫌を取った様子でお願いすると、地元で〈狩り名人〉と名を馳せたヤダムスレンさんが「子供は大がかりな狩りに行ってはいけないものだよ。一、二年したら別な事だが。今は全くおまえの〈年が若くて血が薄い〉んだ」と言った。

- харчуул　　男たち(=эрэгтэйчүүд, эрчүүд)
- ав　　　(大勢で行く)狩り
  〈参考〉ан　(個人または少人数で行く)狩り
- сониуч зан　好奇心

83. Нойрноос морио
Чөмөгнөөс хутгаа

眠りのせいで馬を
骨髄のせいでナイフを

【語句】

これは次の完全形式の省略形である。

　Нойрноос морио <u>алдах</u>　　　眠りのせいで馬を<u>失う</u>
　Чөмөгнөөс хутгаа <u>хугалах</u>　骨髄のせいでナイフを<u>折る</u>

【説明】

"寝坊をしたせいで自分の馬を失ってしまう、骨髄(чөмөг)を取り出そうと骨をたたいたせいで自分のナイフを折ってしまう"というたとえから、一般に〈寝坊をする者は損をする〉という意を示す。

これは、主に怠けて寝てばかりいる者を戒める文脈で用いられる。

【類義】「朝寝八石の損」
(朝寝坊することは、損が大きいという戒め)

【例文】

11 цаг хүртэл унтаад, ер босох янзгүй байсан хүүгээ ээж нь: "Үд болох дөхөж байна шүү. Яасан ханадаггүй нойртой амьтан бэ?

Нойрноос морио

Чөмөгнөөс хутгаа гэдэг л болох нь дээ. Өнөөдөр хийнэ гэж төлөвлөсөн хамаг ажил чинь өнгөрлөө дөө" хэмээн хэлж босгов.

11時まで寝て、全く起きる様子もなかった息子を母親が「もうお昼になりますよ。何てきりのないお寝坊なの？〈眠りのせいで馬を、骨髄のせいでナイフを〉ということになるね。今日しようと計画した事はすべておしまいになるよ」と言って起こした。

84. Нохой хамартаа хүрэхээр усч

犬は鼻に水が達すると泳ぎ上手

【説明】

"犬は水が鼻のところまで達すると泳げるようになるものだ"というたとえから、一般に〈人はどうにもならないほど追い詰められると、案外活路が開かれて何とかなるものだ〉という意を示す。

【類義】「窮すれば通ず」
(行き詰まってどうにもならなくなると、かえって苦境を脱する

方法が見つかるものだ、ということ)
【例文】

"Манай багийн Сүрэнгийнх амьдрал ахуй нь тийм ч сайн биш боловч шилжилтийн энэхүү хэцүү бэрх үед яаж ийгээд болоод л байх юм даа, хөөрхий.

Нохой хамартаа хүрэхээр усч гэдэг яасан үнэн үг вэ? Ямар ч л байсан өөрөө өөрсдийнхөө амьдралыг авч яваад байгаад нь үнэхээр баярлах юм даа" хэмээн нутгийнх нь хашир өвгөн бидэнд түүнийг магтаж билээ.

「うちのバグ (行政単位) のスレンの家は、暮し向きがそんなに良くないが、過渡期のまさにこの厳しいときにどうにかして暮らしているんだよ、大変なことに。〈犬は鼻に水が達すると泳ぎ上手〉というのは何と本当のことか。いずれにせよ、自分で自分たちの生活を支えていっていることに本当にうれしく思うよ」と地元の老練な老人は、私たちに彼のことをほめたんですよ。

• яаж ийгээд (=ямар нэгэн аргаар)　どうにかして

85. Нуухыг нь авах гээд Нүдийг нь сохлох

目やにを取ろうとして
目をつぶす

【同義】

| Тус болох гээд | 役に立とうとして |
| Ус болох | 水になる |

Нэмэр болохоосоо　　ためになるよりも
Нэрмээс болох　　　 だめになる

【説明】

〝目やにを取ろうとして目をつぶす〟というたとえから、一般に〈人のためになろうとしてかえって悪影響を及ぼす、親切心がかえって仇となる〉という意を示す。

【類義】「情けが仇」

(相手のためを思ってしたことが、かえって悪い結果を招く、ということ)

【例文】

Бүтэн сайн өдрийн өглөөгүүр цонх угааж байсан эгчдээ туслах зорилготой хамжилцан хийлцэж байгаад дунд охин нь санамсаргүй цонхны шилийг хагалчихсанаасаа болоод: "Ажил хунар хийхдээ маш болгоомжтой байх хэрэгтэй! гэж чамд үргэлж л хэлдэг шүү дээ. Яг үүнийг чинь л

Нуухыг нь авах гээд

Нүдийг нь сохлох гэж хэлдэг юм даа" гэхчлэн ээждээ зөндөө загнуулав.

日曜日の朝方、窓を洗っていたお姉さんを手伝う目的で協力して行っていて、真ん中の娘が思わず窓ガラスを割ってしまったせいで、「仕事をするときは非常に注意していなければならないとおまえにいつも言っているでしょ。まさにこのことを〈目やにを取ろうとして目をつぶす〉といいますよ」などと自分の母親に随分叱られた。

86. Нэг өдөр танилцаж
Мянган өдөр нөхөрлөнө

一日知り合い
千日友となる

【説明】

〝千秋の友も一日の知己より始まる″というたとえから、一般に〈どんなに長い付き合いもまず出会いから始まるものだから、人の出会いは特に大切にしなければならない〉という意を示す。

【類義】「袖すり合うも他生の縁」

(ちょっとした出会いもすべて何かの因縁によるものだから、人の出会いは大切にしなければならない、ということ)

【例文】

　Адуучин Баатар багын найз Сүрэнтэйгээ уулзах болгондоо л: "Чамтай анх учирч танилцсанаасаа хойш гучаад жилийн нүүр үзэж байна. Цаг хугацаа гэдэг харвасан сум шиг хурдан өнгөрөх юм даа. Харилцан тустай дэмтэй сайхан л байна.

Нэг өдөр танилцаж

Мянган өдөр нөхөрлөнө гэдэг ёстой үнэн юм даа" хэмээн хэлдэг гэнэ.

馬飼いのバータルは、幼な友達のスレンと会うたびにいつも「おまえと初めて出会い知り合ってから30年ほど経っている。時間というのは射た矢のように早く過ぎるものだね。お互いに助け合っているのはすばらしい。〈一日知り合い千日友となる〉というのは、まさに本当のことだね」と言っているそうだ。

87. Нэг сумаар Хоёр туулай буудах

一つの弾で
二羽のうさぎを撃つ

【説明】

〝一つの弾で二羽のうさぎを撃つ″というたとえから、一般に〈一つの行動で同時に二つの利益を得る〉という意を示す。

【類義】「一石二鳥」、「一挙両得」
(一つの事をして、同時に二つの利益を得ること)

【例文】

Хүүгээ : "Өнөөдөр багийн төв орж хониныхоо ноосыг тушаагаад, маргааш хэдэн ямаагаа самнаад, нөгөөдрөөс багийн төв дахин орж, ямааныхаа ноолуурыг тушаахаас даа" гэхэд, аав нь хүүдээ : "Тэгж хоёр ажил болгож яах нь вэ ? Нөгөөдрөөс л нэгмөсөн ноос ноолуураа хамтад нь тушаачихвал дээргүй юу.

Нэг сумаар

Хоёр туулай буудаж сурах хэрэгтэй шүү

дээ" хэмээн зөвлөн хэлэв.

息子が「今日、バグ（行政単位）の中心に行って羊毛を納付して、明日数匹の山羊の毛をといで、あさってくらいバグの中心にもう一度行ってカシミヤを納付するしかないな」と言うと、父親は自分の息子に「そうして仕事を二つにしてどうするんだ。あさってだけ一度に羊毛やカシミヤを一緒に納付してしまえばいいんじゃないのか。〈一つの弾で二羽のうさぎを撃つ〉ことを学ばなければならないぞ」と忠告して言った。

88. Нэрэлхээд
Нэрээ иддэггүй

遠慮しても
名声を保つことにならない

【語句】
- нэрэлхэх …《(飲食を) 遠慮する、見栄を張る》
- нэрээ идэх …《名声を失う》（= нэрээ барах の意）

すなわち、нэрээ идэхгүй は、次の２つの意を掛け合わせたものである。

① нэрээ барахгүй 《名声を失わない→名声を保つ》
② хоолоо идэхгүй 《食事を食べない》

【説明】

直訳すると、"遠慮して名声を保つ"という意だが、実際に意味することは、"飲食の如何にかかわらず、人の名声はそのまま残るものだから、飲食を遠慮しても何ら名声を保つことにはならない"ということである。このことから、一般に〈飲食は遠慮しても名声を保つことにはならず、ただひもじい思いをするだけなので、遠慮すべきではない〉という意を示す。

【類義】「遠慮(えんりょ)ひだるし伊達(だて)寒(さむ)し」
(食事を遠慮すれば、空腹に耐えひもじい思いをするし、伊達を保とうと薄着をすれば、寒い思いをするの意から、必要以上に遠慮すると結局は自分が損をする、というたとえ)

【例文】

Ирсэн зочдод цай хоол аягалж өгөнгөө, гэрийн эзэгтэй: "Холоос яваа учраас ядраа байлгүй дээ хөөрхий. Хамаагүй нэмүүлээд идээрэй дээ.

Нэрэлхээд

Нэрээ иддэггүй юм. Сайн идэж уугаарай!" хэмээн уриалгахан тун эелдэг байдлаар хэлэв.

やって来たお客さんたちに食事をよそってあげながら、家の女主人は「遠くからいらっしゃったのでお疲れになったんじゃないの、お気の毒に。遠慮しないでおかわりして食べて下さいね。〈遠慮しても名声を保つことにならない〉ものです。しっかり召し上がって下さい」と愛想よくとても優しい様子で言った。

89. Нэрээ хугалахаар Ясаа хугал

名を折るよりも
骨を折れ

【同義】

Нэр хугарахаар　　名が折れるよりも
Яс хугар　　　　　骨が折れよ

【説明】

"自分の名を折って不名誉になるくらいなら、自分の骨を折った方がましだ"というたとえから、一般に〈人は自分の名誉を

汚さないようにしなければならない〉という意を示す。

【類義】「命より名を惜しむ」
(自分の生命よりも名誉を重んじる、ということ)

【例文】

　Өөрсдийн хариуцлагагүйгээсээ болж, зуугаад толгой мал хорогдуулсан хоньчин Мягмарыг хадам аав нь: "Ингэж олон мал хорогдуулсан айл танайхаас өөр энэ хавьд ерөөсөө алга байна. Даанч яав даа. Нэр нүүрээ бодох хэрэгтэй гэж та нарт мөн ч их хэлэх юм даа.

　　Нэрээ хугалахаар

　　Ясаа хугал гэсэн зүйр цэцэн үг байдгийг санаж явахад илүүдэхгүй шүү" гэхчлэн уурлангуй хэлж, ихэд зэмлэв.

　自分たちの無責任さのせいで、百匹ほどの家畜を死なせた羊飼いのミャグマルを、義理の父親が「こんなにたくさんの家畜を死なせた家は、おまえの所以外はこのあたりでは全くない。本当に困ったもんだな。自分の名誉は守らなければならないとおまえたちに本当にたくさん言っているよ。〈名を折るよりも骨

— 124 —

を折れ〉ということわざがあることを覚えておくに越したことはないぞ」などと怒ったように言って、ひどく責めた。

90. Овоо босгоогүй бол
Шаазгай хаанаас суух вэ

オボーを立てなかったら
かささぎはどうして止まろうか

【語句】
- овоо …《山頂や峠に積み上げた石の山、オボー》

【説明】
〝オボーを立てなかったら、かささぎはどうして止まることがあろうか。つまり、オボーを立ててあったからこそ、かささぎはそこに止まるのだ〟というたとえから、一般に〈原因がなければ結果は生じない、原因があったからこそ、そのような結果になるのだ〉という意を示す。

【類義】「物が無ければ影ささず」
(何事も原因がなければ結果は起こらない、というたとえ)

【例文】
Ээж : Дүүтэйгээ чухам юунаас болоод муудалцаж хэрэлдээд байгаа юм бэ?

Хүү : Би тоглоом шоглоомоор хэдэн үг хэлчихсэн чинь тэр үнэмшээд, намайг хэл амаар доромжлоод болохгүй байсан юм.

Ээж : Тоглоом шоглоом хэлж, хүний уур уцаар хүргэсэн чиний буруу.
   Овоо босгоогүй бол
   Шаазгай хаанаас суух вэ.

Хүү：Би буруугаа хүлээе. Уучлаарай, ээжээ.
母親：弟と一体何が原因でけんかして言い争いになっているんだい？
息子：僕が冗談で何か言ったら、弟が真に受けて、僕を言葉で侮辱してどうしようもなかったんだ。
母親：冗談を言って、人を怒らせたおまえが悪い。
〈オボーを立てなかったら、かささぎはどうして止まろうか〉
息子：僕が悪かったよ。ごめんなさい、お母さん。

91. Ой мод урттай богинотой
Олон хүн сайнтай муутай

森林には長いのも短いのもある
多くの人には良い人も悪い人もいる

【説明】
　〝森林には長いのも短いのもある、多くの人には良い人も悪い人もいる〟というたとえから、一般に〈世の中にはいろいろな人がいて、人はそれぞれ異なるものだ〉という意を示す。

【類義】「十人十色（じゅうにんといろ）」
（考え方や好み、性格などは、人によってそれぞれ異なるものだ、ということ）
「玉石混淆（ぎょくせきこんこう）」
（良いものと悪いものが区別なく入りまじっている、ことのたとえ）

【例文】
　Энэ хавар их сургуулиа төгсгөөд, саяхан ажилд орсон охин нь ажилд явж байгаа анхны өдрүүдийн сэтгэгдлээ：

"Манай компанид ёстой есөн жорын ааш араншинтай янз бүрийн хүмүүс ажилладаг бололтой. Хэцүү юм шиг байна" гэхчлэн ярихад, аав нь :

"Ой мод урттай богинотой

Олон хүн сайнтай муутай байдаг нь ертөнцийн жам. Хаана ч адилхан. Чи л өөрөө болгоомжтой сайн байвал хүний муу муухай чанар нь чамд ерөөсөө ч нааладхагүй шүү. Ер нь муу хүнд ч гэсэн сайн чанар бас байдаг гэлцдэг юм даа" хэмээн хэлэв.

今春大学を卒業して、最近仕事に就いた娘が、仕事に行っている最初の数日の印象を「うちの会社には本当に様々な性格のいろいろな人たちが働いているようだ。大変みたい」などと話すと、彼女の父親は、「〈森林には長いのも短いのもある、多くの人には良い人も悪い人もいる〉のは世の常だ。どこでも同じだ。おまえさえ自分が注意してしっかりしていれば、人の悪い汚い性質はおまえに決して移らないぞ。そもそも悪い人にだって良い性質もあるというものだよ」と言った。

- есөн жорын 様々な

92. Оргүйгээс Охинтой нь дээр

何もないよりも
娘のある方がよい

【語句】
- оргүй …《痕跡もない、跡形もない》(＝ор мөргүй の意)

【説明】

"モンゴルでは、伝統的に男の子を重んじるが、それでも何も

子供がいないよりは、まだ女の子（охин）であっても、ある方がましだ″というたとえから、一般に〈何もないよりはあるだけましだ〉という意を示す。

【類義】「有るは無いに勝る」、「無いよりはまし」

（何かある方が何もないよりはましだ、というたとえ）

【例文】

　Ээж нь хүүгээ：″ТҮЦ-нд хоолны цагаан давс байвал нэг уутыг хурдхан шиг аваад ир !"гэж явуулсанд, хүү нь арваад минутын дараа：″Цагаан давс байхгүй байна. Иим учраас

　　Оргүйгээс

　　Охинтой нь дээр гэж бодоод, бор давс авчихлаа″гэсээр буцаж иржээ.

　母親は自分の息子を「キオスクに食卓塩があれば一袋早く買ってきなさい」と行かせたところ、息子は10分ほどたって、「食卓塩はなかった。それで〈何もないよりも娘のある方がよい〉と思って、粗塩を買ったよ」と言いながら戻って来た。

- ТҮЦ　　キオスク、売店（＝Түргэн Үйлчилгээний Цэг の略）
- цагаан давс　　食卓塩、食塩（主にボーズ、ホーショールなどの料理に入れる）
- бор давс　　粗塩（主にお茶やスープに入れる）

93. Ороо морийг уургаар
Омогтой хүнийг аргаар

捕えにくい馬を馬捕り竿(オールガ)で
怒った人を方便で

【語句】
- омогтой …《怒った》（＝ууртай の意）

【説明】
〝なかなか捕えにくい馬は、馬捕り竿（オールガ）で何とか捕えることができるように、いったん怒って興奮している人は、当たりの柔らかい言葉で何とかなだめすかすことができる〟といったとえから、一般に〈相手が怒って強く出たときは、穏やかに優しく応対するのがよい〉という意を示す。

【類義】「茶碗を投げば綿で抱えよ」
（相手が強く出てきたら、やわらかく受け止めた方が、かえって相手を制することができる、ということ）

【例文】

　Захиалсан хоол нь ирэхгүй нэлээд удсан тул нэгэн үйлчлүүлэгч залуу хоол зөөгчид хандан, ширүүн хэдэн үг хэлснээс болж, зааланд бөөн хэрүүл шуугиан дэгдсэнийг рестораны ахлах тогооч нь сонсоод : "Хүнтэй зөв боловсон бөгөөд арга эвий нь олж харьцаж сурах хэрэгтэй. Уучлалт гуйгаад, зөөлөн харьцсан бол иймэрхүү юм гарахгүй байсан нь лавтай.

Ороо морийг уургаар

Омогтой хүнийг аргаар гэдэг зүйр цэцэн үг байдгийг санаж явахад илүүдэхгүй дээ. Ер нь зуун хувь чиний буруу" гэхчлэн хоол зөөгчийг зөндөө загнажээ.

注文した料理が来なくてだいぶん時間が経ったので、一人の客の青年が給仕に向かって厳しい言葉を少し言ったせいで、ホールで大騒ぎになったのをレストランのコック長が聞いて、「人と礼儀正しく、うまく対処して接するよう学ばなくてはならない。謝って優しく接したら、このようなことは起こらなかったのは確かだ。〈捕えにくい馬を馬捕り竿で、怒った人を方便で〉ということわざがあることを覚えておくに越したことはないよ。だいたい100パーセントおまえが悪い」などと給仕を随分叱った。

- зөв боловсон　　　礼儀正しい、上品な
- арга эвийг олох　　対策を講じる、うまく対処する

94. Ороо нь ороогоороо Жороо нь жороогоороо

捕えにくい馬は捕えにくい馬同士で
跑足の馬は跑足の馬同士で

【語句】
- ороо …… ороо морь《捕えにくい馬》の意。
- жороо … жороо морь《跑足の馬》の意。

【説明】
"捕えにくい馬は捕えにくい馬同士で、跑足の馬は跑足の馬同士で連れ立つ" というたとえから、一般に〈人間はお互いに似

た者同士が集まって行動するものである〉という意を示す。

【考察】

ороо（морь）によって〈悪い人〉を、жороо（морь）によって〈良い人〉を代表させ、"悪い人は悪い人同士で、良い人は良い人同士で"というたとえに用いられている。ここで、оroo と жороо という性質を異にする二種類の馬によって、人間の相反する性質を描写する所が、いかにもモンゴル的である。

【類義】「牛は牛連れ馬は馬連れ」、「類は友を呼ぶ」

(同類や似た者同士は、自然に寄り集まるものだ、ということ)

【例文】

Сүрэн： Саяхнаас Доржийн дунд хүү нь нөгөө айхтар Баатартай нөхөрлөх болжээ.

Наран： Сахилгагүй золигууд нийлбэл тийм ч сайн юм дуулгахгүй дээ.

Сүрэн： Яахаараа ингээд бие биеэ олоод нөхөрлөчихдөг юм бол?

Наран： *Ороо нь ороогоороо*
Жороо нь жороогоороо гэдэг юм чинь, аргагүй шүү дээ.

スレン：つい最近ドルジの真ん中の息子があの恐ろしいバータルと付き合うようになった。

ナラン：行儀の悪いやつらが一緒になれば、そんなに良いことは聞かれないよ。

スレン：どうしてこうしてお互いにくっついて付き合ってしまうのだろう。

ナラン：〈捕えにくい馬は捕えにくい馬同士で、跑足の馬は跑足の馬同士で〉というから、しようがないでしょ。

95. Өвгөн хүнд өргөмж хэрэгтэй
Залуу хүнд сургамж хэрэгтэй

老人には世話が必要
若者には教訓が必要

【語句】
- өргөмж 《世話》(＜өргө- 《世話をする》)
- сургамж 《教訓》(＜сурга-《教える》)

【説明】

〝老人には若者による世話が必要なように、若者には老人による教訓が必要だ〟というたとえから、一般に〈年長者は若者に人生の忠告や助言を与えることが大切である〉という意を示す。

【類義】「年寄りの言う事と牛の鞦は外れない」
「年寄りの言う事は聞くもの」

(多くの経験を積んだ老人の意見は間違いがないから、耳を傾けるべきだ、ということ)

【例文】

　Нэг компанид хэдэн жил ажиллаж байгаа дөрвөн залуу үдийн завсарлагааны үеэр Балдан гуайгаас : "Та дандаа л бидэнд элдвийн сургаал үг хэлж байх юм. Яах гэж ингэдэг юм бэ ?" гэж шуудхан асуусанд, тэр хэсэгхэн зуур бодолхийлж байснаа :

　"*Өвгөн хүнд өргөмж хэрэгтэй*

　　Залуу хүнд сургамж хэрэгтэй байдаг юм. Ийм учраас л та бүхэнд бодсон санаснаа ний нуугүй хэлчих юм даа" хэмээн хэлжээ.

　同じ会社で数年働いている四人の若者が昼休み時間にバルダ

ンさんに「あなたはいつも僕たちにいろいろな教訓を言っていますが、どうしてそうしているんですか」と直接たずねると、彼はしばらくの間考え込んでいたが、「〈老人には世話が必要、若者には教訓が必要〉です。だからこそ、みなさんに考えたり思ったことを包み隠さずに言っているんだよ」と言った。

96. Өглөгч хүн
Өөртөө хоосон

気前のよい人は
自分には空っぽ

【語句】
- өглөгч …《物惜しみしない、気前のよい》
  (↔ харамч《けちな、しみったれの》)

【説明】
"気前のよい人は自分には空っぽ"というたとえから、一般に〈気前のよい人は、お金や品物をいつも人に惜しまずに与えるの

で、結局自分には何も残らない〉という意を示す。
【参照】「金持ち金を使わず」
（金持ちはしまり屋でけちである、ということ）
【例文】

　Хөрш айлдаа гурван литр сүү оруулж өгсөнд "Цагаан идээний савыг хоосон буцааж болдоггүй юм" хэмээн хэлэнгээ хэдэн чихэр өгчээ. Гэртээ харьж ирээд, гэрийнхэндээ амсуулъя хэмээн бодож, хоёр хоёр ширхгээр хуваажь өгсөн чинь өөрт нь юм үлдсэнгүйд, том охин нь：

　　"Өглөгч хүн
　　　Өөртөө хоосон гэдэг үнэн үг юм даа" гэж хэлээд, ээждээ нэг чихрээ өгөв.

　隣の家に３リットルのミルクを持って行ってあげたところ、（その家の人は）「乳製品の容器は空で返してはいけないものです」と言いながら、あめを数個くれた。（お母さんが）家に帰ってきて、家族の者に食べさせようと思って、二個ずつ分けてあげたら、自分には何も残らなかったので、上の娘は、「〈気前のよい人は自分には空っぽ〉というのは本当のことだわ」と言って、お母さんに自分のあめを一個あげた。

97. Өглөө хазаар
Орой ташуур

朝は馬勒
晩は鞭

【語句】
- хазаар …《馬勒（くつわ（амгай）、手綱（жолоо）などの総称）》

【説明】

〝朝方は手綱をごく普通に握り、ゆっくりと馬を走らせるが、晩になってあわてて鞭を入れ馬を疾駆させる〟というたとえから、一般に〈最初から無計画にゆっくりと物事を行うと、最後になってあわてふためき、急ぐことになる〉という意を示す。

【類義】「日暮れて道を急ぐ」

(終わり頃になってから急に仕事を急ぐことのたとえ)

【例文】

Гэрээт ажлаа хийлгүй явсаар, оны эцэс болохын үед өдөржин шөнөжин суужж, толгой өөд таталгүй үйлээ үзээж байгаа хүүдээ аав нь : "Ажлаа цаг тухай бүрт нь ягштал хийж бай ! гэж чамд мөн ч олон удаа хэлэх юм даа. Хүний хэлсэн үгийг ойшоохгүй байснаа мартаагүй биз. Манай өвөг дээдсийн ярьдагчлан

Өглөө хазаар

Орой ташуур гэдэг чинь яг энэ дээ" хэмээн зэмлэсэн байдалтай хэлэв.

契約した仕事をしないままに、年末になる頃、日夜ずっと座り、脇目もふらず苦労している息子に父親が「仕事はその都度、きちんとしていなさいとおまえに本当に何度も言っているよ。人の言った言葉に注意を払わなかったことを忘れてはいないだろ。我々の先祖が言うように〈朝は馬勒、晩は鞭〉というのはまさにこれだな」と叱ったように言った。

- толгой өөд таталгүй　　脇目もふらず、顔もあげないで
- үйлээ үзэх　　苦労する、つらい思いをする

98. Өглөөний дулааныг дулаанд бүү бод
Өсөхийн жаргалыг жаргалд бүү бод

朝の暖かさを暖かさに思うな
成長期の幸せを幸せに思うな

【語句】
- өсөхийн（＝өсөх насны の意）…《成長期の》、子供の頃から18歳ぐらいまでの未成年期を指す。

【説明】
 〝朝の暖かさを暖かさに思うな、成長期の幸せを幸せに思うな〟というたとえから、一般に〈モンゴルは大陸性気候で、一日の寒暖差が激しく、たとえ朝暖かくても、その後天気が急変し寒くなることもあるので、油断しないで十分用心するように。また、成長期に当たる青春の幸せは、一時的で決して長続きしないものなので、いっときの幸せに流されおぼれることのないように〉という意を示す。

【類義】「花一時人一盛り」
はないっときひとひとさかり

（何事も盛んで華やかなのは、ほんの一時期であり、長続きしないものだ、ということ）

【例文】

　Өвөө аав нь ач хүүхдүүддээ : "Та нар аав ээжийнхээ буянаар ёстой жаргаж байна даа. Жаргал ихэдвэл зовлон болж магадгүй гэдэг юм. Ийм учраас хүүхдүүд минь :

　　Өглөөний дулааныг дулаанд бүү бод
　　Өсөхийн жаргалыг жаргалд бүү бод!"
хэмээн сургамжлан хэлжээ.

おじいさんは自分の孫たちに「おまえたちは両親のおかげで

本当に幸せですね。幸せすぎると苦しみになるかもしれないというものだ。だから、おまえたち、〈朝の暖かさを暖かさに思うな、成長期の幸せを幸せに思うな〉」と教え諭して言った。

99. Өдрийн хоолонд эзэн олон
Өнчин хүнд ноён олон

昼食に客人は多い
孤児に主人は多い

【説明】
"モンゴルでは、古くから昼食時に不意の客人が数多く訪れるように、孤児に対しては、主人づらして横柄に振舞う者が多い"というたとえから、一般に〈弱い立場の者には、人は高圧的に厳しく振舞うことが多いものだ〉という意を示す。

【類義】「赤子の腕を捩る」
(手向かう力のない弱い者をいじめること)

【例文】

Цэрэн: Энэ муу Оюуныг өнчин өрөөсөн юм болохоор нь хатуу ширүүн үг хэлж дээрэлхэх хүн их олон байдаг бололтой.

Долгор: Харин тиймээ. Харахад тун өрөвдөлтэй гээч. Үнэнийг хэлэхэд, хатуу ширүүн үг хэлж байгаа хүнтэй нь Оюуныг өмөөрөөд хэрэлдчихмээр санагдах удаа ч хааяа нэг гарах юм.

Цэрэн: *Өдрийн хоолонд эзэн олон*
Өнчин хүнд ноён олон гэдгийн бодит жишээ энэ дээ.

Долгор: Наадах чинь ёстой голы нь олсон үнэн үг байна

даа.

ツェレン：このかわいそうなオヨンを孤児だからと厳しいきつい言葉を言っていじめる人がとてもたくさんいるようです。

ドルゴル：全くそうですね。見ているととてもかわいそうですよ、本当に。実を言うと、厳しいきつい言葉を言っている人とは、オヨンをかばってけんかしてしまいたく思われることもたまにあります。

ツェレン：〈昼食に客人は多い、孤児に主人は多い〉という実例がこれだね。

ドルゴル：それはまさに的を射た本当のことだね。

- голы нь олох　的を射る、要点をとらえる

100. Өлсөхөд өлөн бугын эвэр зөөлөн
Цадахад цагаан хурганы сүүл хатуу

空腹のときは灰色の鹿の角はやわらかい
満腹のときは白い子羊の尾はかたい

【語句】

- өлөн … 元来は өл《灰色の、白っぽい》が正しい形であるが、2

行目の цагаан（語末が н もちの形）に対する類推として өл＞өлөн になったものと考えられる。したがって、ここでは《飢えた、空腹の》の意を示す өлөн（＞өлсөх《飢える》）とは全く無関係であることに注意されたい。

【説明】

〝空腹のときはかたい鹿の角でさえやわらかく感じ、満腹のときはやわらかい子羊の尾の肉でさえかたく感じるものだ″といううたとえから、一般に〈空腹のときは何を食べてもおいしいが、満腹のときは何を食べてもおいしくない〉という意を示す。

【類義】「ひだるい時にまずい物なし」

（空腹のときには、どんな食べ物でもおいしく思われるものだ、ということ）

【例文】

Сүрэн： Өчигдөр орой миний үзсэн америкийн уран сайхны кинонд идэх юмгүй хүмүүс өлсөж үхэхийн даваан дээр гутлынхаа улны ширийг буцалган идэж, амьд үлдсэн тухай гарч байсан.

Алтан： Аа тийм үү.

Сүрэн： Надад тун сонирхолтой санагдсан шүү.

Алтан： Монголын эртний үгэнд：

Өлсөхөд өлөн бугын эвэр зөөлөн

Цадахад цагаан хурганы сүүл хатуу

гэж байдагтай агуулгын хувьд нэлээн төсөөтэй юм.

Сүрэн： Нээрээ тийм байна.

スレン　：昨晩、僕の見たアメリカ映画に食べ物のない人たちが餓死する間際になって自分の靴底の皮を煮て食べ、生き残ったことが上映されていた。

アルタン：ああ、そうなんだ。
スレン　：僕はとてもおもしろく思ったよ。
アルタン：モンゴルの故事に、〈空腹のときは灰色の鹿の角はやわらかい、満腹のときは白い子羊の尾はかたい〉というのと内容の点でかなり似ているんだ。
スレン　：本当にそうだ。

101. Өмдгүй байж
　　 Өвдөг цоорхойг шоолох

ズボンがないのに
ひざが穴のあいたのをからかう

【同義】

Өөрийн толгой дээрх тэмээг харахгүй байж
Өрөөлийн толгой дээрх өвсийг харах
　自分の頭の上のラクダを見ないで
　他人の頭の上の草を見る

Хоёр хэрээ бие биеийнхээ 　二羽の烏（からす）が互いの
Харыг гайхах 　　　　　　　黒さに驚く

【説明】
　"自分はズボンがないくせに、他人のズボンのひざに穴があいているのをからかう"というたとえから、一般に〈自分の欠点に気づかずに、他人の欠点をあざ笑う〉という意を示す。

【類義】「目糞鼻糞を笑う」、「猿の尻笑い」
（目やにが鼻糞を汚いと言って笑う、とか猿が他の猿の尻を赤いと言って笑う、というたとえから、自分の欠点に気づかずに、他人の欠点をあざ笑う、ということ）

【例文】

　Нэхмэлийн үйлдвэрийн ээрэх цехийн ажилчдын жилийн эцсийн тайлан хэлэлцэх цуглаан дээр слесарь Самбуу хамт ажилладаг нэгэн нөхрөө "Заримдаа өглөө хоцорч, ажлын цагаас бага ч гэсэн хумсалдгаа үүнээс хойш болих хэрэгтэй шүү" гэхчлэн шүүмжлэв. Түүний дараа цехийн дарга нь："Самбуу чи өдөр бүр ажил тарахаас хэдэн минутын өмнө гэр лүүгээ явдаг муу зуршлаасаа ч ангижрах хэрэгтэй дээ. Далимд нь хэлэхэд,

　　　Өмдгүй байж

　　　Өвдөг цоорхойг шоолох нь тун зохимжгүй байдгийг санаж явахад илүүдэхгүй биз" хэмээн хэлсэнд, хүмүүс жиг жуг инээлдэв.

　織物工場の紡績部門の労働者たちの年末報告協議集会で、修理工サンボーは、一緒に働いている一人の友人を「時々朝遅れ、労働時間を少しでもくすねていることを今後やめなくてはならないぞ」などと批判した。その後、彼の部門長が「サンボー、おまえは毎日仕事が終わる数分前に家に帰る悪い癖から脱しなければならないな。ついでに言うと、〈ズボンがないのにひざが穴のあいたのをからかう〉のはとてもふさわしくないことを覚えておくに越したことはないだろ」と言ったところ、人々はくすくす笑った。

102. Өнгөрсөн борооны хойноос Цув нөмрөх

通り過ぎた雨の後から
レインコートを羽織る

【説明】

"雨が通り過ぎてしまってから、レインコートを羽織る"というたとえから、一般に〈事が済んでその必要性がなくなってから、いくらあわてて準備しても、もはや何の効果もない〉という意を示す。

【類義】「後の祭り」

(手遅れで、時機をのがし何の役にも立たない、ということ)

【例文】

Хаваржаанд буусны дараахан нь хүчтэй цасан шуурга болсны улмаас ямаачин Цоодолынх хориод ямаагаа үхүүлжээ. Цоодол гэнэт ухаан орсон юм шиг хашаа хороогоо өндөрлөж, цасны хамгаалалт босгож эхэлсэнд, хөрш айлынх нь өвөө: "Одоо ингэж их ажил хунар болоод яах нь вэ. Иrж байгаа цаг юм чинь гайгүй байлгүй дээ.

Өнгөрсөн борооны хойноос

Цув нөмрөх гэдэг л болж байгаа юм биш үү" хэмээн хэлжээ.

春営地に宿営した直後に強い吹雪が起こったために、山羊飼いツォードルの家は20匹ほどの山羊を死なせた。ツォードルは突然我に返ったかのように家畜の囲いを高くし、防雪壁を建て始めたところ、隣の家のおじいさんが「今さらこうやって大仕

— 142 —

事をしてどうするんだい。暖かくなっている時期だから、もう大丈夫じゃないの。〈通り過ぎた雨の後からレインコートを羽織る〉という具合じゃないのか」と言った。

- цасны хамгаалалт 木、竹、あし、石、硬糞などで作る防雪壁

103. Өөдлөхөд санах сэрэх хоёр
Уруудахад унтах идэх хоёр

向上するのは考えると目覚める
堕落するのは寝ると食べる

【語句】
- санах …《考え出す、思いつく》（＝сэдэх, санаачлах の意）

【説明】
〝人は寝食だけの怠惰な生活を送ると堕落の一途をたどるが、日々早起きし、物事を考え出す努力をすれば、必ず向上するものだ″というたとえから、一般に〈人生において成功するも失敗するも、その人の日々の心掛け次第で決まるものだ〉という意を示す。

【類義】「心程の世を経る」
（人の一生は、その人の心掛けで決まる、ということ）

【例文】
Зуныхаа амралтаар тодорхой хийсэн юмгүй, өдөр болгон үд болтол унтаж амарч байгаа хүүдээ ээж нь：
"*Өөдлөхөд санах сэрэх хоёр*
　　　Уруудахад унтах идэх хоёр гэдэг л болж байна даа. Миний хүү ийм их унтаад, нойр чинь ер ханахгүй байна уу?" хэмээн хэлжээ.

夏休みに具体的にやったこともなく、毎日昼頃まで寝て休ん

でいる自分の息子に母親が「〈向上するのは考えると目覚める、堕落するのは寝ると食べる〉という具合だね。おまえはこんなにたくさん寝て、まだ寝足りないのか」と言った。

104. Өөдөө хаясан чулуу
Өөрийн толгой дээр

上に投げた石が
自分の頭の上に

【説明】

"上に投げた石が自分の頭の上に落ちる"というたとえから、一般に〈自分のした悪いことの報いが自分に返ってくる〉という意を示す。

【類義】「天に向かって唾を吐く」

(他人に害を与えようとして、かえって自分がひどい目にあう、ということ)

【例文】

Дунд сургуулийн VII ангийн эрэгтэй хүүхдүүд талцан, биеийн тамирын талбай дээр хөл бөмбөг тоглоржээ. Тэр үед Баярын дээш өшиглөсөн бөмбөг яг толгой дээр нь эргэж ойчсонд, ангийнх нь охидууд:

"*Өөдөө хаясан чулуу*

Өөрийн толгой дээр гэдэг энэ дээ" хэмээн шоолсон аястай хэлээд, хи хи инээлдсэн аж. Үүнийг нүднийхээ булангаар харсан Баярын нүүр нь ув улаан болжээ.

中学校の7年の男子生徒たちが2組に分かれ、運動場でサッカーをした。そのときバヤルの上にけったボールがちょうど彼の頭の上に戻ってきて落ちたので、彼のクラスの女の子たちは、「〈上に投げた石が自分の頭の上に〉というのはこれね」とからかった感じで言って、きゃっきゃっ笑ったのだった。それを横目で見たバヤルの顔は真っ赤になった。

• нүднийхээ булангаар харах　横目で見る

105. Өөрөө унасан хүүхэд уйлдаггүй

自分で転んだ子供は泣かないものだ

【説明】

"自分で転んだ子供は泣かないものだ"というたとえから、一般に〈自分のしでかしたことは、自分に非があるわけだから、人のせいにするわけにはいかず、いくら悔やんでもどうしようもない〉という意を示す。

【類義】「自業自得」

(自分の行った悪いことの報いを、自分自身が受ける、の意)

【例文】

Ээжийнхээ өөдөөс хар хурдаараа гүйж яваад, жижигхэн чулуунд бүдэрч ойчсон бага охин нь маш чанга дуугаар уйлсанд, ээж нь:

"*Өөрөө унасан хүүхэд уйлдаггүй юм*" хэмээн хэлэв.

自分の母親に向かって全速力で走って行って、小さな石につまずいて転んだ下の娘がとても大声で泣いたので、母親は「〈自分で転んだ子供は泣かないものだ〉」と言った。

106. Өөх өгсөн хүнтэй Өглөө босоод заргалдах

脂身をくれた人に
朝起きて苦情を言う

【語句】
- заргалдах … 原義は《訴訟を起こす、裁判で争う》だが、ここでは、《苦情を言う》ぐらいの意味である。

【説明】
"人がくれた肉の脂身のせいで、おなかをこわしたと、翌朝になって、その人に苦情を言う" というたとえから、一般に〈せっかく好意でしてやったのに、逆に裏切られるような行為を受ける〉という意を示す。

【類義】「酒買って尻切られる」
(酒を買ってもてなしたら、酔っぱらって、その人から尻を切られるの意から、好意でしてやった相手から、逆に被害を受ける恩を仇で返される、ということ)

【例文】
Нөхөр: Өчигдөр оройн хоолон дээр идсэн будаатай хуурганаас болоод, гэдэс минь өвдчих шиг боллоо.

Эхнэр : Бид нарын гэдэс зүгээр л байна шүү дээ.

Нөхөр : Би өчигдөр түүнээс өөр юм бараг идээгүй дээ.

Эхнэр : *Өөх өгсөн хүнтэй*
Өглөө босоод заргалдах гэдэг чинь ёстой энэ дээ.

夫：昨日、夕食で食べた焼き飯のせいで、おなかが痛くなったようだ。

妻：私たちのおなかは大丈夫ですよ。

夫：おれは昨日それ以外のものはほとんど食べてないぞ。

妻：〈脂身をくれた人に朝起きて苦情を言う〉というのはまさにこれね。

107. Өргүй бол баян
Өвчингүй бол жаргал

借金がなければ金持ち
病気がなければ幸福

【説明】

"借金がなければ、お金はたまり精神的に豊かになれるし、また、病気にかからなければ、肉体的に健康で幸せな生活が送れ

— 147 —

る"というたとえから、一般に〈借金と病気は、ないことがこの世で一番の幸せだ〉という意を示す。

【類義】「借銭と病は隠すな」
(借金と病気は隠さないで早く適切な措置を講じた方がよい、ということ)

【例文】

Хүү нь: "Банкнаас хоёр жилийн өмнө хүүтэй зээлсэн 3 сая төгрөгөө цагаан сарын өмнөхөн арай гэж төлж дуусгалаа" гэхэд, аав нь: "Болж дээ, миний хүү.

Өргүй бол баян

Өвчингүй бол жаргал гэдэг чинь их үнэн үг шүү. Үнэнийг хэлэхэд, чамайг өр зээлтэй байхад миний сэтгэл түн тавгүй байсан шүү" хэмээн нэлээн баярласан байдалтай хэлэв.

息子が「銀行から二年前に利子付きで借りた300万トグルグを旧正月直前にやっと返済した」と言うと、彼の父親は「よかったな、おまえ。〈借金がなければ金持ち、病気がなければ幸福〉というのは全く本当のことだぞ。実を言うと、おまえが借金があるとき、おれはとても不安だったぞ」とかなり喜んだ様子で言った。

108. Саалиа бэлдэхээр
Саваа бэлд

搾乳の準備をするよりも
手桶を準備せよ

【説明】

"搾乳の作業に取りかかる前に、まず手桶を準備せよ"という

たとえから、一般に〈何事を行うにも、あらかじめ十分に準備しなければならない〉という意を示す。

【類義】「食を願わば器 物」
(食べ物を手に入れたければ、まず容器を用意しなければならないの意より、何事にもあらかじめ準備が必要である、の意)

【例文】

Оюун дэлгүүрт оронгуутаа л учир зүггүй баахан юм худалдаж авсны улмаас хийх газаргүй болжээ. Энэ үед хамт явсан нөхөр нь:"Уут саваа урьдчилан сайтар бэлтгэхгүй яасан юм бэ?

Саалиа бэлдэхээр

Саваа бэлд гэдэг үг байдаг биз дээ" хэмээн уурлангүй хэлжээ.

オヨンは店に入ったとたん、何でも構わずたくさんのものを買ったせいで、入れる所がなくなった。このとき一緒に行った彼女の夫が「入れ物を前もってよく準備しないのはどうしてか。〈搾乳の準備をするよりも手桶を準備せよ〉という言葉があるだろ」と怒ったように言った。

109. Сайн нэрийг хүсэвч олдохгүй Муу нэрийг хусавч арилахгүй

名声は望んでも得られない
悪名は削っても消えない

【説明】

〝名声は望んでも得られない、悪名は削っても消えない〟というたとえから、一般に〈名声は得がたく、失いやすいものだ〉という意を示す。

【類義】「好事門を出でず悪事千里を行く」
（よい評判はなかなか世間に伝わりにくいが、悪い噂はあっという間に広まってしまうものだ、ということ）
【例文】

　Сургууль төгсөлтийн ёслол дээр захирал Дорж: "Дунд сургуулиа төгсгөж буй та бүхэнд юуны өмнө халуун баяр хүргэе. Цаашдын ажил, сурлагандаа гялалзсан өндөр амжилт гаргахыг чин сэтгэлийн угаас хүсэн ерөөе.

　Сайн нэрийг хүсэвч олдохгүй

　Муу нэрийг хусавч арилахгүй гэсэн зүйр цэцэн үг байдгийг санаж явахад илүүдэхгүй биз. Ер нь ямар нэгэн муу юм хийж, элдэв хэрэг төвөгт холбогдсоны улмаас муу нэр зүүвэл барагтай бол арилахгүй шүү" хэмээн хэлэв.

　学校の卒業式で校長ドルジが「中学校を卒業しようとしているみなさんにまず最初に心からお喜びを申し上げます。将来の仕事や学業に輝かしい大きな成功を収めることを心の底から祈念致します。〈名声は望んでも得られない、悪名は削っても消え

ない〉といったことわざがあることを覚えておくに越したことはないでしょ。そもそも何か悪いことをして、様々な犯罪にかかわったために悪名を得たら、ほとんど消えないよ」と言った。

- барагтай бол～гүй　（良くないニュアンスで）ほとんど(たいてい)は～でない

110. Сайн хүн явснаа
Муу хүн идсэнээ

善人は出かけたことを
悪人は食べたことを

【語句】

各行の終わりに、それぞれ ярьдаг《話す》が省略されていると考えられる。

【説明】

"善人は出かけたことを、悪人は食べたことを話す"というたとえから、一般に〈善人は世の中の様々な事を見聞して話す話題に事欠かないが、悪人は怠け者で、食べて寝てばかりいるので、飲み食い以外に話すことがない〉という意を示す。

これは、一般に飲食のことばかり話をする人を戒める意で用いる表現である。

【参照】「君子行いを以て言い小人舌を以て言う」

（君子は自分の考えを行動で示すが、小人は口先だけである、ということ）

【例文】

Зэргэлдээх аймгийн төвд болсон залуу малчдын бүсийн зөвлөлгөөнд тус сумаас дөрвөн хүн урилгаар оролцжээ. Тэдний нэг нь ямаачин Болдсүх юм. Харьж ирснийхээ дараа гэрийнхэндээ явсан газар, үзсэн сонин хачин зүйлээ ярихын оронд ийм тийм амттай хоол идсэн гэж баахан сайрхахыг сонсож суусан өвөө нь: "Чи иймэрхүү юм ярихын оронд үзсэн харсан зүйлээсээ амьдрал ахуйд хэрэг болохуйц юмыг л онцолж хэлбэл зүгээрсэн.

Сайн хүн явснаа

Муу хүн идсэнээ гэдэг чинь тун үнэн үг дээ" хэмээн хэлсэнд, эмээ нь: "Хөөрхий минь анх удаа л юманд явсан юм чинь аргагүй шүү дээ" гэж өмөөрөв.

隣りのアイマグの中心で行われた青年牧民地区会議にこのソムから四人が招待で参加した。彼らの一人が山羊飼いボルドスフである。(彼は)帰宅した後、自分の家族の者に行った所、見た珍しいものを話す代わりに、あれこれおいしい食事を食べたと随分自慢するのを聞いていた彼のおじいさんが「おまえはそんなことを話す代わりに、見たことから生活に必要となるようなことだけを特に言ったらよかったのに。〈善人は出かけたことを、悪人は食べたことを〉というのは全く本当のことだよ」と言ったところ、彼のおばあさんは「かわいそうに、初めて出かけたんだから、しようがないよ」とかばった。

111. Сайн юманд
Садаа мундахгүй

よいことに
障害は多い

【説明】

"よいことに障害は多い"というたとえから、一般に〈よいことには、何かと障害がつきものだ〉という意を示す。

【類義】「好事魔多し」
(よいことには、とかく邪魔が入りやすい、ということ)
【例文】
　Аймгийн наадамд одтой сайхан барилдаж түрүүлсэн залуу бөх нутагтаа харьж ирсний дараа өдөр өвөө аав нь өвчнөөр нас баржээ. Энэ явдлыг сонссон хавь ойрынх нь хүмүүс : "Хөөрхий дөө. Ямар сайн байх вэ ?

　　　Сайн юманд

　　　Садаа мундахгүй гэдэг чинь яг энэ дээ" хэмээн бодсон нь лавтай.

　アイマグのナーダムに運よくうまく相撲を取って優勝した若手力士が地元に帰ってきた次の日、彼のおじいさんが病気で亡くなった。このことを聞いた近所の人々は「かわいそうに。なんてことだろう。〈よいことに障害は多い〉というのはまさにこれだね」と思ったのは確かだ。

112. Сайнтай нөхөрлөвөл сарны гэрэл
　　Муутай нөхөрлөвөл могойн хорлол

善と親しくすれば月の光
悪と親しくすれば蛇の毒

【説明】
　"善と親しくすれば月の光の如し、悪と親しくすれば蛇の毒の如し"というたとえから、一般に〈人は付き合う相手によって良くもなれば悪くもなる、人は交際する友に感化されるものだ〉という意を示す。
【類義】「朱に交われば赤くなる」
(人は付き合う友によって良くも悪くもなる、ということ)

【例文】

　Мягмар өчигдөр орой найз нартайгаа уулзаад :"Би хотод ирээд, олон жил болсны эцэст хар багын найз Болдтойгоо учирч, түүнтэй санаа сэтгэл нийлэн, хүч хамтран хувийн компани байгуулж, боломжийн сайхан амьдарч байгаа минь цөм Болдын ач гавьяа. Энэ хүний ачийг чухам яаж хариулахаа сайн мэдэхгүй л байна.

　Сайнтай нөхөрлөвөл сарны гэрэл

　Муутай нөхөрлөвөл могойн хорлол гэдгийг өөрийн биеэр ойлгож ухаарлаа" хэмээн хэлжээ.

　ミャグマルは昨晩自分の友人たちと会って、「私は町にやってきて、何年もたってついに幼な友達ボルドと出会い、彼と意気投合し、力を合わせて個人会社を設立し、十分うまく生活しているのはすべてボルドのおかげだ。この人の恩を一体どうやって返すべきかよくわからない。〈善と親しくすれば月の光、悪と親しくすれば蛇の毒〉ということを身をもって十分理解した」と言った。

113. Санаа муут яван хатна
Сарьсан багваахай наранд хатна

心悪しきはやがて窮する
こうもりは太陽に干上がる

【語句】
- яван … 《やがては、そのうちに》（＝яван явсаар, яваандаа の意）
- (яван) хатна … 《困窮する、苦しむ》（＝зовох зүдрэх の意）

【説明】
〝こうもりが日の当たる所で干上がってしまうように、心悪しき者はやがては生活に困窮してしまうものだ″というたとえから、一般に〈心の汚い悪い考えを持った者は、自らの悪意のせいで、やがては生活に行き詰まり貧してしまうものだ〉という意を示す。

【類義】「悪事身に返る」
（自分の犯した悪事は、やがては自分の身に返ってきて、自分が苦しむ結果になる、ということ）

【例文】
Хөрш айлынх нь хариугүй тугаллах дөхсөн гунжин үнээ намгийн балчиг шаварт унасныг Чулуун харсан ч хараагүй дүр үзүүлээд өнгөрчээ. Гэтэл нэг долоо хоногийн дараа тэдний хоёр бяруу нь хортой өвс идсэний улмаас үхсэн байна. Энэ үед Чулуун : "Надаас л боллоо.

Санаа муут яван хатна

Сарьсан багваахай наранд хатна гэдэг л болж байна даа. Хувиа бодсон хар золиг" хэмээн өөрөө

— 155 —

өөрийгөө хараан зүхжээ.

　隣の家のまさに出産間近の3歳の雌牛が沼地のぬかるみに落ちたのを、チョローンは見ても見なかったふりをしてそのまま立ち去った。ところが、一週間後、彼らの2歳の子牛が二頭、毒草を食べたせいで、死んだのである。このとき、チョローンは、「全くおれのせいだ。〈心悪しきはやがて窮する、こうもりは太陽に干上がる〉というふうだよ。自分の事だけ考えた悪いやつ」と自分で自分をののしって罵倒した。

114.　Санаж явбал бүтдэг
　　　Сажилж явбал хүрдэг

思って行けば実現する
ゆっくり行けば到着する

【説明】

　〝思って行けば実現する、ゆっくり行けば到着する〟のたとえから、一般に〈常にしっかりした目標を持ち続ければ、どんな事でもいつかは必ず成し遂げることができる〉という意を示す。

【類義】「志ある者は事竟に成る」

(しっかりした志さえ持っていれば、どんな事でも最後には必ず成し遂げることができる、ということ)

【例文】

　Жилийн эцсийн тайлан хэлэлцэх бага хурал дээр хүрээлэнгийн захирал Ёндон :

　　"Санаж явбал бүтдэг

　　Сажилж явбал хүрдэг гэгчийн үлгэрээр олон жил хийсэн гол ажлын нэг, «Монголын нэвтэрхий толь»-ийг хэвлэлд шилжүүлэхэд бүрэн боломжтой боллоо" хэмээн албан ёсоор мэдэгдэв.

年末報告協議会議で研究所所長ヨンドンは、「〈思って行けば実現する、ゆっくり行けば到着する〉という例えのように、何年も行った主な仕事の一つ、『モンゴル百科事典』を印刷に移すことが完全に可能になった」と公式に報告した。

115. Сархад
Савнаасаа бусдыг дийлдэг

お酒は
器以外のものを負かす

【語句】
- сархад … архи《酒》の敬語。

【説明】
〝酒は入っている器には勝てないが、それ以外のものはすべて負かすことができる″というたとえから、一般に〈酒は適量の範囲内であれば全く問題ないが、自分の適量を越えると大変なことになるので、過度の飲酒にはくれぐれも注意すべきである〉という意を示す。

【類義】「酒は飲むとも飲まるるな」
(酒は飲んでもよいが、理性を失うような飲み方をしてはいけない、ということ)

【例文】
Согтууруулах ундаа хэтэртлээ ууж, нийгмийн хэв журам алдагдуулсан нэгэн залуу эрүүлжүүлэхэд нэг хоноод гарахдаа：

"*Сархад*
 Савнаасаа бусдыг дийлдэг гэдгийг ёстой сайн

ойлгож авлаа. Дахиад ийм явдал яасан ч гаргахгүй" гэж хэлэхэд нь, сэргийлэхийн хошууч: "Ойлгож авсан чинь тун сайн. Үүнээс хойш ёслолын хүндтэй идээг зовлонгийн муухай ундаа болгож ерөөсөө болохгүй шүү" хэмээн ширүүхэн хэлжээ.

　アルコール類を飲み過ぎて、社会秩序を乱した一人の若者が酔いをさますため留置場で一泊して出るときに、「〈お酒は器以外のものを負かす〉ということを本当によく分かった。二度とこんなことは絶対に起こさない」と言うと、警察の少佐が「分かったのはとてもよろしい。これからはお祝いの誉れ高い酒を苦しみの汚い飲み物にしては決していけないぞ」と厳しく言った。

- эрүүлжүүлэх　酔いをさます所、留置場
 （＝эрүүлжүүлэх байр の意）

116. Сурсан нь далай
　　　Сураагүй нь балай

　　学んだ者は海
　　学ばざる者は闇

【語句】
- балай …《蒙昧、愚か、暗愚》（＝мунхаг тэнэг の意）

【説明】
　"学んだ者は海、学ばざる者は闇"というたとえから、一般に〈学問をすれば知識が豊かになり、視野もひらけ、物事に明るくなるが、学問をしなければ知識がひらけず、物事に暗く世の中のことは何も見えない〉という意を示す。

【類義】「学べば則ち固ならず」
(学問をすれば、視野が広くなり、考え方や態度も柔らかになる、ということ)

「学ばざれば牆に面す」
(学問をしなければ、世の中のことは何も見えず、何もわからない、ということ)

【例文】

Техник мэргэжлийн сургуулийн гагнуурын ангид элсэн орогчдод мэргэжлийн багш нь: "Та нар одооноос эхлэн сайн хичээж, биеэ бүрэн дайчилж, гол гол зүйлүүдийг чамбай сурахгүй бол болохгүй шүү. Сургуулиа төгссөнийхөө дараа

Сурсан нь далай

Сураагүй нь балай гэгчийн үлгэр болуузай" хэмээн хэлжээ.

技術専門学校の溶接クラスの入学者たちに専門の先生が「みなさんは今からしっかり努力し、全力を注いで、主だった事柄をきちんと学ばなくてはいけないよ。学校を卒業した後で、〈学んだ者は海、学ばざる者は闇〉という例えにならないように」と言った。

117. Сурсан юмыг
Сураар боож болдоггүй

学んだことを
皮ひもで縛ることはできない

【説明】

〝学んだことを皮ひもで縛ることはできないものだ″というたとえから、一般に〈いったん学び習慣となった事柄を無理やり変えることはできないものだ〉という意を示す。

【類義】「習い性と成る」
(習慣は身についてしまうと、その人の生まれながらの性質と同じようになる、ということ)
「三つ子の魂 百まで」
(幼い頃からの習慣となったことは、一生変わらないものだ、ということ)

【例文】

Улсын баяр наадмын үндэсний бөхийн барилдааны долоогийн даваанд тунаж үлдсэн заан Мягмарын дархан мэхэнд орж, гар ачуулж өвдөг шороодсон арслан Ганбаатар хэсэгхэн зуур чимээгүй байснаа, засуулдаа хандан : "Дархан мэхийг нь хийлгэхгүй санаатай яаж ч хориод барсангүй дээ.

Сурсан юмыг

Сураар боож болдоггүй гэдэг л боллоо" хэмээн ихэд аргагүйдсэн янзтай хэлсэн байна.

国の祭典ナーダムの、モンゴル相撲の7回戦でふるい分けで残った関脇ミャグマルの得意技にはまり、無双投げで負けた大

関ガンバータルはしばらくの間黙っていたが、自分の介添人に向かって「彼の得意技をかけさせないつもりが、どうしても封じることができなかったよ。〈学んだことを皮ひもで縛ることはできない〉というふうだ」とひどく万策尽きた様子で言ったのである。

- тунаж үлдэх　　(相撲の試合で)ふるい分けで最後に残る
- гар ачих　　　　無双投げをする
- мэхэнд орох　　技にはまる
- мэх хийх　　　　技をかける
- мэх хорих　　　技を封じる

118. Сүүлчийн тэмээний Ачаа хүнд

最後のラクダの
荷は重い

【説明】

"最後のラクダの荷は重い"というたとえから、一般に〈一番最後の人に課せられた仕事はいつも困難で、責任は重い〉という意を示す。

【類義】「終わりが大事」
(すべて物事は最後が肝心である、ということ)

【反義】「残り物に福がある」
(最後に残ったものに意外によいものがある、最後に残った者が幸運をつかむことがある、ということ)

【例文】

Орчуулгын онолын семинарын хичээл дээр оюутнуудад орчуулах материалыг нэрсийн дараалаар хэсэглэн хуваарилж өгчээ. Тэгтэл журналын нэрсийн жагсаалтын хамгийн доод талд нэр нь байдаг Янжинд арай урт хэсэг оногдсонд багш нь :

"*Сүүлчийн тэмээний*

Ачаа хүнд гэдгийн үлгэрээр чамд арай л урт хэсэг таарчихлаа. Гэхдээ бүх хүний дараа хамгийн сүүлд шалгуулах учраас цаг хугацаа ч чамгүй байна даа" хэмээн тайтгаруулсан байдалтай хэлжээ.

翻訳理論の演習の授業で、学生たちに翻訳の資料を名簿順に区切って分けてやった。すると、出席簿の名簿の一番下に名前のあるヤンジンに少し長い箇所が割り当てられたので、彼女の先生は、「〈最後のラクダの荷は重い〉という例えのように、君に多少長めの箇所があたったよ。でも、みんなの後で一番最後にチェックされるので、時間もかなりあるよ」となだめた様子で言った。

• чамгүй　[口語で] かなり (＝нэлээн, овоо の意)

119. Сүх далайтал
Үхэр амар

斧を振り上げるまで
牛は安心

【説明】

"まさに斧を振り上げるまでは、牛は自分が殺されるとは知らず、安心している"というたとえから、一般に〈何らかの危険や困難が目前に迫っているにもかかわらず、のんびりしている〉という意を示す。

【類義】「魚の釜中に遊ぶが如し」

(魚がやがて煮られるのも知らず、釜の中で泳いでいるの意から、危険が目前に迫っているのに、のんびりしている、の意)

【例文】

Аав ээжийгээ ажилдаа явсны дараа хүүхдүүд нь тоглоомдоо улайраад, гэр орноо ёстой нэг түйвээж өгчээ. Орой 5 цагийн үед тэднийд ирсэн нагац ах нь : "Аав ээж хоёроо ажлаас ирэхэд нь иймэрхүү янзтай байвал та нар аавынхаа алганы амтыг үзэж магадгүй дээ.

Сух далайтал

Үхэр амар гэдэг болж мэднэ шүү. Ийм учраас цөмөөрөө элбэлцээд, гэр орноо хурдхан шиг сайхан цэвэрлэсэн нь дээр дээ" гэж анхааруулсан байна.

両親が仕事に出かけた後で、子供たちは遊びに夢中になって、家の中をすっかりもう散らかしてしまった。夕方5時頃、彼らの家にやってきた(母方の)叔父さんが「お父さんとお母さんが仕事から帰ってきたとき、こんなありさまなら、あなたたちはお父さんのビンタを食らうかもしれないよ。〈斧を振り上げるまで牛は安心〉ということになるかもしれないぞ。だから、みんなでいっしょになって、家の中を早くきれいにそうじした方がいいね」と注意をうながしたのである。

120. Сэжгээр өвдөж
Сүжгээр эдгэдэг

疑心で病み
信心で治る

【語句】

- сэжиг …《疑い、疑心》(＞сэжиглэх《疑う》)

• сүжиг (～сүсэг) …《信仰、信心》（＞сүсэглэх《信仰する》）

【説明】

"病気かもしれないと疑うと、本当に病気になり、また大丈夫だと信じれば、病気は治るものだ"というたとえから、一般に〈すべては、人の心の持ち方ひとつで決まるものだ〉という意を示す。

【類義】「病は気から」

（病気は気の持ちようで、良くも悪くもなる、ということ）

「地獄極楽は心にあり」

（心の持ち方ひとつで、この世は地獄にも極楽にもなる、ということ）

【例文】

Охиноо хоёр гурван өдөр сүрхий халуурч хэвтсэнд ээж нь санаа зовж, ардын эмнэлгийн эмийн сангаас хэдэн зүйлийн эм тан авчирчээ. Тэгтэл охин нь: "Дотор нь чухам юу юу орсныг сайн мэдэхгүй байж яаж уух юм бэ?" хэмээн болгоомжилсон байдалтай хэлэхэд, эмээ ээж нь: "Тэгж болдоггүй юм, охин минь. Бүлээн хар цайгаар даруулаад, одоохон уу!

Сэжгээр өвдөж

Сүжгээр эдгэдэг жамтай юм. Эм танг ингэж хар буруу санаж, итгэл муутайхан уувал ямар ч сайн нөлөө үзүүлэхгүй дээ" гэв.

娘が二、三日ひどく熱が出て床に伏したので、彼女の母親は心配し、民間療法病院の薬局から数種類の薬を持ってきた。すると、娘は「中に一体何が入っているのかよくわからないのに、どうやって飲むの？」と警戒した様子で言うと、彼女のおばあさんは「そんなことじゃいけないよ、おまえさん。暖かい

紅茶で今すぐ飲みなさい。〈疑心で病み信心で治る〉というものです。薬をこのように疑って不信感をもって飲めば、何もよい影響は与えないよ」と言った。

121. Танилтай хүн талын чинээ
Танилгүй хүн алгын чинээ

知り合いのある人は草原の如し
知り合いのない人は掌の如し

【説明】

"知り合いのある人は草原ほど広く、知り合いのない人は掌ほど狭い"というたとえから、一般に〈知り合いが多ければ、世間は広くなり、何かと助けてもらえるので、生活に困らないが、知り合いが少なければ、世間は狭くなり、生活に困ることも多い〉という意を示す。

【類義】「持つべきものは友(とも)」

(生活するうえで、友ほどありがたいものはない、ということ)

【例文】

　Аймгийн　засаг　даргын　тамгын　газраас　хувийн

компаниудын дунд хаягдал төмөр ашиглаж, шинэ бүтээл хийх шилдэг төсөл шалгаруулж, удаан хугацааны хөнгөлөлттэй зээл олгох уралдаан зарласан аж. Энэхүү төслийн уралдаанд Жаргал захиралтай "Баян гол" бүрэн бус хариуцлагатай хувийн компани шалгарч, 4 сая төгрөгийн хөнгөлөлттэй зээл авах болжээ. Тэгсэн чинь "Бат танил тал ихтэй учраас дээгүүр доогуур гүйж байгаад, зээл авчихлаа.

Танилтай хүн талын чинээ

Танилгүй хүн алгын чинээ гэдэг л яг боллоо. Ийнхүү арын хаалгаар аливаа асуудал шийдэгдээд байвал ёстой утга алга" гэсэндүү цуу яриа гарсан байна.

アイマグの知事官庁から個人会社あてに、くず鉄を利用して新製品を作る最良案を選んで、長期低金利貸し付けを行う競争を公募したのである。この案の競争にジャルガル社長の〝バヤン・ゴル″個人有限会社が選ばれ、400万トグルグの低金利貸し付けを受けることになった。ところが、「バトは知り合いが多いので、上や下を走り回って、(ジャルガルがもらうはずの)貸し付けをもらってしまった。〈知り合いのある人は草原の如し、知り合いのない人は掌の如し〉という通りになった。このように裏口ですべての問題が決まってしまえば、全く意味がない」といったうわさが立ったのである。

• бүрэн бус хариуцлагатай компани　有限(責任)会社

122. Тоглоом тоотой нь дээр
Толгой мөлжүүртэй нь дээр

遊びは適度なのがよい
頭は肉のあるのがよい

【語句】

- тоглоом ……《遊び；冗談、ふざけ》
- тоотой ……《適度な、限度のある》(＝хэм хэмжээтэй の意)
- мөлжүүр …《(かじり取るための)骨のついた肉》
  (＜мөлжи-《(肉を骨から)かじり取る》)

【説明】

"家畜の頭は、かじって食べるのに肉のついた方がよいように、冗談やいたずらなどの遊びは、適度である方がよい" というたとえから、一般に〈物事には限度というものがあり、何事も節度をわきまえて行動しなければならない〉という意を示す。

【類義】「物には程がある」

(物事には適度というものがあり、極端な言動は慎むべきだ、ということ)

「悪ふざけは喧嘩のもと」

(ふざけすぎは、けんかの原因になるから、注意すべきである、ということ)

【例文】

Хүүгийнх нь хуриман дээр ирчихээд, элдэв балай юм ярьж, үгээр идэж, тавтиргүй зан гаргасан Баатарт Найдан: "Нас намба суусан хүн байталаа хаана юу хэлэхээ мэддэггүй юм уу?

— 167 —

Тоглоом тоотой нь дээр

Толгой мөлжүүртэй нь дээр гэсэн зүйр цэцэн үг байдгийг урьд нь эрхбиш сонссон байлгүй дээ" хэмээн уургайхан хэлэв. Энэ үед Баатар дотроо "архиныхаа халуунд арай ч дэндүүлчих шиг боллоо" гэж бодсон боловч, мөчөөгөө өгөхгүй дээ гэсэн янзтай хөмхийгөө зуун суужээ.

（ナイダンの）息子の結婚式にやって来て、様々なばかなことを言って、人を食ってかかり、下品な振舞いをしたバータルに、ナイダンは、「熟年者なのにどこで何を言うべきか分からないのか。〈遊びは適度なのがよい、頭は肉のあるのがよい〉ということわざがあることを以前必ず聞いたはずだぞ」と怒って言った。そのとき、バータルは心の中で「酒の勢いで少し度を過ぎてしまったようだ」と思ったが、負けないぞといった様子で唇をかんで座っていた。

- үгээр идэх　　言葉でばかにする、人を食う
  （＝хэл амаар доромжлох）
- мөчөөгөө өгөхгүй　　負けない、降参しない（＝бууж өгөхгүй）

123. Тоолбол нас чацуу
　　 Төөлбөл нуруу чацуу

　　数えれば年は同じ
　　測れば背は同じ

【語句】
- төөлөх …《төө（親指と中指を張った長さ）で測る》

【説明】

"数えれば年は同じ、測れば背は同じ"というたとえから、一

般に〈年格好も背格好もみんな同じ程度で、たいした差はない〉という意を示す。

【類義】「団栗の背比べ」
(ほとんどみな同じで、差がないことのたとえ)

【例文】

　Эцэг эхийн хуралд бараг гурван жил болж байж, арайхийж нэг удаа оролцсон аав нь хүүгийнхээ хичээл сурлагын талаар базаахгүй үг сонсчээ. Тэгээд харьж ирснийхээ дараа хүүдээ: "Олны дотор чиний тухай муу үг сонсоод, нүүр хийх газар олдохгүй байсныг юуны өмнө хэлмээр байна. Танай ангийнхан цөмөөрөө

　　Тоолбол нас чацуу

　　Төөлбөл нуруу чацуу биш үү? Чамайг аав ээж хоёр нь юугаар ч дутаахгүй санаатай байдгийг зөвөөр ойлгох хэрэгтэй шүү. Чиний хувийн идэвх оролдлого бусдаасаа арай дутуу юм шиг байна" гэжээ. Бодсоноос зөөлөн аядуухан үгээр сургамжлан хэлсэнд хүү нь маш ихэд гайхжээ.

父兄会にほぼ三年経って、やっと一度参加した父親が、自分の息子の成績がよくないことを聞いた。そして、帰って来てから、自分の息子に「みんなの前でおまえについて悪い評判を聞いて、穴があったら入りたかったことをまず最初に言いたい。おまえの同級生はみんな〈数えれば年は同じ、測れば背は同じ〉じゃないか。おまえのことをお父さん、お母さんは、何事にも引けを取らないようにしていることを正しく理解しなければならないぞ。おまえ個人の努力が他の人よりも少し足りないようだ」と言った。思ったよりも(お父さんが)優しげな言葉で教え諭して言ったので、息子はひどく驚いた。

- нүүр хийх газар олдохгүй （〝顔を入れる場所が見つからない〟が原義）大変恥ずかしい、穴があったら入りたい

124. Төрөөгүй хүүхдэд Төмөр өлгий бэлтгэх

生まれていない子供に
鉄のゆりかごを準備する

【説明】

〝まだ生まれていない子供に、あらかじめ鉄のゆりかごを準備する〟というたとえから、一般に〈結果がどうなるかまだわからない不確実なことに対し、前もってあれこれ急いで準備する〉という意を示す。

【類義】「捕らぬ狸の皮算用」

（まだ実現していない当てにならないことを期待して、それをもとにあれこれ計画を立てる、ということ）

【例文】

　　Бэр нь хөл хүнд болоод, хагас жил ч болоогүй

мөртлөө: "Эрэгтэй хүүхэд гарвал Батбилэг, эмэгтэй хүүхэд гарвал Гуамарал гэдэг нэр өгнө" гэхийг сонсонгуутаа л хадам ээж нь: "Яасан ёс заншлаа мэддэггүй амьтан бэ? Одоо яадаг билээ.

Төрөөгүй хүүхдэд

Төмөр өлгий бэлтгэх гэгчийн үлгэрээр ийнхүү урьдаас нэр ус өгөх нь муу ёртой гэдэг юм" хэмээн анхааруулан хэлсэн байна.

嫁が妊娠して、半年も経っていないのに、「男の子が生まれたらバトビルグ、女の子が生まれたらゴアマラルという名前をつける」と言うのを聞いたとたん、義理の母親は「何て自分たちの習慣を知らない子なの。まあ、どうしましょう。〈生まれていない子供に鉄のゆりかごを準備する〉という例えのように、このようにあらかじめ名前をつけるのは縁起が悪いというものです」と注意して言ったのである。

125. Туйлбаргүй хүн буцах нь амархан
Тугалган жад шантрах нь амархан

意志の弱い人は諦めやすい
鉛の槍の先は鈍りやすい

【語句】
- буцах ……《諦める、断念する》(＝болих の意)
- шантрах …《(刃物の先が)鈍くなる、丸くなる》

【説明】

"鉛でできた槍の先が容易に丸くなって切れなくなるように、意志の弱い人は容易に諦めてしまうものだ"というたとえから、一般に〈優柔不断で意志の弱い人は、何事にも途中ですぐに諦

めてしまうものだ〉という意を示す。
【類義】「三日坊主(みっかぼうず)」
(飽きやすくて、何をやっても長続きしないこと)
【例文】

Охин： Хичээл ихтэй үед дугуйланд явах нь үнэхээрийн хэцүү байна. Дугуйлангаа больдог ч юм билүү?

Ээж： Англи хэлний дугуйланд ороод, гурван сар ч болоогүй байна шүү дээ. Аав чинь сонсвол уурлана даа.

Охин： Гэрийн даалгавраа хийх цаг бараг байхгүй байгааг та харж байгаа биз дээ.

Ээж： *Туйлбаргүй хүн буцах нь амархан*
Тугалган жад шантрах нь амархан
гэдэг учраас миний охин ингэж бодож болохгүй. Хүн чөлөөт цаг аль болох бага байх тусам ихийг сурдаг юм. Шантарч ерөөсөө болохгүй!

娘：勉強がたくさんあるとき、サークルに行くのが本当に大変です。サークルをやめようかしら。

母：英語のサークルに入って、三ヵ月も経っていないんですよ。お父さんが聞いたら怒るわ。

娘：宿題をする時間がほとんどないことをお母さんは見ているでしょ。

母：〈意志の弱い人は諦めやすい、鉛の槍の先は鈍りやすい〉というので、あなたはそんなふうに考えてはいけません。人は自由時間ができるだけ少ないほど、たくさんのことを学ぶものです。あきらめては決していけません。

— 172 —

126. Тусыг усаар
Ачийг бачаар

助けを水で
恩を狡猾で

【同義】

　　Ишиг эврээ ургахаар　　子山羊は角が生えると
　　Эхийгээ мөргөх　　　　母親を角で突く

【語句】

・бач …《ずるさ、狡猾》（＝заль мэх の意）

【説明】

〝助けを水で、恩を狡猾で返す″というたとえから、一般に〈人から恩を受けたのに、かえって害を与えるようなひどいことをする〉という意を示す。

【類義】「恩を仇で返す」

(恩を受けた人に、害を与えるようなひどい仕打ちをする、ということ)

【例文】

Боксчин Нэргүй дэлхийн аваргын алтан медаль хүртсэнийхээ дараахнаас ачит багшаа элдвээр шүүмжлэх аястай үг хэлэх болсонд түүний баруун гарын сайн найз нь ихэд эмзэглэх болжээ. Тэрээр Нэргүйд: "Гары чинь ганзаганд, хөлий чинь дөрөөнд хүргэж өгсөн анхны дасгалжуулагчаа ийнхүү муулах чинь юу гэсэн үг вэ？

　　Тусыг усаар
　　Ачийг бачаар гэдэг чинь ёстой энэ дээ. Чи

хүний мөсөөр гэв гэнэтхэн дордсоныгоо өөрөө анзаарахгүй яваа чинь юутай харамсалтай. Чамд надаас өөр үнэнийг хэлэх хүн байхгүй шүү" хэмээн шуудхан хэлжээ.

ボクサー、ネルグイは、世界チャンピオンの金メダルをもらった直後から、自分の恩師をいろいろ批判するニュアンスのことを言うようになったので、彼の一番の親友がひどく心を痛めるようになった。彼は、ネルグイに「おまえは手取り足取り教えてくれた最初のコーチをこのように悪く言うのは、どういうことなんだい。〈助けを水で、恩を狡猾で〉というのはまさにこれだね。おまえは人柄が突然悪くなったことに自分で気がついていないのは何と残念なことか。おまえにはおれ以外に本当のことを言う人はいないぞ」とじかに言った。

- баруун гарын найз 一番の親友、腹心の友
- гары нь ганзаганд, хөлий нь дөрөөнд хүргэх （"手を鞍ひもに、足をあぶみに届かせる"が原義）手取り足取り教える

127. Түрүүлж дуугарсан Хөхөөний ам хөлддөг

先に鳴いた
かっこうの口が凍る

【語句】
- түрүүлж …《先に》、түрүү, урьтаж, урьдаар とも言う。
- ам хөлдөх …《口が凍る》が原義だが、ここでは《失言する》 (＝ам алдах) の意。

【説明】
"先に鳴いたかっこうの口が凍る"というたとえから、一般に

〈他の人よりも先んじて、むやみやたらに発言を急がない方がよい〉という意を示す。

【類義】「雉も鳴かずば打たれまい」

(余計なことを言ったために、自ら災いを招くことのたとえ)

【比較】

モンゴル語：хөхөө《かっこう》 → ам хөлдөх《口が凍る》
日　本　語：「雉」　　　　　　→「打たれる」

【例文】

　Ангийн дарга Адьяатөмөр оюутнуудаас : "Уран зурагт гарын дүйтэй хүн байна уу ?" гэж асуусанд, Мягмар хамгийн түрүүнд гараа өргөжээ. "За тэгвэл Мягмар чи асуулт хариултын тэмцээнд хэрэг болох хоёр үзүүлэнг зураарай" гэсэнд, ангийнх нь охидууд :

　　"*Түрүүлж дуугарсан*

　　　Хөхөөний ам хөлддөг гэдэг л боллоо, хөөрхий зайлуул. Чи мөн ч гэнэн байна даа" хэмээн түүнийг даапаалсан ажээ.

　クラス委員アディヤートゥムルは、学生たちに「絵が上手な

人はいますか」とたずねると、ミャグマルは一番先に手をあげた。「それじゃ、ミャグマル、君はクイズコンテストに必要となる2枚のイラストをかいてください」と言ったところ、彼のクラスの女の子たちは、「〈先に鳴いたかっこうの口が凍る〉という通りになった、かわいそうに。君は本当に単純だね」と彼をばかにしたのである。

- асуулт хариултын тэмцээн　クイズコンテスト

128. Тэжээсэн бяруу
　　 Тэрэг эвдэнэ

育てた子牛が
車をこわす

【語句】
- бяруу …《2歳の子牛》
- тэрэг … үхэр тэрэг《牛車》を指す。

【説明】
　"育てた子牛が牛車をこわす"というたとえから、一般に〈日頃、十分面倒を見てやった者から裏切りの行為を受ける〉という意を示す。

【類義】「飼い犬に手を噛まれる」
（日頃、目をかけ世話をしていた者に裏切られる、ということ）

【比較】
モンゴル語：бяруу《子牛》→ тэрэг эвдэх《車をこわす》
日　本　語：「犬」　　　→「手を噛む」

【例文】
　Үрчилж авсан ганц банди нь өсч том болоод, аав ээжийнхээ хэдэн малыг зарж үгүй хийсэнд, холын

хамаатан нэгэн өвгөний зэвүү хүрч, түүнд : "Чи ингэж аав ээжийнхээ өмч хөрөнгийг үрэн таран хийсэн чинь тун тусгүй байна. Чамайг хэн ч харсан

Тэжээсэн бяруу

Тэрэг эвдэнэ гэдэг л яг болж байна гэх нь дамжиггүй" гэхчлэн загнажээ.

養子にもらったひとりっ子が成長し大きくなってから、自分の両親の数頭の家畜を売り払ったことに、遠い親類にあたる一人の老人が腹を立て、彼に「おまえがこのように自分の両親の財産を浪費したのは全くよくない。おまえのことを誰が見ても、〈育てた子牛が車をこわす〉というまさにその通りだ、と言うのは間違いない」などと叱った。

• үрэн таран хийх　浪費する、むだ使いする

129. Тэмээ хариулсан хүн
Буурынхаа занг андахгүй

ラクダを放牧した人は
自分の種ラクダの性質をよく知っている

【説明】

"ラクダ飼いは自分の飼っている種ラクダの性質をよく知っている"というたとえから、一般に〈人は自分の身近にいる者の性格をよく把握しているものだ〉という意を示す。

【類義】「子を見ること親に如かず」

(子供の性格を一番よく知っているのは親である、ということ)

【例文】

Боловсон хүчний хэлтсийн эрхлэгч Намсрай, ажлаа аваад удаагүй байгаа пүүсийн захиралдаа : "Та Доржийг уурлаад, хаалга саваад гарахаар нь буцаж ирэхгүй байх гээд байсан, би одоохон буцаж ирнэ гэсэн. За ямар байна даа. Уур нь гарахаараа буцаад л ирж байгаа биз дээ.

Тэмээ хариулсан хүн
Буурынхаа занг андахгүй гэгчээр пүүсийнхээ хэдэн ажилчдын занг нэлээн сайн гадарлана шүү" хэмээн хэлэв.

人事課長ナムスライは、仕事に就いてまもない自分の会社社長に「あなたは、ドルジが怒ってドアをバタンと閉めて出ていくと、戻って来ないだろうと言っていましたが、私は(彼が)今すぐ戻って来ると言いましたね。さあ、どうですか。怒りがおさまるとすぐに戻って来ているでしょ。〈ラクダを放牧した人は自分の種ラクダの性質をよく知っている〉というように、(私は)自分の会社の労働者たち数人の性格をかなりよく知っていますよ」と言った。

• боловсон хүчний хэлтэс　人事課

130. Уйлсаар уйлсаар хүн болдог
Майлсаар майлсаар мал болдог

泣きながら泣きながら人となる
鳴きながら鳴きながら家畜となる

【説明】

"泣きながら泣きながら人となる、鳴きながら鳴きながら家畜となる"というたとえから、一般に〈赤ん坊は大声で泣いてこそ健康で丈夫に育つものだ〉という意を示す。

【類義】「泣く子は育つ」、「赤子は泣き泣き育つ」
（大声でよく泣く赤ん坊ほど健康で丈夫に育つものだ、というこ

と)
【例文】

　Ээж нь хүнсний дэлгүүр ороод, талх сүү аваад, гэртээ яаран ирэхэд, өлгийтэй нялх хүүхэд нь сэрээд зөндөө уйлсан байв. Охиныгоо "Хүү минь зөндөө уйлчихаж, эвий хөөрхий амьтан" зэргээр үглэн сандрахад, түүнтэй бараг нэгэн зэрэг гаднаас орж ирсэн эмээ ээж нь : "Нялх хүүхэд бага зэрэг уйлах нь зүгээр гэлцдэг биз дээ.

　Уйлсаар уйлсаар хүн болдог

　Майлсаар майлсаар мал болдог жамтай гэж настай хүмүүс ярьдаг юм" гэхчлэн тайвшруулсан янзтай хэдэн үг хэлжээ.

　母親が食料品店に行って、パンとミルクを買って、自分の家に急いで帰ってくると、おくるみにくるんだ彼女の赤ん坊が目をさまして随分泣いていた。(母親が)自分の娘を「あなた、随分泣いちゃって、まあ、かわいそうな子」などとつぶやき、うろたえると、彼女とほとんど同時に外から入ってきた娘のおば

あちゃんが「赤ん坊が少し泣くのはなんともないと言うでしょ。〈泣きながら泣きながら人となる、鳴きながら鳴きながら家畜となる〉のは世の常と年配の人たちは言うものだ」などとなだめた様子で少し話した。

131. Унасан бөхөд шалтаг мундахгүй
負けた力士に言い訳は多い

【説明】

"負けた力士はとかく言い訳が多いものだ"いうたとえから、一般に〈失敗したり過ちを犯した者に限って、とかく言い訳をして、その原因を他に求めようとするものだ〉という意を示す。

【類義】「負け惜しみの減らず口」

(負けた者が自分の負けを素直に認めず、負けた理由をああだこうだといろいろ理屈をつけて言うこと)

【例文】

Аав：Чиний өнөөдрийн шалгалт ямархуу байв даа?

Хүү：Огт уншаагүй асуулт бүхий билет таарсан учраас муу авсан.

Аав：Яагаад бүх асуултаа нарийвчлан сайн бэлдээгүй юм бэ?

Хүү：Өчигдөр орой гэв гэнэтхэн цахилгаан тасарсан тул бүгдийг нь сайн уншиж амжаагүй.

Аав：*Унасан бөхөд шалтаг мундахгүй* гэдэг л болж байна даа. Бид нар бага байхдаа лааны гэрэлд гэрийн даалгавраа хийдэг байсантай харьцуулахад та нар мөн ч сайхан байна шүү.

父親：おまえの今日の試験はどんなふうだったかい。

息子：全く読まなかった質問の問題用紙が当たったので、悪い点だった。

父親：どうしてすべての質問を詳しくしっかり準備しなかったのか。

息子：昨晩、突然停電になったので、すべてをしっかり読むことができなかった。

父親：〈負けた力士に言い訳は多い〉というふうだな。おれたちが小さい頃、ろうそくの明かりで宿題をしていたのと比べると、おまえたちは本当にめぐまれているよ。

- билет　問題用紙

132. Урт хормой хөл ороодог
　　 Урт хошуу хүзүү ороодог

長い裾は足を巻く
長い嘴は首を巻く

【語句】
- урт хошуу …《長い嘴》が原義だが、ここでは、《無駄口をたたく、余計なことをしゃべる》（＝дэмий юм ярих）の意。

【説明】
　"長い裾は足に巻きつき、歩行の障害となるように、無駄口は自分で自分の首をしめるようなものだ"というたとえから、一般に〈人を中傷して無駄口をたたくと、それが原因となって、後で自分に災難を招くことがある〉という意を示す。

【類義】「三寸の舌に五尺の身を亡す」
（不用意に余計なことを言ったために、災いを招き身を滅ぼすことになる、ということ）

【例文】

　Талхны үйлдвэрийн дарга Билэгсайхан удирдах зөвлөлийн ээлжит хурал дээр: "Манай зарим удирдлагууд өөрийн үйлдвэрийн бүтээгдэхүүний чанарын талаар харьяа дээд газарт элдэв долоон булчирхайгаа тооциж явдаг сурагтай. Өөрсдөө засч залруулах үүрэгтэйгээ умартаж, ийнхүү алтан хошуу өргөж явах нь хүний мөсөөр ямар гэдгээ л харуулж байгаа хэрэг.
　Урт хормой хөл ороодог
　Урт хошуу хүзүү ороодог гэсэн зүйр цэцэн үг байдгийг дурдахад илүүдэх юун" хэмээн хэлсэнд, хуралд оролцогсод чухам хэн юм бол доо? гэсэн янзтай бие бие рүүгээ харцгаасан байна.

　パン工場長ビリグサイハンは、理事会の定期総会で「うちのある指導者たちが自分の工場の製品の品質に関し、上の管轄に何でもかんでもすべて話しているといううわさがある。自分たちが修正、改善する義務があることを忘れ、このように告げ口していくのは、人間性がどうなのかということだけを示していることだ。〈長い裾は足を巻く、長い嘴は首を巻く〉ということわざがあることを述べるに越したことはない」と言ったところ、会議の参加者たちは一体誰だろうかといった様子でお互いに見つめ合ったのである。

- удирдах зөвлөл　理事会
- долоон булчирхайгаа тооцих　何でもかんでもすべて逐一話す（＝хамаг юмаа ярих の意）
- алтан хошуу өргөх　告げ口する、中傷する（＝хов зөөх, ховлох の意）

133. Урьд гарсан чихнээс
Хойно гарсан эвэр урт

先に出た耳よりも
後に出た角が長い

【説明】

"家畜（例えば、牛、羊、山羊）は生まれたとき、すでに耳があるが、それより後に生える角の方が長く成長するものだ"というたとえから、一般に〈新しいものが古いものよりも優れて勝る〉という意を示す。

【類義】「青は藍より出でて藍より青し」、「出藍の誉れ」
（教えを受けた弟子が師よりも勝る、ということ）
　　　　「後の雁が先になる」
（後の者が先の者を追い越す、ことのたとえ）

【例文】

Юндэн： Шинжлэх ухаан, техникийн хөгжлийн ололт амжилтыг хүмүүсийн өдөр тутмын ердийн амьдралаас салангид ойлгож ухаарахын аргагүй болжээ.

Ёндон： Биднийг залуу зандан байх үед компьютер, интернет байтугай зурагт ховорхон байж дээ.

Юндэн： Орчин үеийн залуу хүмүүс мөн ч олон юмыг шинээр зохион бүтээж байна даа.

Ёндон： Чухам аа, чухам.

　　　　　Урьд гарсан чихнээс

　　　　　Хойно гарсан эвэр урт болдог гэдэг тун үнэн ажээ.

Юндэн ：Хүний оюун ухаан хязгааргүй гэдэг биз дээ хө.
ユンデン：科学技術の発展の成果を、人々の普段の日常生活と切り離して理解することはできなくなった。
ヨンドン：おれたちが若いときには、コンピューター、インターネットどころかテレビもかなり珍しかったよ。
ユンデン：現代の若者たちは本当に沢山のものを発明しているね。
ヨンドン：まさにその通りだ。〈先に出た耳よりも後に出た角が長くなる〉というのはまさしく本当だ。
ユンデン：人間の知恵は無限だと言うだろ。

134. Усыг нь уувал
Ёсыг нь дагадаг

その水を飲めば
その慣習に従う

【説明】

"その土地の水を飲めば、その土地の慣習に従うものだ"というたとえから、一般に〈その土地へ行ったら、その土地の慣習に従わなければならない〉という意を示す。

【類義】「郷に入っては郷に従う」

(人はその土地の風俗習慣に従って生活するのがよい、の意)

【例文】

Монгол үндэстний уламжлалт ёс заншлыг судлах зорилготой эрдэм шинжилгээний томилолтоор ирсэн гадаадын эрдэмтнээс: "Та хонины өөхтэй тарган мах идэж чадах уу?" хэмээн асуусанд, "Үнээ хэлэхэд, тийм ч сайн биш. Тэхдээ

Усыг нь уувал

Ёсыг нь дагадаг жамтай юм хойно, монгол хүний иддэгийг идэж, уудгийг ууж үзэх зорилготой шүү" гэжээ.

モンゴル民族の伝統的習慣を研究する目的で、学術出張でやって来た外国の学者に「あなたは羊の脂身の多い肉を食べられますか」とたずねると、「本当のことを言うと、そんなによく食べられません。でも、〈その水を飲めばその慣習に従う〉のが世の常なので、モンゴル人の食べるものを食べ、飲むものを飲んでみるつもりだよ」と言った。

135. Ууж идэхдээ уургын морь Урагшаа гишгэхдээ ургаа хад

飲み食いするときは馬捕り用の馬
前へ踏み出すときは不動の岩

【語句】

- уургын морь …《馬捕り竿（уурга）で馬を捕える人（уургач）が乗るための馬》
- ургаа хад …《地中に埋もれ、地上にむき出しにそびえ立つ不動の岩》

【説明】

〝飲食のときは馬捕り用の馬のごとく、前進するときは不動の岩のごとく〟というたとえから、一般に〈食事のときは誰よりも先を急いで食べようとするのに、いざ仕事となると全く動こうとしない怠け者〉を指して言う。

【類義】「怠け者の食い急ぎ」

（怠け者は仕事もしないくせに、食事になると人よりも急いで食べる、ということ）

【例文】

7 цагийн үед оройн хоол идсэнийхээ дараа, ээж нь том охиндоо "аяга тавгаа угаачихаарай" гэж хэлсэн боловч, тэр нь зурагт үзсээр бүр 9 цаг болгосон байна. Охиноо угаачих юм болов уу ? хэмээн нэлээн удаан харж суусан ээж нь : "Аятайхан амттай юм авчраад идээрэй ! гэсэн бол яасан хурдан гүйж ирэх бол доо. Чам шиг ажил гэхээр үстэй толгой нь арзайдаг хүнийг

Уудж идэхдээ уургын морь

Урагшаа гишгэхдээ ургаа хад гэхээс, өөр юутай зүйрлэх вэ ?" гэхчлэн цөхрөнгөө барсан байдалтай хэдэн үг хэлээд, аяга тавгаа өөрөө угаажээ.

7時頃夕食を食べた後、母親は上の娘に「食器を洗ってしまいなさい」と言ったが、彼女はテレビを見ながら、すっかり9時を過ぎた。娘のことをすぐに洗うだろうかとかなり長い間見ていた母親が「気に入ったおいしいものを持ってきて食べなさいと言ったら、何てはやく走ってくることでしょう。あなたのように仕事と言えば、身の毛がよだつ人のことを、〈飲み食いするときは馬捕り用の馬、前へ踏み出すときは不動の岩〉という以外、他に何にたとえましょう」などと絶望しきった様子で少

し話してから、食器を自分で洗った。

- үстэй толгой арзайх　身の毛がよだつ、ぞっとする、いやがる（＝айх, дургүйцэх の意）

136. Уул морийг зовоодог
Уур биеийг зовоодог

山は馬を苦しめる
怒りは身を苦しめる

【説明】

〝山は馬を苦しめる、怒りは身を苦しめる〟というたとえから、一般に〈人は怒ると、自分を苦しめるだけなので、怒りは慎むべきである〉という意を示す。

【類義】「短気は損気」

（短気を起こすと、結局は自分が損をする、ということ）

【例文】

Улсын аварга шалгаруулах чөлөөт бөхийн барилдааны эхний хоёр тойрогт хэр тааруухан хүмүүст дараалан ялагдаж, тэмцээнээс хасагдсандаа Гончигсүрэн урьд үзээгүй их уургтай харьж иржээ. Бухимдаж уурласнаасаа болоод, хоол ундаа ч олигтойхон идэж уухгүй байгаа хүүдээ аав нь:
"Уурлаад нэмэргүй дээ. Ингэх чинь өөрийгөө л улам зовооно гэсэн үг.

Уул морийг зовоодог

Уур биеийг зовоодог учраас уурлаж ундууцахын оронд, чухам яагаад ялагдсанаа сайтар тунгаан бодвол хожимдоо хэрэгтэй биш үү" гэж зөвлөн хэлсэн байна.

　国内チャンピオン選抜レスリング競技の最初の2回戦で、力の劣った人たちに続けて負け、試合に失格したために、ゴンチグスレンはこれまでにないすごい剣幕で帰って来た。苛々して怒ったせいで、食事も満足にしないでいる息子に父親が「怒ってもしようがないよ。そうするのは自分だけを一層苦しめるということだ。〈山は馬を苦しめる、怒りは身を苦しめる〉ので、怒って不機嫌になるよりも、一体どうして負けたのかじっくり考えれば、将来役に立つんじゃないか」と忠告して言ったのである。

137.　Уул үзээгүй хормой шуух
　　　　Ус үзээгүй гутал тайлах

　　　山を見ないで裾をまくる
　　　川を見ないで靴を脱ぐ

【説明】
　"まだ山を見ないうちから裾をまくる、まだ川を見ないうちから靴を脱ぐ"というたとえから、一般に〈まだ物事が始まっていないうちに早まった軽率な行動をとる〉という意を示す。

【類義】「暮れぬ先の提灯」、「小舟の宵拵え」
　　　　「塩辛を食おうとて水を飲む」、「海も見えぬに舟用意」
（物事を行うのに、準備や手回しが早すぎる、ことのたとえ）

【例文】
　Самдан, Найдан хоёр малын хашаа хамтарч барихаар ярилцан тохиролцжээ. Тэгтэл ажлаа эхлэхээр урьдчилан ярилцаж тохиролцсон өдрийнхөө өмнөх орой нь Найдан Самданд: "Бодоод байсан чинь би урьд өмнө нь малын хашаа хороо барилцаж байгаагүй учраас чамд нэмэр

болохоосоо нэрмээс болох нь их байж магадгүй. Чи надаас өөр хүнтэй элбэлцэж хийвэл дээргүй юу?" гэж хэлсэнд, Самдан хэсэгхэн зуур чимээгүй сууснаа: "Ингэж дундаасаа зүрх алдаж, ажил хунараа эхлээгүй байхад эргэж буцахыг чинь би сайн ойлгохгүй байна.

Уул үзээгүй хормой шуух

Ус үзээгүй гутал тайлах гэгчийн үлгэр л болж байгаа юм биш үү?" хэмээн хэлжээ.

　サムダンとナイダンは、家畜の囲い小屋を一緒に建てるように話し合い取り決めた。ところが、仕事を始めようと予め話し合い取り決めた日の前の晩にナイダンがサムダンに「考えてみたら、僕は以前家畜の囲い小屋を一緒に建てたことがないので、君に〈ためになるよりもだめになる〉方が多いかもしれない。君は僕以外の人と協力して作ったらいいじゃないか」と言ったところ、サムダンは暫く黙っていたが、「このように途中からおじけづいて、仕事が始まっていないときに取りやめることは僕にはよく分からない。〈山を見ないで裾をまくる、川を見ないで靴を脱ぐ〉という例えになっているのではないか」と言った。

138. Уулыг цас дардаг
Эрийг нас дардаг

山を雪が圧する
男を年が圧する

【説明】

〝山は雪に圧せられるように、人は年に圧せられる〟というたとえから、一般に〈人は年を取れば、誰でも肉体的、体力的に衰えていくのが世の常である〉という意を示す。

【類義】「年(とし)には勝(か)てぬ」
(年を取れば、肉体も体力も衰え、若いときのようにはいかないものだ、ということ)

【例文】

　Нас сүүдэр ная дөхөж яваа Батжаргал гуай уулын энгэрт гарсан хурга ишгийг уруудуулах санаатай яваад, зам зуураа хэдэнтээ амарч хүрчээ. Түүнийг гэрийнхээ гаднаас дурандаж суусан хөрш айлынх нь өвгөн: "Нас нь ахиад ирэхээр хүн гэдэг амьтан тун өрөвдөлтэй юм даа. Батжаргал гуай залуу байхдаа үнэхээрийн бие хаа сайтай нэгэн байсныг манай нутгийнхан андахгүй.
　　Уулыг цас дардаг
　　Эрийг нас дардаг гэдэг ёстой үнэн юм даа" хэмээн бодсон байна.

　年齢が80近くのバトジャルガルさんは、山の南斜面にのぼった子羊や子山羊を下に下ろすつもりで出かけ、途中何回か休んで(上に)着いた。彼のことを自分の家の外から双眼鏡で見て座っていた隣の家の老人が「年を取ってくると、人というのはと

てもかわいそうだよ。バトジャルガルさんは、若いときは本当に体が丈夫な人だったことを、うちの地元の者はよく知っている。〈山を雪が圧する、男を年が圧する〉というのはまさに本当のことだね」と思ったのである。

139. Уулын буга үзээд
Унасан бухаа хаях

山の鹿を見て
自分の乗った種牛を捨てる

【説明】

〝山の鹿を見て、自分の乗った種牛を捨てる〟というたとえから、一般に〈他の新しいものに目がくらんで、自分の元のものの大切さを見失う〉という意を示す。

【類義】「鹿を逐う者は山を見ず」

(一つの事に熱中するあまり、他の事が全く目に入らない、の意)

「欲に目見えず」

(欲に目がくらんで理性を失う、ということ)

【例文】

Цэцгээ Сүрэнтэй үерхэж эхлээд, хагас жилийн нүүр үзэж байгаа билээ. Гэтэл саяхнаас компанид нь шинээр ажилд орсон нэгэн залуутай сүрхий ойр дотно болсныг гадарласан найз хүүхнүүд нь:

"*Уулын буга үзээд*

Унасан бухаа хаях гэгчийн үлгэрээр хөөрхий муу Сүрэнг тоохоо больсон гэнэ. Цэцгээ хүний мөсөөр базаахгүй этгээд юмаа" гэхчлэн өөр хоорондоо ярилцах болжээ.

ツェツゲーは、スレンと交際し始めて、半年が経っていたんです。ところが、つい最近、彼女の会社に新しく就職した一人の若者とすごく親密になったことに気づいた彼女の友達の女性たちは、「〈山の鹿を見て、自分の乗った種牛を捨てる〉という例えのように、かわいそうにスレンを相手にしなくなったそうだ。ツェツゲーは人間性がよくないやつだ」などとお互いに話し合うようになった。

140. Үг олдож
　　　Үхэр холдох

言葉が多すぎて
牛が遠ざかる

【説明】
　"つい話しこんでしまい、連れてきた牛が遠くへ行く"というたとえから、一般に〈本来すべき事柄を忘れ、つい話に夢中になってしまい、仕事などに支障をきたす〉という意を示す。
　これは、主に人の家でつい長話をして、長居してしまったときに用いる表現である。

【類義】「油を売る」
（昔、油売りが世間話をしながら商売したことから、仕事の途中で無駄話をして怠ける、ということ）
　　　　「道草を食う」
（馬が道端の草を食べていて目的地へ行くのが遅くなるの意から、途中で余計なことをして、時間をむだにする、ということ）

【例文】
　Болдбаатарынд айлчилж ирээд авгайтай нь энэ тэрийг ярилцаж суусаар явъя хэмээн бодож байсан цаг нь аль

хэдийнээ өнгөрсөнд Наранчимэг гэнэт ухаан орсон юм шиг: "Өө ийм орой болчихсоныг ердөө анзаарсангүй.

Үг олдож

Үхэр холдох гэгчийн үлгэрээр хамаг ажил маань баларлаа" хэмээн хэлж, гэр лүүгээ яаран явлаа.

ボルドバータルの家に客としてやって来て、彼の奥さんとあれこれ話をしながら、行こうと思っていた時間がもうとっくに過ぎたので、ナランチメグは突然気がついたかのように「まあ、こんな遅くなってしまったことに全く気づかなかったわ。〈言葉が多すぎて牛が遠ざかる〉という例えのように、すべての仕事がだめになるわ」と言って、自分の家へ急いで行った。

141. Үд болтол унтаж
Үхрийн дуугаар сэрэх

昼間まで寝て
牛の声で目覚める

【説明】

"昼間まで寝て牛の声で目覚める"というたとえから、一般に

〈朝遅くまで寝ている怠け者〉を指して言う。
【類義】「宵っ張りの朝寝坊」
(夜ふかしをして、朝は遅くまで寝ている人のこと)
【例文】

　Бүтэн сайн өдрийн 12 цагийн үед боссон бага хүүдээ ээж нь: "Яасан ханадаггүй нойртой амьтан бэ?
　　Үд болтол унтаж
　　Үхрийн дуугаар сэрэх гэдэг л болж байна даа. Ингэж их унтсан хүн чинь өнөө орой мөддөө унтахгүй дээ" гэж хэлэнгээ, цай аягалж өгөв.

　日曜日の12時頃に起きた下の息子に母親は、「何てきりのない寝坊さんなの。〈昼間まで寝て牛の声で目覚める〉というふうだね。こんなにたくさん寝た人は今晩すぐには寝ないね」と言いながら、お茶を入れてやった。

142. Үнэн үг хэлсэн хүнд хүн өшөөтэй
　　 Үхэр унасан хүнд нохой өшөөтэй

真実を言った人に人は恨みをもつ
牛に乗った人に犬は敵意をもつ

【語句】
　• үхэр …《牛》、ここでは特に шар《去勢した雄牛》を指す。
【説明】

　"牛に乗った人に対し、犬は敵意を抱き激しく吠え、まとわりつくように、本当の事を言ってくれた人に対し、人は逆に恨みを抱くようになる"というたとえから、一般に〈人は他人から忠告を受けると、たとえそれが真実を衝いていても素直に聞き入れにくく、かえってその人に恨みさえ抱くようになる〉とい

う意を示す。
【類義】「忠言耳に逆らう」
(人の欠点や過ちを指摘していさめる言葉は、素直に聞き入れにくいものだ、ということ)
【例文】

　Батбилэг ажлаасаа ирээд, оройн хоолоо идэх зуураа : "Сонсоход таагүй ч гэсэн ажил хэрэгт ач тустай шударга үнэн зүйлийг шулуухан хэлчихдэг хүнд манай компанийн шинэ удирдлагууд тун дургүй байдаг бололтой.

　　　Үнэн үг хэлсэн хүнд хүн өшөөтэй

　　　Үхэр унасан хүнд нохой өшөөтэй гэдэг яасан голы нь олсон сайхан үг вэ ? Хөөрхий муу Адьяа зарчимч шүүмжлэлийг хэнээс ч айхгүй хэлчихдэг болохоор нь түүнийг элдвээр өөчилсөөр байгаад ажлаас нь халчихлаа" гэж авгайдаа сонин болгон хуучилжээ.

　バトビリグは仕事から帰ってきて、夕食を食べながら、「聞くのは不愉快でも、仕事に役立つ正直な事を直接言ってしまう人にうちの会社の新しい指導者たちはとても嫌いなようだ。〈真実を言った人に人は恨みをもつ、牛に乗った人に犬は敵意をもつ〉というのは何と的を射たすばらしい言葉だろう。かわいそうにアディヤーは、原則論的な批判を誰にも恐れずに言ってしまうので、彼にいろいろと難癖をつけながら、首にしてしまった」と自分の奥さんに変わった出来事として話した。

143. Үнэнээр явбал
Үхэр тэргээр туулай гүйцдэг

正直に行けば
牛車で兎に追いつく

【説明】

"正直に行けば牛車で兎に追いつく"というたとえから、一般に〈人は正直に歩んで行けば、いつかは必ず目的に達することができる〉とか〈目的に達するには、結局、正直であることが一番大切だ〉という意を示す。

【類義】「正 直の頭に神宿る」
(正直な人には必ず神の助けがある、ということ)

【例文】

Биднийг бага сургуулийн сурагч байхад анги удирдсан багш маань : "Та бүхэн аливаа юманд үнэнч шударгаар хандаж сурах хэрэгтэй. Худал хуурмаг явдалтай хүнийг өнгөцхөн харвал зарим нэгэн үед хурдан шаламгай мэт санагдавч, баталгаатай сайн ирээдүйтэй гэхэд үнэхээрийн хэцүү юм. Үүнтэй холбогдуулж хэлэхэд :

Үнэнээр явбал

Үхэр тэргээр туулай гүйцдэг гэсэн үг байдгийг хэзээ ямагт санаж яваарай. Үнэн явдал бол хамгаас хүчтэй шүү" хэмээн сургамжлан захидаг байж билээ.

私たちが小学生だったとき、担任の先生は「みなさんはすべてのことに正直に対処するよう学ばなければならない。うそ偽りの行動をする人を表面的に見ると、あるときにははやく機敏

なように思えても、確実なよい将来があるとは本当に言いがたい。これと関連づけて言うと、〈正直に行けば牛車で兎に追いつく〉という言葉があることをいつも常に覚えておきなさい。真実の行動は何よりも強いよ」と教え諭して言っていたんですよ。

144. Үхрийн сүүлэн дээр хутга

牛の尻尾の所でナイフが

【語句】

Үхрийн сүүлэн дээр хутга хугарах （牛の尻尾の所でナイフが折れる）という表現の不完全形式である。

【説明】

"牛の皮（үхрийн шир）をナイフではいでいて、最後の尻尾のところでナイフが折れてしまう"というたとえから、一般に〈物事が首尾よく順調に進んでいて、まさに成就する直前になって、何らかの障害が生じたり、うまく行かなくなる〉という意を示す。

【類義】「磯際で船を破る」

（船が港に入る直前に難破してしまうの意から、物事が完成する直前に失敗してしまう、ということ）

【例文】

Хагас сайн өдөр Гонгор, Хонгор хоёр өдөржингөө гар хөрөөгөөр түлшнийхээ модыг хөрөөджээ. Гэтэл модоо хөрөөдөөд бараг дуусахын үед аав нь таньдаг айлаасаа цахилгаан хөрөө гуйж авчирсанд, эмээ ээж нь: "Чи үүнийгээ эртхэн шиг аваад ирсэн бол тун зүгээр байж дээ. Ёстой нөгөө

Үхрийн сүүлэн дээр хутга гэдгийн үлгэр л

болж байна даа. Тэртэй тэргүй хөрөөдөөд дуусч байгаа юм чинь цахилгаан хөрөө хэрэглээд хоёрын хооронд биш үү" хэмээн хэлсэнд, ач нар нь нэгэн зэрэг "Нээрээ тийм дээ" гэцгээжээ.

　土曜日、ゴンゴルとホンゴルは、一日中のこぎりで薪を切った。ところが、木を切ってほとんど終わる頃に、彼らの父親が知り合いの家から電動のこぎりをお願いして持ったきたところ、彼らのおばあさんが「おまえはそれを早いうちに持ってきたら、とてもよかったのに。まさに例の〈牛の尻尾の所でナイフが〉という例えのようだね。いずれにせよ、のこぎりで切って終わりかけているんだから、電動のこぎりを使っても中途半端じゃないか」と言ったら、彼女の孫たちは、同時に「本当にそうだね」と言った。

- -аад[4] хоёрын хооронд　〜しても中途半端である

145. Үхсэн буурын толгойноос
Амьд ат айдаг

死んだ種ラクダの頭を
生きている去勢ラクダが恐がる

【同義】

Хоосон буунаас 　　空の銃を
Хорин хүн айдаг 　　二十人が恐がる

これは〈元々人に危害を加える恐ろしいものは、その効力を失った後も、依然恐ろしく思えるものだ〉という意を示す。

【説明】

"種ラクダは気性が激しくどう猛なので、その死んだ頭にでさえ、生きている去勢ラクダは恐がるものだ" というたとえから、一般に〈かつて威厳があった者は、すでにその力を失っても、依然人を恐れさせるものだ〉という意を示す。

【類義】「死せる孔明生ける仲達を走らす」

(すぐれた偉大な人物は、死んだ後も生きている者を恐れさせる、ということ)

【例文】

Ховд аймгийн засаг даргаар арав гаруй жил ажиллаад, өнгөрсөн намар тэтгэвэртээ гарсан Лувсан гуай "Баянбулаг" хэмээх газарт хаваржиж байсан ямаачин айлд гэв гэнэтхэн зочилж ирсэнд, тэр хавийн малчид эвэртэй туулай үзсэн юм шиг гайхахын ихээр гайхаж, айхын ихээр айцгаажээ. Энэ байдлыг гадарласан Лувсан гуай тоглоом наргиан болгон: "Та нар чинь юундаа ингэж сандарч айцгаагаад байгаа юм бэ?

Үхсэн буурын толгойноос
Амьд ат айдаг гэдгийн үлгэр арай ч болоогүй байлгүй дээ" хэмээн хэлсэн байна.

ホブドアイマグの知事として10年余り働いて、昨年の秋、年金生活に入ったロブサンさんが、"バヤンボラグ"という所で春を過ごしていた山羊飼いの家にいきなり突然客としてやって来たところ、そのあたりの牧民たちは、幽霊("角のある兎")でも見たかのように、驚きに驚き、恐れに恐れた。この状態に気づいたロブサンさんは冗談のつもりで「みなさんはどうしてこんなにあわてて恐がっているんですか。〈死んだ種ラクダの頭を生きている去勢ラクダが恐がる〉という例えにまだなっていないんじゃないのか」と言ったのである。

- эвэртэй туулай үзсэн юм шиг　("角のある兎を見たかのように"が原義)(驚きのあまり)茫然自失となる

146. Хайр нь дотроо
Хал нь гаднаа

愛情は内に
厳しさは外に

【説明】

"愛情は内に秘め、厳しさは外に現せ"というたとえから、一般に〈子供をしつけるときは、内面は愛情をもって外面は厳しく育てよ〉という意を示す。

【類義】「打たれても親の杖」
(たとえ親に杖で打たれても、それは子を思う愛情から生まれたものであり、ありがたいものだ、ということ)

「獅子の子落とし」

— 200 —

（自分の子にわざと苦しい試練を与えてその才能をためし、立派な人間に育てる、ということ）
【例文】

　Гомбо ажлаасаа харьж ирэхэд, дөрвөн хүүхэд нь: "Ээждээ зөндөө их загнуулсан" гэсэн бөөн гомдол хэлсээр угтан очжээ. Гомбо хувцас хунараа хөнгөлснийхөө дараа хүүхдүүддээ: "Ямарваа хүн чинь итгэсэн хамгийн дотно хүндээ л хамаа намаагүй ширүүн үг хэлчихдэг юм шүү дээ. Та нарыг сайн хүн болоосой! гэсэндээ л ээж чинь ийнхүү ширүүлэн загнасныг зөвөөр ойлгох хэрэгтэй.

　Хайр нь дотроо

　Хал нь гаднаа гэдэг эртний зүйр цэцэн үг байдаг юм. Хөөрхий муу ээж чинь наанаа загнасан ч гэсэн, цаанаа дандаа та нарын төлөө л байдгийг нь хэзээ ч бүү мартаарай!" хэмээн аргадах, сургамжлахыг хослуулан хэлсэн байна.

　ゴンボは仕事から帰ってくると、四人の子供が「お母さんに随分たくさん叱られた」といったひどい不満を言いながら、迎えに行った。ゴンボは身軽な服装にしてから、自分の子供たちに「どんな人も、信用した最も親しい人にだけむやみやたらに厳しい言葉を言ってしまうものだよ。おまえたちのことをいい人になってほしいと思ったからこそ、お母さんはこんなに厳しく叱ったことを正しく理解しなければならない。〈愛情は内に、厳しさは外に〉という昔のことわざがある。かわいそうにお母さんは、表面では叱っても、内面ではいつもおまえたちのためだけにあることを決して忘れないように」となぐさめるのと教え諭すのを合わせて言ったのである。

147. Хал үзэж
Халуун чулуу долоох

つらい目に会って
熱い石をなめる

【同義】

Хал үзэж　　　　　　　つらい目に会って
Хашир таних(～суух)　　経験を積む

【説明】

"つらい目に会って熱い石をなめる"というたとえから、一般に〈世の中の様々なつらい目に会って、人生の経験を積む〉という意を示す。

【類義】「辛酸を嘗める」

(様々な苦しい経験をする、ということ)

【例文】

Эмгэн：Балбарынхаар origoд ирэв үү? Тэднийх ямаршуухан байна даа?

Өвгөн：Эдийн засгийн хямралын энэ хүнд бэрх үед амьдрал ахуй нь тийм ч сайнгүй байгаа бололтой.

Эмгэн：Хэдэн хүүхэд нь идэж уух хоол ундтай, өмсөж зүүх хувцас хунартай байна уу?

Өвгөн：Тэр ч нэг муу юм байлгүй яахав. Харин ч Балбар хар багаасаа өнчин өрөөсөн өсч,

　　　Хал үзэж

　　　　Халуун чулуу долоож яваа амьтан болохоороо яаж ийгээд болгоод л байгаа нь

аштай юу даа. Хүүхдүүддээ гутал авч өгөөрэй !
гэж хэдэн төгрөг өглөө.

Эмгэн： Болж, болж.

おばあさん：バルバルの家に行ってきたの？　彼の所はどんなふうなの？

おじいさん：経済危機のこの厳しい時期に暮らしぶりはそんなによくないようだ。

おばあさん：彼の子供たちには食べ物、飲み物や着る服などあるの？

おじいさん：それはもちろん何とかあるにはあるんだ。しかし、バルバルは、ずっと小さい頃から孤児で育ち、〈つらい目に会って、熱い石をなめて〉いる人なので、どうにかこうにかやっているのはいいことだね。子供たちに靴を買ってあげなさいと何トグルグかあげたよ。

おばあさん：それはよかった。

148. Хар гэртээ хаан
Бор гэртээ богд

黒いわが家では王様
灰色のわが家では聖人

【語句】
- хар гэр, бор гэр … いずれも《見すぼらしい家》が原義だが、ここでは自分の家をへりくだって言う表現である。

【説明】

"見すぼらしいわが家では、王様であり聖人である"というたとえから、一般に〈どんな家であっても、家の中では、その家

の主人が家庭の支配者として最も権威をもっているものだ〉という意を示す。

【類義】「亭主関白の位（ていしゅかんぱく くらい）」
（一家の主には絶対的な権力がある、ということ）

【例文】

　Уусан архиндаа нэлээн халамцуухан болсон нөхөр нь гэртээ ирсэн зочдыг дэндүү их захирч зааварлаад, томорсон янзтай үг хэлж эхэлсэнд авгай нь санаа зовж "Хүн хараас ичиж зовдоггүй юм уу? Жаахан янзтайхан байгаач дээ" хэмээн сануулан хэлсэнд. нөхөр нь бүр оодорч :

　　"*Хар гэртээ хаан*

　　　Бор гэртээ богд гэдэг үг байдгийг сонсоогүй юү? Би өөрийнхөө хар овоохойд байгаа юм чинь яаж ч аашилсан миний дур" гэж онгирчээ.

　飲んだ酒にかなりほろ酔いかげんになった夫が、家にやって来た客たちを余りにもひどく制し指図して、えらそうな態度で話し始めたので、彼の奥さんは心配し、「人に恥ずかしくない

の？少しおとなしくしていなさいよ」と注意して言ったところ、彼女の夫はもっとつけ上がり、〈黒いわが家では王様、灰色のわが家では聖人〉という言葉があることを聞いたことがないのか。おれは自分のお城("あばら屋")にいるんだから、どのように振舞ってもおれの勝手だ」と威張った。

149. Хашир хүн гэж Хаширсан хүнийг хэлдэг

経験を積んだ人とは
苦い経験をした人をいう

【説明】

"経験を積んだ人とは苦い経験をした人をいう"というたとえから、一般に〈人は幾多の苦しいつらい人生経験を積み重ねながら、そこから生きる教訓を得て老練になっていくものだ〉という意を示す。

【類義】「酸いも甘いも嚙み分ける」

(多くの人生経験を積んで、世の中の裏表を知りつくしている、ということ)

【例文】

Чулуун： Манай хүү өнөөдөр хонио хариулж яваад, чихээ хөлдөөчихөж. Яавал хурдан эдгэх бол？

Саруул： Үнэнийг хэлэхэд, би сайн мэдэхгүй юм байна. Харин чамд нэг сайн арга зааж өгье.

Чулуун： Өө юун сайн юм бэ.

Саруул： Нэг сарын өмнө Төмөрийн охин чихээ хөлдөөсөн гэсэн. Одоо бүүр сайхан эдгэчихсэн явна лээ.

Хашир хүн гэж

Хаширсан хүнийг хэлдэг учраас чи тэднийхээс энэ талаар зөвлөгөө авсан чинь дээр биз дээ хө.

Чулуун: Нээрээ тэгье байз.

チョローン：うちの息子は今日羊を放牧していて、耳が凍傷になってしまった。どうすればはやく治るだろうか。

サロール　：実を言うと、私にはよくわかりませんが、あなたに一ついい方法を教えてあげましょう。

チョローン：ああ、それはよかった。

サロール　：一ヶ月前、トゥムルの娘は耳が凍傷になったそうです。今ではすっかりきれいに治ってしまっているんですよ。〈経験を積んだ人とは苦い経験をした人をいう〉ので、あなたは彼の所から、これについてアドバイスを受けた方がいいでしょうね。

チョローン：そうだ、そうしよう。

150. Хойд хормойгоо авч Урд хормойгоо нөхөх

後ろの裾を取って
前の裾を繕う

【説明】

"後ろの裾の一部を切り取って、前の裾の穴の開いた部分につぎを当てる"というたとえから、一般に〈一時しのぎの手段を取ることにより、何とかその場をうまく取り繕う〉という意を示す。

【類義】「下手の大工で切っては継ぐ」

(下手な大工が材木を切り過ぎて不足を継ぎ足すの意から、その場しのぎの策を講じ何とかする、ということ)

【例文】

　Энэ сард хэрэглэхээр төлөвлөсөн мөнгөө элдэв зүйлд үрж дууссан Дүүриймаа дараа сард хэрэглэхээр ээждээ хадгалуулсан мөнгөнөөсөө хэдэн төгрөг авмаар байгаагаа хэлсэнд, ээж нь : "Нарийн тооцоотой хэрэглэж сурах хэрэгтэй шүү. Үүнийг чинь

　　　Хойд хормойгоо авч

　　　Урд хормойгоо нөхөх гэж хэлдэг юм даа" хэмээн хэлсэн байна.

　今月使うために計画したお金を様々なことにむだ使いしてしまったドゥーリーマーは、来月使うためにお母さんに預けたお金から何トグルグかもらいたい旨を言ったところ、彼女のお母さんは、「綿密に計算して使うよう学ばなければならないよ。このことを〈後ろの裾を取って前の裾を繕う〉というんだよ」と言ったのである。

151. Хонины толгой өлгөөд Нохойн мах худалдах

　　　羊の頭を懸けて
　　　犬の肉を売る

【説明】

　"店頭に羊の頭を懸けて、実は犬の肉を売る"というたとえから、一般に〈見かけと実質が異なるものを用いて、人をだます〉という意を示す。

　モンゴルでは、犬の肉を食べる習慣がないので、このことわ

ざは、中国から入ったものと考えられる。
【類義】「羊頭狗肉」、「羊頭を懸けて狗肉を売る」
（見かけは立派だが、実質が伴わない、ことのたとえ）
【例文】

　Эмээ нь ач хүүгээ хүнсний захаас татсан мах худалдаж авахаар явахад нь：“Ялангуяа татсан мах авахдаа тун болгоомжтой байхгүй бол болохгүй шүү. Хүний мөс чанар эрс муудсан өнөө үед

　　　Хонины толгой өлгөөд

　　　Нохойн мах худалдаж байхдаа сийхгүй хүмүүс мэр сэр байж ч магадгүй дээ”гэжээ.

　おばあさんは、自分の孫息子が食料市場へひき肉を買いに行くとき、「特にひき肉を買うときはとても気をつけないといけないよ。人間性が全く悪くなったこの時期に〈羊の頭を懸けて犬の肉を売って〉いることに何とも思わない人たちがまれにいるかもしれないよ」と言った。

　• сийхгүй　　やりかねない、ためらわない、気にしない

152. Хоноц хоноцдоо дургүй
Хонуулсан айл хоёуланд нь дургүй

泊まり客は泊まり客が嫌い
泊めた家は両方とも嫌い

【語句】
• хоноц …《不意に訪れ宿泊する客、招かれざる泊まり客》

【説明】

〝泊まり客は泊まり客が嫌い、泊めた家は両方とも嫌い〟というたとえから、一般に〈不意の泊まり客は、立ち寄った先にすでに他の泊まり客がいると、互いに好意的に思わないどころか、そのどちらも泊める家の方としては、迷惑であり、歓迎されないものだ〉という意を示す。

これは、主に人の家に二人(以上)の客が泊まるときに用いられる表現である。

【類義】「泣くほど留めても帰れば喜ぶ」
(客が帰るのを熱心に引き止めても、いざ客が帰ると喜ぶのが人の常である、ということ)

【比較】

モンゴル語のことわざは「本音」を、日本語のことわざは「本音」と「建前」の社会を反映している。

【例文】

Хаваржаандаа буугаад төдий л удаагүй байсан Алтангийнд орой нар шингэхийн өмнөхөн мотоциклтой хоёр хүн иржээ. Тэднийг цай ууж суутал, адууны эрэлд яваа морьтой хүн бас иржээ. Орой унтахын алдад мотоциклтой ирсэн хоёрын нэг нь:

"Хоноц хоноцдоо дургүй

Хонуулсан айл хоёуланд нь дургүй гэдэг л яг болж байна даа" хэмээн дотроо бодсон аж.

春営地に宿営してそれほど経っていなかったアルタンの家に夕方、日没直前に、バイクに乗った二人の人がやって来た。彼らがお茶を飲んで座っていると、馬の捜索に出かけている騎乗の人もやって来た。晩寝る頃にバイクに乗ってやって来た二人のひとりが「〈泊まり客は泊まり客が嫌い、泊めた家は両方とも嫌い〉という通りになっているな」と内心思ったのだった。

153. Хотоо чоноор мануулах

家畜小屋を狼に見張らせる

【説明】

"狼に羊小屋の番をさせる"というたとえから、一般に〈全く信頼できない者に物を預けまかせるのは、過ちを犯しかねないという点で非常に危険であり、全く油断ができない〉という意を示す。

【類義】「猫に鰹節」

(好物を近くに置いては油断ができない、ということ)

【例文】

Нягтлан бодогчоор ажилд ороод, нэг бүтэн жил ч болоогүй атлаа Оюунцэцэг дансны аргаар их хэмжээний мөнгө төгрөг идэж ашигласныг компанийн захирал Эрдэнэбат дуулаад, тун эвгүй байдалд оржээ. Тэрээр ёстой нөгөө

"*Хотоо чоноор мануулах*" гэгчийн үлгэр болсноо ухаарч мэдэнгүүтээ, хүнд итгэж найдахад

— 210 —

үнэхээрийн хэцүү болсныг өөрийн биеэр ойлгосон нь лавтай.

会計士として仕事に就いて、まる一年も経っていないのに、オヨンツェツェグは帳簿をごまかして多額のお金を横領したことを会社社長エルデネバトが聞いて、とても困ったことになった。彼は、まさに例の〈家畜小屋を狼に見張らせる〉という例えになったことを認識したとたん、人を信頼するのが本当にむずかしくなったことを身をもって理解したのは確かだ。

- мөнгө төгрөг идэх 　　お金を横領する、使い込む

154. Хошуу нэмэхээр Хуруу нэм

口を加えるよりも
指を加えよ

【語句】
- хуруу нэмэх …《手を貸す、手助けする》

【説明】
"口を加えるよりも指を加えよ"ということから、一般に〈人を手助けするときは、口先だけではなく、実際に行動で示すべきである〉という意を示す。

【類義】「口叩(くちたた)きの手足(てた)らず」
(口だけでは達者だが、仕事はさっぱりできない、ということ)

【例文】
Зуслангийн байшингийнхаа дээврийн хар цаасыг солихоор ням гаригийн өглөө Баярсайхан дөрвөн хүүхдээ дагуулан зуслан дээрээ эртлэн иржээ. Тэгтэл хамгийн бага хүү нь ажил хунарт нэг их сайн туслалцахгүй,

биеийн амрыг харсхийгээд, бас ч зүгээр байхгүй, янз бүрийн онигоо ярьж, бусдыгаа уруу татсаар байжээ. Үүнд санаа зовсон аав нь: "Элдэв долоон юм ярьж, ажилд саад учруулахаа больж үз!

Хошуу нэмэхээр

Хуруу нэм гэдэг юм. Наад хэдэн жижиг хадааснуудаа цөмийг нь сайхан тэгшилчихээрэй!" гэж бага хүүдээ ажил хуваарилж өгчээ.

　自分の別荘の建物の、屋根のタール紙を交換するために日曜日の朝バヤルサイハンは、四人の子供を連れて別荘に早くやって来た。ところが、彼の一番下の息子は、仕事などをそんなにしっかり手伝わず、できるだけ楽をしようとして、また、おとなしくせず、いろいろなジョークを言って、他の人をそそのかしていた。これに心配した彼の父親は「余計なことを話して、仕事に支障をもたらすのはやめなさい。〈口を加えるよりも指を加えよ〉というものだ。そこの何本かの小さな釘をすべてきれいにまっすぐにしなさい」と下の息子に仕事を割り当てた。

・биеийн амрыг харах　　できるだけ楽をしようとする

— 212 —

155. Хөгшин азарга
Жороо сурах

年取った種馬が
跑足を学ぶ

【説明】

"年取った種馬が跑足を学ぶ"というたとえから、一般に〈年寄りが若者をまねて年に不相応な無茶なことをする〉という意を示す。

これは、特に50歳過ぎの男性に対して、若者のまねをして振舞うことを戒める意で用いられることが多い。

【類義】「年寄りの冷や水」

(年寄りが自分の年を考えずに無茶なことをする、ということ)

【例文】

Нас сүүдэр нь дал дөхөж яваа Батнасан гуай соёлын ордонд хичээллэдэг орчин үеийн бүжгийн дугуйланд элсэхээр бүртгүүлжээ. Тэгээд гэртээ ирээд, энэ тухайгаа хэлсэн чинь, авгай нь эрс эсэргүүцэж: "Хөгшин настай хүн байтлаа намбагүйтэж, бүжиг мүжиг гэж хөөрцөглөж явахаасаа ичдэггүй юм уу? Чам шиг эрүү өвдөг нь нийлэх шахсан хүнийг цаад залуучууд чинь хараад,

Хөгшин азарга

Жороо сурах гэдэг ёстой энэ дээ гэж шоолцгоож байгаа даа" гэхчлэн зөндөө загнажээ.

年齢が70近くになっているバトナサンさんは、文化宮殿で行われているモダンダンスのサークルに入るために登録した。そ

して、家に帰って来て、これについて話したところ、彼の奥さんはきっぱりと反対し「年寄りなのに落ち着きもなく、ダンスなどとうきうきしているのが恥ずかしくないの。あなたのように腰がくの字に曲がりかけた者をあの若者たちが見て、〈年取った種馬が跑足を学ぶ〉というのはまさにこれだね、とからかっているかもね」などと随分叱った。

- эрүү өвдөг нийлэх （"あごとひざが一緒になる"が原義）腰がくの字に曲がる、年老いる

156. Хөнжлийнхөө хэрээр хөлөө жий
Адууныхаа хэрээр исгэр

ふとんの範囲で足を伸ばせ
馬の数の範囲で口笛を吹け

【語句】
- адууныхаа хэрээр…《馬の頭数によって、馬の数の大小によって》（＝адууныхаа тоо толгойгоор）の意。
- 話し言葉では、単に1行目だけで表現することが多い。

【説明】
"ふとんの大きさに応じて足を伸ばせ、馬の頭数に応じて口笛を吹け"というたとえから、一般に〈人は自分の技量・力量の範囲内で物事を行うべきであり、決して背伸びしてはいけないものだ〉という意を示す。

【類義】「蟹は甲羅に似せて穴を掘る」
（人は分相応の言動をするものだ、ということ）

【例文】
Нэг байранд амьдардаг хувийн машинтай гурван айл зуныхаа амралтаар Архангай, Дундговь аймгийн

нутгуудаар айраг цагаа ууж идэнгээ, ан гөрөө хийж, цугтаа амрахаар ярилцан тохиролцжээ. Үүнийг дуулсан Хүрэлбаатар: "Эд нартай хамт явдаг юм билүү?" гэж гэрийнхэндээ хэлсэнд, хадам аав нь: "Өөрийн гэсэн машин унаагүй байж, яаж явах юм бэ? Ер нь хүн өөрийнхөө бодит бололцооноос хэт илүү юманд дэмий санаархвал амьтан хүний элэг доог болохоос цаашгүй.

Хөнжлийнхөө хэрээр хөлөө жий

Адууныхаа хэрээр исгэр гэдэг зүйр цэцэн үг байдгийг эрхбиш сонссон байлгүй дээ" хэмээн илэрхий дургүйцэж байгаагаа шуудхан хэлсэн байна.

同じ棟に住む自家用車を持っている三つの家族が夏休みにアルハンガイやドンドコビ・アイマグの地方を馬乳酒・乳製品を飲んで食べながら、狩りをして、一緒に休暇を過ごすよう話し合い取り決めた。これを聞いたフレルバータルは「この人たちと一緒に行こうかな」と自分の家の者に話したところ、彼の義理の父親が「自分のための車さえないのに、どうやって行くんだい。そもそも人は自分の実際の可能性よりもあまりに上のものをやたら求めすぎると、人の笑いものになるだけだ。〈ふとんの範囲で足を伸ばせ、馬の数の範囲で口笛を吹け〉ということわざがあることをきっと聞いたはずだよ」と明らかに嫌がっていることをじかに言ったのである。

157. Хуурамч хүний хөөрхий олон
Худалч хүний нээрэн олон

偽善者の「かわいそうに」は多い
嘘つきの「本当だ」は多い

【説明】

"偽善者は人に対して「かわいそうに」とやたら心配して見せることが多いし、嘘つきは人に対して「本当だ」と連発して人をだますことが多い"というたとえから、一般に〈内心でよくないことを考えている人ほど、口先ではうまいことを言って自分をよく見せたり、人をだましたりすることが多い〉という意を示す。

【類義】「口と心は裏表」
(口で言っていることと心で考えていることとが全く違っている、ということ)

【例文】

Цэцэг： Манай хэлтсийн даргын амнаас хамгийн олон удаа гардаг үг бол "нээрэн", "нээрээ тийм" хоёр л байхаа.

Чимэг： Иймэрхүү үгийг олонтоо хэлж ярьдаг хүнийг

Хуурамч хүний хөөрхий олон

Худалч хүний нээрэн олон гэж шүүмжлэх нь бий.

Цэцэг： Ортой ч байж магадгүй дээ.

ツェツェグ：うちの課長の口から最もたくさん出る言葉は、「本当だ」と「本当にそうだ」だけでしょう。

チメグ　　：そんな言葉を何度もしゃべる人を〈偽善者の「か

わいそうに」は多い、嘘つきの「本当だ」は多い〉
　　　と批判することがあります。
ツェツェグ：もっともかもしれないね。

158. Хуурсаар хуурсаар худалч
　　　Хумсалсаар хумсалсаар хулгайч

　だましながらだましながら嘘つき
　盗みながら盗みながら泥棒

【説明】
　〝だましながらだましながら嘘つきとなり、盗みながら盗みながら泥棒となる〟というたとえから、一般に〈何事も小さな悪事がきっかけとなって、、ついには大きな悪事に発展してしまうものだ〉という意を示す。
【類義】「嘘つきは泥棒の始まり」
（嘘を平気でつくようになると、やがては泥棒のような悪事も平気で行うようになる、ということ）

【例文】

　Батсүх хичээлээсээ харьж ирээд, гэрийн даалгавраа хийхгүй, найзтайгаа шатар тоглосоор үдэш болгожээ. Аав нь: "Даалгавраа бүрэн хийсэн үү?" хэмээн асуусанд, Батсүх: "Хийсэн" гэж хээвнэг худлаа залжээ. Гэрийн даалгавраа хийгээгүйг нь сайн мэдэж байгаа ээж нь: "Юундаа худлаа яриад байгаа юм бэ?

　Хуурсаар хуурсаар худалч

　Хумсалсаар хумсалсаар хулгайч болдог гэдэг юм. Ингэж улайм цайм битгий худал ярьж бай! Наад тоглоомоо больж үз!" хэмээн загнажээ.

　バトスフは、授業から帰って来て、宿題をしないで、自分の友達とチェスをしながら夕方になった。彼の父親が「宿題をしてしまったのか」とたずねると、バトスフは「したよ」と平気でうそをついた。宿題をしていないことをよく知っている彼の母親は「どうしてうそをついているの。〈だましながらだましながら嘘つき、盗みながら盗みながら泥棒〉になるというわ。このようにしらじらしいうそをつかないで。その遊びはやめなさい」と叱った。

159. Хүн ахтай
Дээл захтай

人に長あり
衣に襟あり

【同義】

Ах нь сургадаг	兄は教える
Дүү нь сонсдог	弟は聞く

【説明】

"デール（モンゴルの民族衣装）に必ず襟があるように、人には必ず年長者がいる"というたとえから、一般に〈人は世の中の規律を守り、年長者を敬わなければならない〉という意を示す。

これは、主に年長者のそばでは、どんなときも、まず年長者を敬って行動するよう注意をうながす場面で用いられることが多い。

【類義】「雁に長 少の列あり」

(雁は年齢の順に並んで飛ぶといわれるように、人間も目上の人を敬い、礼儀をつくさなければならない、ということ)

【例文】

Үхэрчин Ганцогийнх отгон хүүгийнхээ даахийг авах найрыг намрын дунд сарын 18-ны Балжинням, Дашням давхацсан өлзийт сайн өдөр хийв. Хамаатан садан, хавь ойрынх нь хүмүүс цугларч гүйцсэний эцэст, найрын ахлагч Төвшин: "Хуран цугларсан та бүхний амар амгаланг айлтгая.

Хүн ахтай

Дээл захтай байдаг уламжлалт ёсыг дагаж, зуу насалж, зургаадай таяг тулж яваа Батжаргал гуай та хүүгийн даахинд эхэлж хүрнэ үү?" гэж хэлэнгээ, мэлтэлзсэн сүүтэй мөнгөн аягыг алд цэнхэр хадаг, хайчийн хамт түүнд гардуулан өгөв.

牛飼いガンツォグの家は、自分の末っ子の断髪式の宴会を、秋の中の月の18日、大安・吉日が重なった縁起のよい日に行った。親類親戚や近くの人たちがすっかり集まった後で、宴会の幹事トブシンは、「お集まりいただいた皆さんの御健勝をお喜び

申し上げます。〈人に長あり、衣に襟あり〉という伝統的慣習に従い、長生きし藤(とう)の杖をついておられるバトジャルガルさん、あなたが子供のうぶ毛に最初に手を触れて下さい」と言いながら、ミルクのいっぱい入った銀のお椀を、一尋(ひろ)の水色のハダグ(絹布)やはさみとともに、彼に手渡してあげた。

160. Хүн болгон адилгүй
Хүлэг болгон жороогүй

人はすべて同じではない
馬はすべて跑足ではない

【説明】

〝馬はすべて立派な跑足馬ではないように、人はすべて何事にも同じではない〟というたとえから、一般に〈人はそれぞれ独自の個性を持っており、考えや性格、才能などすべての点で異なるものだ〉という意を示す。

【類義】「十人十色(じゅうにんといろ)」

(人はそれぞれ何事においても異なるものだ、ということ)

【例文】

Техникийн их сургуулийн ректоратын зөвлөлийн өргөтгөсөн хурал дээр сургалтын албаны дарга Амгалан : "Их дээд сургуулиудын урлагийн их наадамд нэгдүгээр курсийн бүх оюутнуудыг оролцуулбал илүү сонирхолтой биш үү ?" гэсэн санал гаргасан боловч олны дэмжлэг авсангүй. Хуралд оролцогчдын олонх нь :

"*Хүн болгон адилгүй*

Хүлэг болгон жороогүй байдаг учраас цөөн хэдхэн авьяастай оюутныг сонгон оролцуулбал зүгээр" гэцгээсэн байна.

　技術大学の学長事務局拡大会議で、教務課長アムガランが「大学の芸術祭に一年生のすべての学生たちを参加させればもっとおもしろいんじゃないか」といった意見を出したが、みんなの支持を得なかった。会議の参加者たちの大部分は、「〈人はすべて同じではない、馬はすべて跑足ではない〉ので、少ない何人かの才能ある学生を選んで参加させればよい」と言ったのである。

161. Хүн болох багаасаа
　　 Хүлэг болох унаганаасаа

　　人となるのは幼少から
　　駿馬となるのは子馬から

【説明】
　〝人となるのは幼少から分かる、駿馬となるのは子馬から分かる〟というたとえから、一般に〈後に大成するような非凡な人間は、子供の頃からすでに他とは異なるすぐれたところが見うけられるものだ〉という意を示す。

【類義】「栴檀(せんだん)は双葉(ふたば)より芳(かんば)し」
（将来大成する人は、幼いときからすぐれたところがある、ということ）

【例文】
　Уралдааны морь унахдаа хэнээс ч илүү сэргэлэн цовоо Тулгаагийн аавд нутгийнх нь нэгэн өвгөн: "Танай хүү шиг хурдан моринд иим гарамгай хүүхдийг анх удаагаа л харж байна.

Хүн болох багаасаа

Хүлэг болох унаганаасаа мэдэгддэг гэдэг чинь ёстой үнэн үг шүү. Хүү чинь өсч том болоод, мөн ч овсгоо самбаатай сайн эрийн нэг болно доо" хэмээн хэлжээ.

競走馬に乗るときは、誰よりも最も元気のいいトルガーの父親に、彼の地元の一人の老人が「おたくの息子さんのように競馬にこんなにずばぬけた子供を生まれて初めて見たよ。〈人となるのは幼少から、駿馬となるのは子馬から〉分かるというのは、まさに本当のことだよ。息子さんは、成長し大きくなって、本当に頭の切れる立派な男の人になるね」と言った。

162. Хүн гэмээ мэддэггүй
Тэмээ гэдгэрээ мэддэггүй

人は自分の過ちを知らない
ラクダは自分の反り身を知らない

【語句】
- гэдгэр …《反りかえった；横柄な》（＜гэдийх《反りかえる》）

【説明】

〝人は自分の過ちを知らない、ラクダは自分の反り身を知らない〟というたとえから、一般に〈人は自分の欠点には気づかないものだ〉という意を示す。

ここでは、ラクダの反りかえった姿を、人間の横柄な態度になぞらえて表現している点がおもしろい。

【類義】「自分の盆の窪は見えず」

（自分の欠点や短所は、自分ではわからないものだ、ということ）

【例文】

Сүүний үйлдвэрийн ажилчдын цуглаан дээр нэлээн олон хүн ажлын ололт дутагдлын талаар санал сэтгэгдлээ ний нуугүй ярьцгаажээ. Хамгийн сүүлд цуглааныг хааж үг хэлсэн үйлдвэрийн ерөнхий инженер Чулуун : "Олон хүний санаа оноог сонслоо. Үг хэлсэн хүмүүс бараг цөмөөрөө бусдын дутагдалтай талд л гол анхаарлаа хандуулсан аястай үг хэллээ. Аливаа хүн өөрийнхөө дутагдалтай муу талыг таньж мэдэхдээ тун тааруухан байдаг учраас л

Хүн гэмээ мэддэггүй

Тэмээ гэдгэрээ мэддэггүй гэдэг зүйр цэцэн үг үүссэн байж магадгүй" гэжээ.

ミルク工場の労働者たちの集会で、かなりたくさんの人が仕事の成果や欠点に関して意見や感想を率直に述べた。一番最後に閉会の言葉を述べた工場の主任技師チョローンが「たくさんの人の考えを聞きました。話をした人たちは、ほとんどすべて他人の欠点ある点だけに主な注意を向けた感じのことを言いました。どんな人も自分の欠点ある悪い点を認識するのはとても

苦手だからこそ、〈人は自分の過ちを知らない、ラクダは自分の反り身を知らない〉ということわざが生まれたのかもしれない」と言った。

163. Хүн нэрээ
Тогос өдөө

人は名を
孔雀(くじゃく)は羽を

【語句】
- нэр …《名誉、名声》（＝нэр төр）の意。
- нэрээ, өдөө の後には、それぞれ各行、хайрлаж хамгаалах (хэрэгтэй)《大切に守る（必要がある）》が省略されていると考えられる。

【説明】
　〝孔雀は羽を、人は名を大切に守らなければならない〟というたとえから、一般に〈人間にとって名誉、名声は何にもまして大切なものであり、決して名を汚さないよう守っていかなければならない〉という意を示す。

【類義】「虎(とら)は死(し)して皮(かわ)を留(とど)め、人(ひと)は死(し)して名(な)を残(のこ)す」
（虎は死後、美しい皮を残すが、人も死後、立派な名を残すような生き方をしなければならない、ということ）

【例文】
　Уралдаант шалгалтанд өндөр оноо авч, гадаад улсад явж суралцахаар болсон ач хүүдээ өвөө аав нь : "Хүний нутагт аав ээжээсээ хол амьдрах нь тийм ч амаргүй дээ хө.　*Хүн нэрээ*

　　　Тогос өдөө бодож явахгүй бол сэвтэж муудах

нь амархан байдаг юм. Наанадаж өөрийнхөө нэр төр, цаанадаж улс орныхоо нэр төрийг хайрлан хамгаалж, эрдэм их сураарай! Эрдэмд оройгүй шүү" хэмээн сургамжлан хэлжээ.

選抜試験に高得点を取り、外国に行って勉強することになった自分の孫息子に彼のおじいさんが「よその土地で自分の両親から離れて暮らすのはそんなに簡単じゃないよ。〈人は名を、孔雀は羽を〉考えて行かなければ、名にきずがついて悪くなるのは簡単なことだ。少なくとも自分の名を、できれば自分の国の名を大切に守って、学問をたくさん学びなさい。学問に頂なしだよ」と教え諭して言った。

164. Хүн хэдий сайн ч хэлэхээс наашгүй
Цаас хэдий нимгэн ч чичихээс наашгүй

人はいくら立派でも言わないうちは気がつかない
紙はいくら薄くても突かないうちは穴があかない

【語句】
- -хаас⁴ нааш … 《～しないうちは、～しないと》
- この形式は次の完全形式の省略形と考えられる。
  Хүн хэдий сайн ч хэлэхээс нааш санахгүй
  Цаас хэдий нимгэн ч чичихээс нааш цоорохгүй

【説明】

"人はいくら立派でも言わないうちは気がつかない(わからない)、紙はいくら薄くても突かないうちは穴があかない(破れない)" というたとえから、一般に〈どんな立派な人でも、必ず欠点や短所はあるもので、それを他人がはっきりと口に出して言ってやらないと本人は気づかないものだ〉という意を示す。

これは、どんな人にも必要な忠告や助言を与えることが大切だ、ということを説いたものである。
【類義】「自分の盆の窪は見えず」
（自分の欠点や短所は、自分ではわからないものだ、ということ）
【例文】

　Цэцэгмаа хичээл номондоо гаргууд сайн боловч гэр орны ажилд үнэхээрийн маруухан учраас гэрийнхэн нь үргэлж санаа зовдог байж. Тэгээд нэг өдөр Цэцэгмааг хичээлээсээ харьж ирээд, цай хоолоо ууж идсэний дараа эмээ нь: "Миний охин гэр орны ажилд одооноос гавшгайлан суралцахгүй бол хойшдоо хэцүүдэж магадгүй шүү.

　Хүн хэдий сайн ч хэлэхээс наашгүй

　Цаас хэдий нимгэн ч чичихээс наашгүй
гэдэг юм. Эмээгээ шал дэмий үглэж байна гэж битгий санаарай даа" хэмээн их л аргадангүй байдалтай хэлжээ.

　ツェツェグマーは、勉強がずば抜けてできるのに、家事が本当に苦手なので、彼女の家の人たちはいつも心配していた。そして、ある日ツェツェグマーが授業から帰って来て、食事をし

た後、彼女のおばあさんが「おまえさんは家事を今から一生懸命に学ばないと、将来大変になるかもしれないよ。〈人はいくら立派でも言わないうちは気がつかない、紙はいくら薄くても突かないうちは穴があかない〉というものです。おばあちゃんが全く意味もなくぶつぶつ言っているとは思わないでね」とたいそうなだめた様子で言った。

165. Хүний бага нь хөдөлж
Шувууны бага нь жиргэдэг

人は若いのが動き
鳥は若いのがさえずる

【説明】

"鳥は若いのがよくさえずるように、人は年の若い者がよく動かなければならない"というたとえから、一般に〈年上の人の前では、まず一番年下の者が先に行動し、礼儀をつくさなければならない〉という意を示す。

このことわざは、特に若者に対し、道徳心、礼儀の大切さを説いたものである。

【類義】「礼儀は下から慈悲は上から」

（礼儀は目下の者から目上の人へ尽くすべきものであり、慈悲は上に立つ人が下の者に対して施すべきものである、ということ）

【例文】

Бат, Болд, Дорж гурав ням гаригийн амралтын өдөр жимс түүхээр явжээ. Тэгтэл замдаа түр үдэлж амарсан голын эрэг дээр Болд малгайгаа мартчихсанаа дөрвөн зуугаад метр яваад гэнэт санажээ. Болд: "Та хоёр эндээ түр амарч бай! Би буцаж яваад малгайгаа аваад ирье" гэсэнд, Дорж : "Та яах нь вэ ? Нас нь залуу, цус нь шингэн, хөл нь хөнгөнөөрөө Бат явбал арай л хурдан байх.

Хүний бага нь хөдөлж

Шувууны бага нь жиргэдэг жам хуультай юм хойно яая гэхэв" хэмээн хэлж, Батыг Болдын малгайг авчруулахаар явуулжээ.

バト、ボルド、ドルジの三人は、日曜の休日に果物取りに出かけた。すると、途中少し昼休みをした川岸で、ボルドは自分の帽子を忘れてしまったことを400メートルほど行って、突然思い出した。ボルドは「あなたたちはここで少し休んでいなさい。僕は戻って行って、帽子を取ってこよう」と言ったところ、ドルジは「あなたはいいよ。年が若く血が薄く、足が軽いので、バトが行ったら少しははやいでしょう。〈人は若いのが動き、鳥は若いのがさえずる〉のが当たり前だから、しようがないよ」と言って、バトをボルドの帽子を持ってこさせに行かせた。

166. Хүний гараар
Могой бариулах

人の手で
蛇を捕えさせる

【説明】

〝自分の手で直接蛇を捕えるのではなく、人の手で蛇を捕えさせる〞というたとえから、一般に〈自分の目的のために、人を利用して悪いことや危険なことをさせる〉という意を示す。

【類義】「人の褌(ひとのふんどし)で相撲(すもう)を取(と)る」
(他人のものを利用して、自分の利益や目的を果たそうとする、ということ)
【例文】

　Орон нутгийн сонгуулийн өмнөх өдөр сурвалжлагч Найданг гэртээ амарч байхад, нэгэн танил нь утсаар ярьж: "Чамаас нэг гуйх юм байна. Чи боломж байвал Хан-Уул дүүрэгт сонгуульд өрсөлдөж буй Нэргүйг шүүмжилсэн материалыг сониндоо бичиж өгөөч! Чамайг гомдоохгүй шүү!" хэмээн хэлсэнд, Найдан: "Ингэж хууль ёс зөрчсөн юманд би оролцмооргүй байна. Ер нь *Хүний гараар Могой бариулах* гэж санаархдаг иймэрхүү хуучирсан арга барилаасаа чи ангижрах болоогүй юу?" гэж сөргүүлэн асуусанд, цаадах нь бажгадаж, утсаа зориуд тасалсан байна.

　地方選挙の前日、記者のナイダンが家でくつろいでいると、彼の一人の知り合いが電話で話し、「おまえにひとつお願いがある。できればハン・オール地区で選挙で争っているネルグイを批判した記事をおたくの新聞に書いてくれ。おまえを悪いようにはしないよ」と言ったところ、ナイダンは「このように法律に違反したことにおれはかかわりたくないんだ。そもそも〈人の手で蛇を捕えさせ〉ようとたくらむ、こんな時代遅れのやり方からおまえはまだはなれられないのか」と逆にたずねると、向こうはあわてふためき、電話をわざと切ったのである。

167. Хүний сайныг ханилан байж таньдаг
Хүлгийн сайныг унан байж мэддэг

人の良さは付き合ってみて知れる
馬の良さは乗ってみて分かる

【説明】

 "人の良さは付き合ってみて知れるものだし、馬の良さは乗ってみて分かるものだ"というたとえから、一般に〈人は外見だけから何事も判断できるものではなく、実際に長く付き合ってみて、はじめて相手の人となりがよく分かるというものだ〉という意を示す。

【類義】「人には添うてみよ馬には乗ってみよ」

(何事も実際に経験してみなければ、そのよさは分からない、ということ)

【例文】

 Чулуунбаатарыг өндөр насны тэтгэвэртээ гарахад, хориод жил хамт ажилласан нэгэн шавь нь : "Танаас мөн ч их зүйл сурсан шүү. Яг үнэнийг хэлэхэд, эхлээд ажилд орох үед тан шиг ширүүн зантай, бас дутагдлын хажуугаар дуугүй өнгөрдөггүй хүн манай компанид ер байгаагүй. Гэхдээ нэг талыг барьж туйлширдаггүй нь таны хамгийн сайн чанар билээ. Он удах тусам таныг улам улам сайн ойлгох болсон. Манай ардын зүйр цэцэн үгэнд байдагчлан :

 Хүний сайныг ханилан байж таньдаг

 Хүлгийн сайныг унан байж мэддэг гэдгийг ёстой сайн ойлгож авсан даа" гэжээ.

チョローンバータルが高齢年金生活に入るとき、20年ほど一緒に働いた彼の一人の部下が「あなたから本当にたくさんのことを学びましたよ。実は本当のことを言うと、初めて就職した頃、あなたのように厳しい性格をした、また欠点のかたわら黙って見過ごさない人はうちの会社に全くいませんでした。でも、一方だけについて、かたよらないのは、あなたの一番よい性質ですよ。年が経つにつれて、あなたのことをもっともっとよく分かるようになりました。私たち民衆のことわざにあるように、〈人の良さは付き合ってみて知れる、馬の良さは乗ってみて分かる〉ということを、本当によく分かりましたよ」と言った。

168. Хүний хүү хүрэн бөөртэй
Өөрийн хүү өөхөн бөөртэй

他人の子は茶色の腎臓がある
自分の子は脂肪の腎臓がある

【語句】

- хүрэн бөөртэй …《茶色の腎臓がある》が原義だが、ここでは、《暗くて冷たく悪い》の意。

- өөхөн бөөртэй …《脂肪の腎臓がある》が原義だが、ここでは、《柔らかくて優しく良い》の意。
- このことわざは、通常1行目だけで、

　Хүний хүү хүрэн бөөртэй のように用いられることが多い。

【説明】

"自分の子は脂肪の腎臓がある（＝優しくて良い）が、他人の子は茶色の腎臓がある（＝冷たくて悪い）"というたとえから、一般に〈他人や他人の子は、何を考えているのかわからず、どこかよそよそしくて、何事にも本当に親身になってくれることはないので、心底から信頼することはできないものだ〉という意を示す。

【類義】「他人(たにん)は時(とき)の花(はな)」

（他人の好意や援助は一時的なもので、いつまでも頼りになるものではない、ということ）

　　　　「血(ち)は水(みず)よりも濃(こ)い」

（他人よりも血のつながりのある身内の方が頼りになる、ということ）

【例文】

　Ⅸ сарын эхний ням гаригт Гантулгынх хашаандаа тарьсан хүнсний ногоогоо хураан авсан чинь урьд жилүүдийнхтэй харьцуулахын аргагүй бага байв. Үүнд ихэд гайхсан Гантулга тамхи баагиулангаа, хүүхдүүддээ хандаж : "Энэ хавар та хоёр найзтайгаа хамтарч ногооны үр суулгасан биз дээ? Та хоёр ногооны үрийг хааш яаш суулгасан юм уу? Аль эсвэл

　　　Хүний хүү хүрэн бөөртэй

　　　Өөрийн хүү өөхөн бөөртэй гэж ярьдагчлан найз чинь ногооны үрийг буруу зөрүү суулгасан юм уу ?" гэхэд, авгай нь : "Пөөх яанаа. Чи яасан муухай бодолтой амьтан бэ. Энэ жил бороо хур багавтархан гантай жил байсныг арай мартаагүй биз дээ хө" хэмээн хүүхдүүдээ өмөөрөв.

　9月の最初の日曜日にガントルガの家は、塀の中に植えた野菜を収穫したところ、前年度と比べものにならないほど少なかった。これにひどく驚いたガントルガは、タバコをぷかぷか吹かしながら、自分の子供たちに向かって、「この春おまえたち二人は、友達と一緒に野菜の種をまいただろ？おまえたちが野菜の種をいいかげんにまいたのか、それとも〈他人の子は茶色の腎臓がある、自分の子は脂肪の腎臓がある〉というように、おまえたちの友達が野菜の種をめちゃくちゃにまいたのか」と言うと、彼の奥さんは「まあ、どうしましょう。あなたは何てひどい考えを持った人なの。今年は雨が少なめで、日照りの年だったことをまさか忘れていないでしょうね」と自分の子供たちをかばった。

169. Хүний эрхээр жаргахаар Өөрийн эрхээр зов

他人の支配で楽しむよりも
自分の支配で苦しめ

【説明】

　〝他人に支配されて楽しむよりも、自分で支配して苦しんだ方がよい〟というたとえから、一般に〈他人に束縛された自由のない生活は、いくら楽しくてもどうしようもない。それに対し、他人に束縛されない自由のある生活は、いくら苦しくても一番すばらしい〉という意を示す。

【類義】「籠の鳥雲を慕う」
(自由を束縛されている者が自由を得ようとする、ことのたとえ)
【例文】

Түмэн-Өлзий ажлаасаа оройхон харьж ирээд, хоолоо идэх зуураа авгайдаа : "Ингэж хүний ажлыг үхэн хатан хийж, хүний хэлсэн заасанчлан явахаасаа бүр залхаж гүйцлээ.

Хүний эрхээр жаргахаар

Өөрийн эрхээр зов гэдгийн үлгэрээр хувийн компани байгуулж, чадахаасаа чадахгүй хүртэл зүтгэвэл яасан юм хэмээн бодогдох боллоо" гэсэнд, авгай нь : "Чи өөрөө л мэд !" гэжээ.

トゥムン・ウルズィーは仕事からかなり遅く帰って来て、食事を食べながら、自分の奥さんに「このように人の仕事を必死でやって、人の言った、指図したように行うことにすっかりうんざりしてしまったよ。〈他人の支配で楽しむよりも自分の支配で苦しめ〉という例えのように、個人会社を設立し、できることからできないことまで何でもがんばったらどうだろうと思うようになった」と言ったところ、彼の奥さんは「自分で決めなさい」と言った。

• үхэн хатан　死にものぐるいで、必死で

170. Хүний эрээн дотроо
Могойн эрээн гаднаа

人のまだらは内に
蛇のまだらは外に

【説明】

〝蛇はまだら模様が外にあるので、見てすぐにわかるが、人はまだら模様、すなわち、よこしまな心が内にあるので、外からは見てわからない″ というたとえから、一般に〈人の悪意は外見からは判断できないものだ〉という意を示す。

【類義】「人は見かけによらぬもの」

(人の性格や能力は、外見だけでは判断できないものだ、ということ)

【例文】

Цэцэг : Манай байрны V давхарт амьдардаг Хишигдоржийн бага хүү нь автобусан дотор хүний карманаас мөнгө суйлж байгаад цагдаад баригдсан гэнэ.

Чимэг : Өө зайлуул! Харахад тун зүгээр энгийн хүүхэд байсан даа.

Цэцэг : Харин тиймээ. Би ч гэсэн энгийн дажгүй хүүхэд гэж бодож байсан юм.

Чимэг : *Хүний эрээн дотроо Могойн эрээн гаднаа* гэдэг яасан үнэн үг вэ?

Цэцэг : Ёстой, ёстой.

ツェツェグ：うちの棟の5階に暮らすヒシグドルジの下の息子がバスの中で人のポケットからお金をすって警察につかまったそうよ。

チメグ　　：まあ、何てこと。見た所、全くまともな普通の子供でしたよ。

ツェツェグ：ええ、そうですね。私も普通の問題のない子供だと思っていました。

チメグ　　：〈人のまだらは内に、蛇のまだらは外に〉というのは何て本当のことなの。

ツェツェグ：全くその通りね。

171. Хэлсэн үгэндээ эзэн болж
Идсэн хоолондоо сав болох

言った言葉に主(あるじ)となり
食べた食事に器(うつわ)となる

【説明】

"自分の食べたものには自分で責任を持つように、自分の言った言葉には自分で責任を持たなければならない"というたとえから、一般に〈いったん約束したことは必ず守るものだ〉という意を示す。

【類義】「武士(ぶし)に二言(にごん)なし」

(約束は必ず守る、ということ)

【例文】

Ууган охиныг нь их сургуульд элсэхэд тус дэм үзүүлнэ гэж бэлэн амлаж байсан Зундуй цагаа болохоор илэрхий бултаж дайжих болжээ. Үүнийг гадарлаж мэдсэн Төрбат Зундуйд утсаар :

"*Хэлсэн үгэндээ эзэн болж*

Идсэн хоолондоо сав болохгүй юм бол битгий ингэж бардам ам гарч, хүний ажил хунарт саад төвөг учруулж байгаарай! Чамд итгэж найдаад, хүүхдээ ч шалгалтанд нь олигтой бэлдүүлсэнгүй" гэж шуудхан хэлжээ.

長女が大学に入るときは、力を貸すとすぐに約束していたゾンドイがそのときになったら明らかに避けて逃げるようになった。このことに大体気づいたトゥルバトは、ゾンドイに電話で「〈言った言葉に主となり、食べた食事に器となる〉ことがないなら、このようにえらそうに約束をし、人の仕事に支障をきたすことのないようにしろ。おまえを信頼して、子供にも試験にまともに準備させなかったんだ」と直接言った。

172. Хэрээ галууг дууриаж
Хөлөө хөлдөөх

烏(からす)が雁(がん)をまねて
足を凍らせる

【説明】

〝烏は泳げもしないのに、水鳥である雁をまねて、水に入り足を凍らせるはめになる〟というたとえから、一般に〈自分の実力のほどを知らずに、やたら能力のあるできる人のまねをしても、ただ失敗し、自ら苦しむだけである〉という意を示す。

【類義】「鵜(う)の真似(まね)する烏(からす)」

(鵜のまねをして魚を捕ろうとする烏はおぼれるの意から、自分の実力や能力のほどを知らずに、人のまねをすると失敗する、というたとえ)

【比較】

モンゴル語：хэрээ《烏》→ галуу《雁》

日　本　語：「烏」　　　→「鵜」

【例文】

Шөнийн ээлжинд ажиллаад, өглөө 8 цагийн үед гэртээ харьж ирсэн Ууганбаяр нойрмог царай гарган эвшээлгэнгээ: "Батсайханыг дууриагаад, шөнийн ээлжинд ажилласан чинь бардаг даваа биш бололтой. Ёстой нөгөө

　　Хэрээ галууг дууриаж

　　Хөлөө хөлдөөх гэдгийн үлгэр л болж байна даа. Больж үзье" гэж ихэд шантарсан янзтай хэлжээ.

夜勤の仕事をして、朝8時頃、自分の家に帰って来たオーガ

ンバヤルは眠そうな顔をしてあくびをしながら、「バトサイハンのまねをして、夜勤の仕事をしたところ、到底できることではないようだ。まさに例の〈烏が雁をまねて足を凍らせる〉という例えのようだな。止めてしまおう」とひどくあきらめた様子で言った。

173. Цаг цагаараа байдаггүй
Цахилдаг хөхөөрөө байдаггүй

時は時のままではない
菖蒲(しょうぶ)は青いままではない

【説明】
〝菖蒲はいつかは枯れ果て、常に青いままではないように、時は常に流れ、一瞬たりとも同じままではない〟というたとえから、一般に〈物事はすべて変化していくのが世の常である〉という意を示す。

【類義】「有為転変(ういてんぺん)の世の習(なら)い」
(この世のものはすべて常にとどまることなく移り変わっていくものだ、ということ)

【例文】
Лувсан : Сайхан намаржиж байна уу?

Балдан : Сайхаан. Танайхан цөмөөрөө сайн уу? Чи хэзээ ирэв?

Лувсан : Манайхан сайн. Өнөө өглөө онгоцоор ирлээ.

Балдан : Өө тэгээ юу. Хот газраар сонин сайхан ихтэй биз дээ хө?

Лувсан : Онцын сонин юмгүй дээ. Харин танай аймгийн төв тун их өөрчлөгдсөн биш үү?

Балдан : Тийм нь ч тийм.

   Цаг цагаараа байдаггүй

   Цахилдаг хөхөөрөө байдаггүй гэдэг биз дээ. Сүүлийн жилүүдэд ардчиллын буянаар овоо хэдэн барилга баригдсан.

ロブサン：快適な秋を過ごしているかい？

バルダン：快適だよ。家族の人はみんな元気かい？ いつ来たの？

ロブサン：うちの家族は元気だよ。今朝飛行機で来たんだ。

バルダン：ああ、そうだったの。都市の方では変わったことはたくさんあるだろ？

ロブサン：特に変わったことはないね。しかし、おたくのアイマグの中心はとても変化したんじゃないかい？

バルダン：それはそうだよ。〈時は時のままではない、菖蒲は青いままではない〉というだろ。近年では民主化のおかげでかなりいくつかの建物が建てられたんだ。

174. Цаг цагт нэг цаддаг
Цагаан сараар нэг цаддаг

時々一度満腹になる
旧正月に一度満腹になる

【同義】

上記の発展形式に次のようなものがある。

Ye үе нэг цаддаг

Үхэр алахад нэг цаддаг

時々一度満腹になる

牛を殺すと一度満腹になる

【説明】

〝時々一度満腹になる、旧正月に一度満腹になる〟というたとえから、一般に〈人は毎日常に満腹になるものではなく、たまにお祝いのときだけ、たくさんのごちそうが食べられるものだ〉という意を示す。

【類義】「朔日ごとに餅は食えぬ」

(正月以外は毎月の朔日ごとに餅が食えるものではないの意から、いつもよいことがあるとは限らない、ということ)

【例文】

Нэг газарт хамт ажилладаг дөрвөн залуу шинийн гурваны өдөр Намдаг гуайнд золгохоор очсон ажээ. Намдаг гуайн эхнэр Дэлгэрмаа жигнэсэн буузаа таваглаж тавингаа: "За хүүхдүүд минь нэрэлхэлгүй халуун дээр нь сайн идээрэй! Биднийг бага байхад

Цаг цагт нэг цаддаг

Цагаан сараар нэг цаддаг гэж ярьдагсан"

хэмээн багынхаа явдлаас сонин болгон хуучилсан байна.

ひと所で一緒に働いている四人の若者が新年の三日にナムダクさんの所に新年のあいさつをしに行ったのだった。ナムダクさんの妻、デルゲルマーは蒸したボーズを皿に盛って置きながら、「さあ、みなさん、遠慮せず熱いうちにしっかり食べて下さい。私たちが小さいときは、〈時々一度満腹になる、旧正月に一度満腹になる〉といっていたよ」と小さい頃のことを話題にして話したのである。

175. Цэцэнд хоёр чих цөөдөх
Тэнэгт ганц хэл олдох

賢い者に二つの耳は少なすぎる
愚か者に一つの舌は多すぎる

【説明】

〝賢いものは人の言うことを一言も聞きもらさずに自分の知識にしようとするから、〝二つの耳〟でも少なすぎる。これに対し、愚か者は余計な事ばかりしゃべりすぎるから、〝一つの舌〟でも多すぎる〟というたとえから、一般に〈人は新しい知識や情報を得て賢くなるためには、余計な事はしゃべらず、常に人の言うことをしっかり聞くように努力しなければならない〉という意を示す。

【類義】「耳は大なるべく口は小なるべし」

(人の意見をよく聞き、余計な事はしゃべらないように心掛けよ、ということ)

【例文】

БидниЙг дунд сургуульд элсэн ороход Нарандулам багш маань : "Хүний мэдлэг боловсрол нь уншсан номын цар хүрээ, сонсож дуулсан зүйлийн хэр хэмжээнээс шууд хамаардаг учраас шинийг мэдэхийн төлөө сайн чармайж байхгүй бол болохгүй!

Цэцэнд хоёр чих цөөдөх
Тэнэгт ганц хэл олдох гэдэг чинь ёстой үнэн үг шүү" хэмээн хэлж билээ.

私たちが中学校に入学したとき、ナランドラム先生は「人の教養は読んだ本のレベルや聞いた事柄の量で直接決まるものなので、新しいことを知るためにしっかりがんばらないといけません。〈賢い者に二つの耳は少なすぎる、愚か者に一つの舌は多すぎる〉というのは、まさに本当のことよ」と言ったんですよ。

176. Чамд инээд
Над ханиад

君には笑い
私には咳

【説明】
〝君には笑い、私には咳〟というたとえから、一般に〈他人にはおもしろいことかもしれないが、自分にはとてもつらいことだ〉とか〈自分の不幸は他人にとって幸福である〉という意を示す。

【類義】「人の過ち我が幸せ」
(人の失敗は、自分にとって幸せである、ということ)

【例文】
Баяр, Жаргал хоёр хичээл тарсны дараа ангийнхаа найзынд очиж тоглож байгаад, орой 18 цагийн үед харьцгаахаар явах болжээ. Баяр найзынхаа гэрээс

гарахдаа хаалганых нь босгонд тээгэлдэн унасанд, хамт гарч явсан Жаргал түүнийг шоолж, элгээ хөштөл инээжээ. Босох зуураа Баяр: "Чи юундаа ингэж сүртэй инээгээд байгаа юм бэ?

Чамд инээд

Над ханиад гэгчийн үлгэр л болж байна. Гэрээс гарахдаа унаж ойчвол муу ёртой гэдэг биз дээ. Одоо яанаа" хэмээн нэлээн санаа зовсон янзтай хэлжээ.

バヤルとジャルガルは、授業が終わった後で自分のクラスの友達の所に行って遊んでいて、夕方18時頃一緒に帰宅することになった。バヤルは友達の家から出るとき、ドアの敷居につまずいて転んだところ、一緒に外に出たジャルガルが彼のことをからかって大笑いした。起き上がりながら、バヤルは「おまえはどうしてそんなにすごく笑っているんだい。〈君には笑い、私には咳〉という例え通りだ。家から出るとき、転んだら縁起が悪いというだろ。ああ、どうしよう」とかなり心配した様子で言った。

177. Чамлахаар
Чанга атга

不足に思うよりも
しっかりと握れ

【説明】

"不足に思うよりもしっかりと握れ"というたとえから、一般に〈物事は決して不足に思わず、これで十分だと満足すべきである〉という意を示す。

【類義】「足ることを知る」

（自分はこれで十分だと満足すること。不満を捨て、満足することを知る、ということ）

【例文】

Болд барилгын техник мэргэжлийн сургууль төгсөнгүүтээ, Ⅶ сарын нэгнээс хувийн компанид ажилд орж, анхныхаа цалинг ээждээ авчирч өгөнгөө: "Санаснаас маш бага юм авлаа" гэсэнд, ээж нь : "Хүүе ! Миний хүү ингэж бодож ероосоо болохгүй шүү.

Чамлахаар

Чанга атга гэдэг юм. Жил ахих тутам цалин чинь бага багаар нэмэгдэх нь дамжиггүй" хэмээв.

ボルドは建築技術専門学校を卒業したらすぐ、7月1日から個人の会社に就職し、初任給を自分の母親に持ってきて渡しながら、「思ったよりもとても少なくもらった」と言ったところ、彼の母親は「まあ、あなた、そのように思っては決していけないよ。〈不足に思うよりもしっかりと握れ〉というものです。年々あなたの給料が少しずつ上がるのは間違いない」と言った。

178. Чөтгөрийн бага нь адтай

悪魔の小さいのは利口

【語句】
- адтай …《利口な、抜け目のない》(=сэргэлэн, овсгоотой の意)

【説明】

〝悪魔の小さいのは利口〟というたとえから、一般に〈小さい子は、誰も思いつかないことをすぐに気づく勘の鋭さと、何をやらせてもうまくやってのける抜け目のなさを持っているものだ〉とか〈年の一番小さい子は抜け目がない〉という意を示す。

【類義】「山椒は小粒でもぴりりと辛い」
(体は小さくても、気力や才能が非常に鋭くすぐれている、ということ)

【例文】

Хүү нь аавтайгаа хамт хоёулаа "азын тэнгэр" хэмээх хонжворт сугалааг татсан чинь 5000 төгрөгийн хонжвор таарчээ. Яг тэр үед хажууд нь зогсож байсан танихгүй өвгөн：

"*Чөтгөрийн бага нь адтай* гэдэг ёстой энэ дээ. Тун азтай хүүхэд байна шүү" хэмээн хэлж, хүүд нь урам хайрласан ажээ.

息子が自分の父親と一緒に二人で〝アズィーン テンゲル〟という富くじを引いたところ、5000トグルグの賞金が当たった。ちょうどそのとき、彼の横に立っていた見知らぬ老人が「〈悪魔の小さいのは利口〉というのはまさにこれだね。とても運のいい子だよ」と言って、その子を励ましたのだった。

179. Шаварт унасан
Шарын эзэн хүчтэй

ぬかるみに落ちた
去勢牛の主人は強い

【説明】

"牛がぬかるみにはまった場合、その持ち主が他の誰よりも一番力を入れて引き上げようとするものだ"というたとえから、一般に〈人は自分に課せられたり、自分が責任を負ったりするなど、一般に自分にかかわりのあることとなると、他の誰よりも一番力を発揮して、一生懸命に努力するものである〉という意を示す。

【類義】「我が事と下り坂に走らぬ者なし」

(自分に関係することとなると、人に言われなくても自分から進んで尽力するものだ、ということ)

【例文】

Батсүрэнгийнх хаваржааныхаа хажууханд хөрш айлуудтайгаа хамтарч худаг малтахаар ярилцан тохиролцжээ. Худаг малтах ажил эхлэхээс 30 минутын өмнө Батсүрэн өөрийн хоёр хүүдээ хандаж: "За хүүхдүүд минь бусад хүнээс илүү сайн хүчээ гаргаж хичээхгүй бол болохгүй шүү.

Шаварт унасан

Шарын эзэн хүчтэй байдаг юм хойно, бид нар л голлож ажиллах ёстой" гэж урьдчилан сануулжээ.

バトスレンの家は、自分の春営地のすぐそばに、隣の家々と協力して井戸を掘るよう話し合って取り決めた。井戸を掘る仕

事を始める30分前にバトスレンは、自分の二人の息子に向かって、「さあ、おまえたちは、他の人よりももっとしっかり力を出してがんばらないといけないぞ。〈ぬかるみに落ちた去勢牛の主人は強い〉ものなので、私たちこそが中心となって仕事をすべきだ」と前もって注意した。

180. Шавийн эрдэм багшаасаа
Зулын гэрэл тосноосоо

弟子の学は師より
灯の光は油より

【語句】

各行とも文末に болдог《～による》、хамаардаг《～次第である、～で決まる》などの動詞が省略されていると考えられる。

【説明】

"灯の光の明るさは油で決まるように、弟子の学問の優秀さはは師匠で決まるものだ" というたとえから、一般に〈弟子の学問の程度は、教える師匠によって決まるものであり、そのため、教える側の責任や役割は非常に大きい〉という意を示す。

【類義】「弟子の罪は師匠に及ぶ」

(師弟の関係は重く、教える人の責任は重大である、ということ)

【例文】

Багшийн сургуулийн төгсөлтийн ёслол дээр Монгол Улсын гавьяат багш Лувсан : "Сургуулиа төгсгөж буй та бүхэнд цаашдын ажил, амьдралын өндөр амжилт хүсье.

Шавийн эрдэм багшаасаа
Зулын гэрэл тосноосоо шууд хамаардаг

учраас та бүхэн ямархуу байдлаар заана, шавь нар чинь яг л тэр хэмжээний хүмүүс болно гэдгийг цаг үргэлж санаж яваарай!" хэмээн гэрээсэлжээ.

師範学校の卒業式で、モンゴル国、功労教師ロブサンは「学校を卒業しようとしている皆さんに今後の仕事や生活の大いなる成功をお祈りします。〈弟子の学は師より、灯の光は油より〉直接決まるものなので、皆さんがどんなふうに教えるのか、弟子たちはまさにそのレベルの人たちになるということを常に覚えておきなさい」と言い残した。

181. Шунал ихэдвэл
Шулам болдог

欲が過ぎれば
悪魔となる

【語句】
- шунал …《貪欲、欲張り》（＜шуна-《貪る、欲が出る》）

- шулам …《モンゴル民話に見える残忍で、生き物を害する悪霊、悪魔》

【説明】

〝欲が過ぎれば悪魔となる〟というたとえから、一般に〈人はあまりに欲が深過ぎると、心が邪悪で醜くなり、人間としての正しい判断ができなくなるものだ〉という意を示す。

このことわざは、お金や物に貪欲な者に注意をうながす意で用いられることが多い。

【類義】「欲に目見えず」、「欲に目が眩む」

(欲のために理性を失い、まともな判断ができなくなる、ということ)

【例文】

Сумын төвийн айл өрх болгонд тусламжийн будаанаас арван килограммыг тэнцүүхэн хуваарилан өгч байжээ. Тэгтэл зарим нэг зальтай үл бүтэх этгээдүүд дахин авах оролдлого хийсэнд, тарааж өгч байсан залуугийн эгдүү нь хүрч : "Аваагүй байгаа бусад хүмүүсээ бодох ёстой биш үү.

　　Шунал ихэдвэл

　　Шулам болдог гэдгийн үлгэр болуузай" хэмээн улайм цайм хэлсэн байна.

ソムの中心の世帯ごとに援助米より10キログラムを等しく分配して渡していた。すると、一部のずるいならず者たちが、またもらおうと試みたので、配っていた若者は嫌気がさして、「もらっていない人たちのことを考えるべきじゃないのか。〈欲が過ぎれば悪魔となる〉という例えにならないように」とあからさまに言ったのである。

182. Эвт шаазгай
Буга барина

仲の良いカササギは
鹿を捕える

【説明】

 〝一羽では弱いカササギが大勢で仲良く力を合わせれば、力の強い大きい鹿さえ捕えることができる〟というたとえから、一般に〈個々の力は弱くても、一致団結さえすれば、どんな強いものも負かすことができる〉、すなわち〈団結は力である〉という意を示す。

【類義】「衆力功あり」

(一人の力よりも大勢の力を合わせれば、物事は成功させやすい、ということ)

【例文】

 Дасгалжуулагч нь тамирчиддаа: "Маргааш бидний тоглох баг бол хоёр жил дараалан улсын аварга болсон тун хүчтэй баг. Гэхдээ бид нар хүчээ нэгтгэвэл ялах боломж бүрэн бий.

 Эвт шаазгай

   Буга барина гэдэг юм. Эв нэгдэл л хамгаас чухал шүү"хэмээн анхааруулан хэлэв.

 コーチが選手たちに「明日私たちが試合をするチームは、二年続けて国内チャンピオンになったとても強いチームだ。でも、私たちが力を合わせれば、勝つ可能性は十分ある。〈仲の良いカササギは鹿を捕える〉というものだ。団結こそが何よりも重要だよ」と注意して言った。

183. Эдээр биеэ чимэхээр
Эрдмээр биеэ чим

物で自らを飾るよりも
学で自らを飾れ

【同義】

  Эд хураахаар 物を集めるよりも
  Эрдэм хураа 学を集めよ

【説明】

 〝物で自らを飾るよりも学で自らを飾れ〟というたとえから、一般に〈物や服で自らを飾るよりも、学問や学識で自らを飾る方が人生においてはるかに有意義なことである〉という意を示す。

 このことわざは、学問を学ぶ重要性を説いたものである。

【類義】「学問は一生の宝」

(学問は一生を通じて人生の支えとなる大切なものである、ということ)

【例文】

Ээж : Охин маань алтан ээмэг худалдаж авах мөнгө өгөөч ! гэж байна лээ шүү.

Аав : Саяхан дөрвөн сарын өмнө их дэлгүүрээс сувдан зүүлт аваа биз дээ ?

Ээж : Авах нь ч авсан. Найз нар нь цөмөөрөө л алтан ээмэгтэй учраас муу охин минь ичиж зовдог бололтой. Гэхдээ нарийн ширийн юмаа бид нарт сайн хэлэх биш дээ.

Аав : Ер нь ажиглаад байхад, оюутан хүн мөртлөө

хичээл номтойгоо холбоотой юм авахуулъя гэхгүй юмаа.

Эдээр биеэ чимэхээр

Эрдмээр биеэ чим гэдэг зүйр цэцэн үг байдгийг чи охиндоо сайн ойлгуулж хэлээрэй!

Ээж : Чи өөрөө хэлээч дээ.

母親：娘が金のイヤリングを買ってちょうだいと言っていたんですよ。

父親：つい最近、四ヶ月前に百貨店で真珠のネックレスを買っただろ。

母親：買うには買ったわ。彼女の友達はみんなが金のイヤリングを持っているので、かわいそうに娘は恥ずかしがっているようなの。でも、詳しいことは私たちにはっきり言わないのよ。

父親：だいたい注意して見ていると、学生なのに勉強と関係のあるものを買ってほしいとは言わないものだ。〈物で自らを飾るよりも学で自らを飾れ〉ということわざがあることを、おまえは娘によく分からせて言いなさい。

母親：あなたが自分で言ってよ。

184. Эдээрээ оролдвол эвдэхийн тэмдэг
Эхнэрээрээ оролдвол салахын тэмдэг

物に手を出せばこわすもと
妻にちょっかいを出せば別れるもと

【語句】

- оролдох … ここでは、《努力する、努める》の意ではなく、《(物に)ちょっと触れる、いじる；(人に)ちょっと干渉する、ちょっかいを出す》(＝гоочлох)の意である。
- тэмдэг …《兆候、きざし》(＝шинж тэмдэг の意)

【説明】
"物に手を出せばこわすもと、妻にちょっかいを出せば別れるもと"というたとえから、一般に〈ちょっとしたささいなことに何かと干渉するのは、後で大きな災難を招くもとになるので、慎むべきである〉という意を示す。

【類義】「手を出して火傷する」
(余計な事に手を出して、ひどい目に会う、ということ)

【例文】

Ууган хүү нь аавыгаа хөрш айлдаа ороод ирэхийн хооронд зурагтынх нь суваг сайн солигдохгүй байсан учраас зурагтаа задалчихсан оролдож суухыг аав нь үзээд："Доторхыг нь сайн мэдэхгүй байж юундаа задалсан юм бэ？ Зурагт засварын газарт өгвөл таарна.

Эдээрээ оролдвол эвдэхийн тэмдэг

Эхнэрээрээ оролдвол салахын тэмдэг гэдэг үг байдгийг дуулаагүй юу？ Үүнээс хойш ингэж дэндүү мэдэмхийрч болохгүй шүү" хэмээн уурлажээ.

長男は、自分の父親が隣の家に行って戻って来る間に、テレビのチャンネルがうまく変わらなかったので、テレビを分解してしまって、さわっているのを彼の父親が見て、「中身をよく知らないのに、どうして分解したのか。テレビの修理所に出せばいいよ。〈物に手を出せばこわすもと、妻にちょっかいを出せば別れるもと〉という言葉があることを聞いたことがないのか。これからは、このようにあまりにも知ったかぶりをしてはいけないよ」と怒った。

185. Эзэн хичээвэл
　　　Заяа хичээнэ

自らが努力すれば
運は味方する

【説明】

　"本人が努力すれば、運はついてくる"というたとえから、一般に〈何事も本人の努力次第で決まるものだ〉という意を示す。

【類義】　「天は自ら助くる者を助く」

(人に頼らず自分で努力すれば、自然に運が開けてくる、ということ)

[英語 Heaven helps those who help themselves. の訳]

【例文】

　Гадаад хэлний ангид элсэн орсон оюутнуудад факультетийн декан нь : "Ямарваа хэлийг хэр зэрэг сурч эзэмших нь та нарын өөрсдийн хичээл чармайлтаас шууд шалтгаалах болно. Гадаад хэлийг сайн сурсан хүн их сургуулиа төгсөөд, боломжийн ажилд орох нь дамжиггүй. Товчхон хэлбэл

— 255 —

Эзэн хичээвэл

Заяа хичээнэ гэдгийг л онцлон захиж хэлье" гэжээ.

外国語のクラスに入学した学生たちに学部長が「どんな言葉でもどの程度学び習得するかは、あなたたち自身の努力に直接よるものだ。外国語をしっかり学んだ人は、大学を卒業して、良い仕事に就くのは間違いない。簡単に言うと、〈自らが努力すれば、運は味方する〉ということだけを特に言っておこう」と言った。

186. Эр өсч
Эсгий сунадаг

男は育ち
フェルトは伸びる

【説明】

"フェルトが伸びるように、男は育つものだ"というたとえから、一般に〈男の子は、いつの間にか背が伸び体も大きくなって、知恵がついてくるものである〉という意を示す。

このことわざは、未来ある前途洋々たる子供に対して用いられる。

【類義】「男は二十五の暁まで育つ」

(男は二十五歳ぐらいまでは成長する、ということ)

【例文】

Эхнэр: Өнөөдөр манайд Ганхуягийн отгон хүү нь ирээд явлаа.

Нөхөр: Өө тэгээ юу? Түүнтэй уулзалдалгүй нэлээн удсан байна шүү.

Эхнэр : Харин тиймээ. Бараг найман жил болчихож.

Нөхөр : Том болсон байна уу?

Эхнэр : Том болохоор барах уу? Тэнгэр баганадсан сайхан өндөр эр болсон байна лээ.

Нөхөр : *Эр өсч*

Эсгий сунадаг гэдэг үнэн юм даа.

妻：今日うちにガンホヤグの末っ子がきて行ったわ。

夫：ああ、そうかい。彼とは随分長い間会ってないよ。

妻：ええ、そうね。だいたい八年経ったわ。

夫：大きくなったかい。

妻：大きいどころじゃないわ。天をつくようなすてきな背の高い男になったんですよ。

夫：〈男は育ち、フェルトは伸びる〉というのは本当だね。

- тэнгэр баганадах （"天を柱で支える" が原義）天を衝く（非常に高いこと）

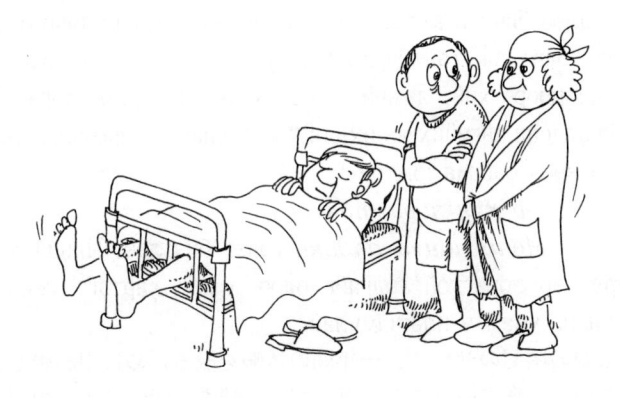

— 257 —

187. Эр хүн зоригтой бол
Чоно чацга алдана

男は勇気があれば
狼は下痢をする

【説明】

〝男は勇気があれば、どんな凶暴な狼でも恐れおののき、下痢をしてしまうものだ″というたとえから、一般に〈男は何事にも勇気をもって立ち向かわなければならない〉という意を示す。

【類義】「断じて行えば鬼神も之を避く」

(強い勇気と決断があれば、何物もそれを防げることはできない、ということ)

【例文】

Ар гэрийн гачигдлаас болж, нэг жилийн чөлөө авахаар өргөдлөө бичсэн атлаа сургуулийнхаа захирал дээр орж, учир байдлаа тайлбарлаж хэлэхээсээ айж бэмбэгнэн коридороор хий дэмий холхиж явсан Элбэгдоржтой дайралдсан ангийнх нь охид : "Чи юунаасаа ингэтлээ айж гөлөлзөөд байгаа юм бэ ?

Эр хүн зоригтой бол

Чоно чацга алдана гэдэг биз дээ. Чиний хэр зэрэг эр зоригтой гэдгийг одоо л нэг харъя" хэмээн түүнийг улам ч цаашлуулав.

家庭の困窮のせいで、一年間の休暇を取るために申請書を書いたのに、学長のところに行って、事情を説明して話すのが恐くてびくびくし、廊下をただむやみにあちこち歩き回ったエルベグドルジと出会った彼のクラスの女の子たちは、「君はどうし

てこんなにまでおびえ、おどおどしているの？〈男は勇気があれば狼は下痢をする〉というでしょ。君がどれくらい男らしいか今こそ見てみよう」と彼をいっそうからかった。

- ар гэр　自分の家、家庭（＝өөрийн гэр орон の意）
- бэмбэгнэх　ぶるぶる震える、びくびくする
- холхих　あちこち歩き回る
- гөлөлзөх　おどおどする、身をすくめる
- эр зориг　男らしさ

188. Эр хүн туг ч барина
Тугал ч хариулна

男は旗も握る
子牛も放牧する

【語句】

- туг барих …《旗を握る》、ここでは《人の先頭に立つ、指導者になる》の意。
- тугал хариулах …《子牛を放牧する、子牛の番をする》、ここでは《子供でもできる最も簡単な仕事をする》の意。

【説明】

"男は人の先頭に立つこともあれば、子牛の番をすることもある"というたとえから、一般に〈男の一生は、浮き沈みが激しく、良い時もあれば悪い時もあり、不安定なものである〉の意。

【類義】「浮き沈み七度」

（人の一生は、安定したものではなく、浮き沈みを何回も繰り返す、ということ）

【例文】

　Сумын засаг даргын сонгуульд хоёр дараалан ялж,

улиран сонгогдож, даргын зөөлөн суудалд найман жил шахам суусан Алтангэрэл энэ намрын орон нутгийн сонгуульд ялагдсанаасаа хойш, нэг хэсэг эрхэлсэн тодорхой ажил албагүй байснаа саяхнаас хөдөө гарч, аминьι хэдэн малаа хариулах болжээ. Хавь ойрынх нь хүмүүс түүний тухай өөр хоорондоо:

"*Эр хүн туг ч барина*

Тугал ч хариулна гэдэг л болж байна даа, хөөрхий" хэмээн шивэр авир ярилцах болжээ.

ソムの行政長選挙に2回続けて勝って再選され、ソム長のやわらかいいすに8年近く座ったアルタンゲレルは、この秋の地方選挙に敗れてから、しばらくの間従事した具体的な仕事がなかったが、つい最近田舎へ行って、自分個人の数頭の家畜を放牧するようになった。その付近の人たちは、彼についてお互いに「〈男は旗も握る、子牛も放牧する〉というふうになっているね、かわいそうに」とひそひそ話し合うようになった。

189. Эр хүнд итгэхээр Эрхий хуруундаа итгэ

男を信じるよりも
自分の親指を信じよ

【説明】

"男を信じるよりも自分の親指を信じよ" というたとえから、一般に〈優柔不断で頼りにならない男を信じるよりも、自分自身の力を信じた方がはるかによい〉という意を示す。

このことわざは、女性に対して男には気をつけ、決して信じてはいけない、という文脈で用いられることが多い。

【類義】「人を恃むは自ら恃むに如かず」
(人を頼りにするよりも、自分で努力して自分自身を頼った方がよい、ということ)

【例文】

Сүнжидмаагийн чин зүрхнээсээ итгэж явсан хайртай залуу нь өөр хүүхэнтэй дотночлон найзлах болсон тухай цуу яриа гарчээ. Энэ яриаг сонсоод, Сүнжидмаагийн уур нь хүрч, байж суух газаргүй болж, энэ байдлыг найз хүүхэндээ хэлсэнд, цаадах нь :

"*Эр хүнд итгэхээр*

　　Эрхий хуруундаа итгэ гэдэг зүйр цэцэн үг байдгийг чи сонсоогүй юм уу ?" гэж өөдөөс нь сөргүүлэн асуужээ.

スンジドマーが心から信じていた愛する彼氏が、他の女性と親しく付き合うようになったという噂が立った。この話を聞いて、スンジドマーは怒って、いても立ってもいられなくなり、この状況を自分の友達の女性に言ったところ、向こうは「〈男を信じるよりも自分の親指を信じよ〉ということわざがあることをあなたは聞いたことがないの」と彼女に向かって逆にたずねた。

190. Эр хүний цээжинд
　　　Эмээлтэй хазаартай морь эргэлдэнэ

　　男の胸に
　　馬具をつけた馬が駆け巡る

【語句】

- эмээлтэй хазаартай …《鞍・馬勒つきの、馬具一式そろった》、

ここでは《(草原を駆け出すのに)準備万端の》の意。
- эргэлдэнэ …《駆け巡る》、この代わりに багтана《ある》とも言う。

【説明】

"モンゴルの牧民は、心の中に、馬具をつけて草原を駆け出す馬を思い浮かべるものだ"というたとえから、一般に〈男は心の中にいつも大きな夢や希望を抱くものである〉という意を示す。

【類義】「少年よ大志を抱け」

(若者たちは大きな志を持って、世の中に飛躍すべきだ、ということ)

【例文】

Оюутан хүү нь аавдаа: "Би их сургуулиа онц төгсөөд, шинэ ажилд оронгуутаа л жолооны сургуульд явж, үнэмлэх авна. Тэгээд хувийн машин авах санаатай" гэхчлэн ирээдүйнхээ талаар илэн далангүй хуучилжээ. Үүнийг тун анхааралтай сонсоод, аав нь: "Миний муу хүү жижигхэн гэлтгүй зөндөө сайхан хүсэл тэмүүлэлтэй явдаг юм байна. Зөв хө.

Эр хүний цээжинд

Эмээлтэй хазаартай морь эргэлдэнэ гэдэг юм. Аав ээж хоёр нь чадах ядахаараа туслахыг бодноо" хэмээн ихэд сэтгэл догдолсон янзтай хэлсэн байна.

学生の息子が自分の父親に「僕は大学を優秀な成績で卒業して、新しい仕事に就いたらすぐに、自動車学校に行って免許証を取る。そして自家用車を買うつもりだ」などと自分の将来について、率直に話した。そのことをとても注意深く聞いてから、彼の父親は「おまえは小さいとはいえないたくさんのすばらし

い夢を持っているんだな。よろしい。〈男の胸に馬具をつけた馬が駆け巡る〉というものだ。お父さんとお母さんはできる限り手助けしようと思うよ」とひどく感動した様子で言ったのである。

191. Эр эмийн хооронд
Илжиг бүү жороол

夫婦の間を
ロバが跑足(だくあし)で駆けるな

【語句】
• жороолох …《跑足で駆ける》(＜жороо《跑足の》)

【説明】
"夫婦の間をロバが跑足で駆けるな"というたとえから、一般に〈夫婦げんかや家庭の問題は、全く個人的な問題だから、自分たちで解決すべきであり、他人が干渉して横から口を出すべきではない〉という意を示す。

ここでは、夫婦げんかを仲裁する愚か者を、илжиг《ロバ》

にたとえていることに注意されたい。
【類義】「夫婦喧嘩は犬も食わぬ」
（夫婦喧嘩には他人が口出ししない方がよい、ということ）
【比較】
モンゴル語：илжиг《ロバ》 → бүү жороол《跑足で駆けるな》
日　本　語：「犬」　　　　　→「食わぬ」
【例文】

　Хөрш айлынх нь авгай нөхөр хоёр гэнэт тэнгэр газар нийлсэн юм шиг их дуу шуугиан гарган хэрэлдсэнд, эмгэн нь өвгөндөө: "Чи энэ хоёрыг гайгүйхэн дээр нь хэлж зохицуулбал зүгээр биш үү? Эс тэгвэл даамжирч, бие биеэ зодож гэмтээвэл яана" хэмээн санаа зовсон байдалтай хэлсэнд, өвгөн нь: "Чи юу ярина вэ?

　　Эр эмийн хооронд

　　Илжиг бүү жороол гэдэг биз дээ" гэж эрс эсэргүүцжээ.

　彼らの隣の家の夫婦が突然天と地がひっくり返ったように大きな騒音を立ててけんかしたので、おばあさんがおじいさんに「あなたはあの二人が大丈夫なうちに話して仲裁すればいいんじゃないの。そうしないともっとひどくなって、お互いになぐってけがをさせたらどうしましょう」と心配した状態で言ったところ、おじいさんは、「おまえは何を言うのか。〈夫婦の間をロバが跑足で駆けるな〉というだろ」ときっぱりと反対した。

192. Эрдмийг хичээлээр
Эрлийг сургаар

学問は努力で
捜し物は尋ねて

【語句】

これは次の完全形式の省略形である。

　　Эрдмийг хичээлээр сурдаг　　学問は努力で学ぶ
　　Эрлийг сургаар олдог　　　　捜し物は尋ねて得る

【説明】

"学問は努力することで学ぶもの、家畜捜しは人に尋ねることで見つけるもの"というたとえから、一般に〈何事も努力なしで学ぶことはできないものであり、日頃から着実に努力することが何よりも大切である〉という意を示す。

【類義】「学問に王道なし」

(学問を学ぶのに、手っ取り早い特別な方法はなく、着実に行わなければならない、ということ)

【例文】

　Нэгдүгээр ангид элсэн орсон оюутнуудад монгол хэлний багш нь："Аливаа зүйлийг сурахад идэвхтэй хичээл зүтгэл юу юунаас чухал. Эхнээсээ л сайн оролдож мэрийхгүй бол болохгүй. Ийм ч учраас

　　Эрдмийг хичээлээр

　　Эрлийг сургаар гэдэг юм шүү дээ" хэмээн зөвлөгөө өгчээ.

　一年生に入学した学生たちに、モンゴル語の先生が「どんな事を学ぶときも、積極的な努力は何よりも大切だ。最初からし

っかり努力して、がんばらなければならない。だからこそ、〈学問は努力で、捜し物は尋ねて〉というものだよ」と忠告した。

193. Эрт босвол нэгийг үзэх
Орой унтвал нэгийг сонсох

早く起きれば何かを見る
遅く寝れば何かを聞く

【説明】

"早く起きれば何かを見る、遅く寝れば何かを聞く"というたとえから、一般に〈朝早く起き、夜遅く寝て、できるだけ睡眠時間を少なく抑える人は、それだけ一層世の中の見聞を広めることができるというものだ〉という意を示す。

これは、できるだけ少なく寝て、できるだけ多くのことを学ぶよう戒めたことわざである。

【参照】「早起きは三文の徳」

(早起きは健康にもよく、何かと得をするものだ、ということ)

【比較】

日本では、「早寝早起き病知らず」で代表されるように、夜ふかしをせず、夜早く寝ることは、病気にならないための予防策として健康に良いと見る傾向があるのに対し、モンゴルでは、夜早く寝ることは、一部の老人や病人を除き、一般に怠慢であり、良くは見ないという基本的な生活習慣の違いがそこに見られることに注意されたい。

【例文】

Бараг өглөө болгон дуудуулж сэрдэг охиндоо ээж нь: "Ер нь чи яасан их нойртой амьтан бэ? Намайг бага байхад өвөө аав минь нойрыг унтаж биш, сэрж бардаг юм гэдэгсэн. Эртхэн босвол, цай хоолоо бүрэн идэж уугаад, яарч сандралгүй хичээлдээ явна биз дээ.

Эрт босвол нэгийг үзэх

Орой унтвал нэгийг сонсох гэсэн зүйр цэцэн үг байдгийг чамд мөн ч олон удаа хэлж байна даа" гэж, ихэд арга нь барагдсан янзтай хэлэв.

ほとんど毎朝起こされて目が覚める娘に母親は「だいたいあなたは何て寝坊なの。私が小さいときは、私のおじいちゃんは、睡眠は寝てではなく、起きて終わらせるものとよく言っていたよ。早く起きれば、食事を完全に済ませて、あわてることなく授業に行けるでしょ。〈早く起きれば何かを見る、遅く寝れば何かを聞く〉ということわざがあることを、あなたに本当に何度も言っているよ」とひどく万策尽きた様子で言った。

194. Эрхийг сурахаар Бэрхийг сур

わがままを学ぶよりも
厳しさを学べ

【説明】

"わがままを学ぶよりも厳しさを学べ"というたとえから、一般に〈子供をしつけるときは、甘やかさず厳しく育てた方が、子供の将来のためになる〉という意を示す。

【類義】「可愛(かわい)い子(こ)には旅(たび)をさせよ」

(愛する子は甘やかさず厳しく育てよ、ということ)

【例文】

Бүтэн сайн өдрийн өглөө цай ууж суунгаа нөхөр нь авгайдаа: "Айлын хүүхдүүдтэй харьцуулахад, манай

хүүхдүүд гэр орны ажил хунарт туслалцахдаа тун маруухан бололтой. Чи өмнүүр нь орж, цөмийг нь хийх чинь заримдаа сайн ч, ихэнхдээ муу үр дагавартай байх шүү. Багаас нь амьдралын хэцүү бэрхийг үзүүлж амсуулах хэрэгтэй гэж бодож байна.
Ер нь ч

Эрхийг сурахаар

Бэрхийг сур гэдэг биз дээ хө" хэмээн хэлсэнд, авгай нь: "Би ч бас тэгж л боддог боловч, цагаа тулахаар чадахгүй, өрөвдөөд өмнүүр нь ороод хийчих юм" гэжээ.

日曜日の朝、お茶を飲んで座りながら、夫が自分の奥さんに「他の家の子供たちと比べると、うちの子供たちは家事を手伝うのがとても苦手なようだ。おまえが先にすべてするのは時には良いが、ほとんどは悪い結果となるものだよ。小さいときから生活の厳しさを経験させ味わわせる必要があると思うよ。そもそも〈わがままを学ぶよりも厳しさを学べ〉というだろ」と言ったところ、彼の奥さんは「私もその通りに思うけど、そのときになるとできなくて、かわいそうに思って先にしてしまうんです」と言った。

195. Эсгий хийх газар
Нохой хэрэггүй

フェルトを作る所に
犬は必要ない

【説明】

〝フェルト作りの所に犬は全く必要ない″というたとえから、一般に〈自分のできないこと、または自分とは無関係なことに、当事者以外の第三者がかかわる必要は全くない〉という意を示す。

【類義】「下手(へた)の横槍(よこやり)」

(当事者よりも劣る第三者が、できもしないくせに横から口をはさんで邪魔をする、ということ)

【例文】

XII сарын эхээр хүйтэн салхи сэвэлзсэн нэгэн өдөр Батзоригийнх идшээ төхөөрчээ. Тэгтэл дөрвөн настай банди нь үхэр төхөөрч байгааг гайхан харж, нусаа гоожуулан, чичрэн зогсохыг аав нь харчихаад, "Чи энд юугаа хийж байгаа юм бэ? Чамаар л дутаж гэнэ.

Эсгий хийх газар

Нохой хэрэггүй гэдэг л болох нь дээ. Гэртээ харьж дулаац, наад чих чинь хөлдөж магадгүй шүү" гэхчлэн загнажээ.

12月の初めに冷たいそよ風が吹いたある日、バトゾリグの家は、冬用の食肉の準備をした。すると、彼の4歳の男の子が牛を屠殺しているのを驚いて見て、(寒さで)鼻を垂らしながら、震えて立っているのを彼の父親が見つけ、「おまえはここで何をし

ているんだい。おまえはいなくていいぞ。〈フェルトを作る所に犬は必要ない〉というものだよ。家に帰って暖まれ。お前のその耳は凍傷になるかもしれないよ」などと叱った。

196. Эх нь хээр алаг бол
Унага нь шийр алаг

母親が栗毛のまだらならば
子馬は脛(すね)がまだら

【語句】
• унага …《子馬》、この代わりに хүү《子供》とも言う。

【説明】
″母親が栗毛のまだらならば子馬は脛がまだら″というたとえから、一般に〈親の性格はたとえわずかであっても子供に影響するものだ〉とか〈子供は多かれ少なかれ親に似るものだ〉という意を示す。

【類義】「蛙(かえる)の子(こ)は蛙(かえる)」
(子供は結局は親に似るものだ、ということ)

【例文】

Найманжин авгайдаа: "Манай хоёр охин юм оёж чаддаггүй нь аргагүй шүү дээ. Чи юу ч оёж шиддэггүй юм чинь.

Эх нь хээр алаг бол

Унага нь шийр алаг гэдэг ер нь яасан үнэн үг вэ?" гэж хэлсэнд, авгай нь: "Ахуй үйлчилгээний газар зөндөө олон байхад, надаар л юм оёулах гэж гэнэ. Ажил албатай учраас юм оёод суух зав чөлөө ерөөсөө байхгүйг чи өөрөө харж байгаа биз дээ" гэж өөрийгөө өмөөрчээ.

— 270 —

ナイマンジンは、奥さんに「うちの二人の娘が縫い物ができないのは仕方ないよ。おまえは何も縫い物をしないんだから。〈母親が栗毛のまだらならば子馬は脛がまだら〉というのは、だいたい何て本当のことか」と言ったところ、彼の奥さんは「サービスセンターが随分たくさんあるのに、私にだけ縫い物をさせようとするなんて。仕事を持っているので、縫い物をしている暇が全くないことをあなたは自分で見ているでしょ」と自分自身をかばった。

197. Эхийн санаа үрд
Үрийн санаа ууланд

母の思いは子に
子の思いは山に

【説明】
〝母は子を思い、子は山を思う〟というたとえから、一般に〈子を思う母の愛情は、子供がいくつになっても、変わることなく深いものだ〉とか〈母の子を思う気持ちは、なかなか子供には通じないものだ〉という意を示す。

【類義】「親の心子知らず」
(子を思う親の心も知らないで、子供は勝手な振舞いをするものだ、ということ)

【例文】
Должин гуайн нас сүүдэр нь ная хүрсэн ч гэсэн дөч тавь гарсан хоёр хүүдээ нялх хүүхэд лүгээ адил үргэлжл санаа зовдог учраас нэгэн танил хөгшин нь: "Нас тогтсон эрэгтэй хүмүүс гайгүй шүү дээ. Чи одоо өөрийгөө бодох цаг чинь болсон" гэж түүнд хэлсэнд, тэр

нэлээн бодолхийлж байснаа: "Дөч тавь гарсан ч гэсэн надад бол хүүхдүүд минь шүү дээ.

Эхийн санаа үрд

Урийн санаа ууланд гэдэг үг бол үнэхээрийн үнэн үг юм даа" хэмээн хариулжээ.

ドルジンさんのお年が80歳になっても、40、50を越えた二人の息子のことを、赤ん坊のようにいつも心配しているので、ある知り合いのおばあさんが「いい年になった男の人たちは大丈夫でしょ。あなたはもう自分のことを考える時期になった」と彼女に言ったところ、彼女はかなり考え込んでから、「40、50を越えても私には子供なんですよ。〈母の思いは子に、子の思いは山に〉という言葉は本当に事実ですね」と答えた。

• нас тогтох　物事を分別できる年になる（主に40歳以上を指す）

198. Явсан нохой
　　 Яс зууна

歩いた犬は
骨をくわえる

【説明】

〝歩いた犬は骨をくわえる〟というたとえから、一般に〈何か目的をもって行動すれば、何らかの成果が得られるものだ〉という意を示す。

【類義】「犬も歩けば棒に当たる」

(じっとしていては何も得ることはないが、積極的に行動すれば、思わぬ幸運に出会うものだ、ということ)

【例文】

Өглөө нар гараагүй байхад тарваганд явсан хоёр маань

үд өнгөрсөн хойно：

"Явсан нохой
	Яс зууна гэдгийн үлгэрээр гар хоосонгүй ирлээ. Таван тарвага агналаа" гэсээр буцаж ирэв.

朝、日が昇らないうちにタルバガ狩りに行った、うちの二人が昼過ぎに「〈歩いた犬は骨をくわえる〉という例えのように、手ぶらでは来なかったよ。5匹のタルバガを捕った」と言いながら、戻って来た。

199. Ямаа туйлаад янгиа эвдэхгүй
　　　Тэмээ туйлаад тэнгэрт гарахгүй

山羊が暴れても荷鞍をこわさない
ラクダが暴れても天に昇らない

【語句】
- янгиа …《荷鞍、粗悪な鞍》(=янгирцаг)

【説明】
"いくら山羊が暴れても荷鞍をこわすことはない、いくらラク

ダが暴れても天に昇ることはない″というたとえから、一般に
〈力の弱い者は、いくら力を誇示しても、何もできないものだ〉
という意を示す。
【類義】「魚の木に登るが如し」
（魚が木に登ろうとすることから、到底不可能なことのたとえ）
【例文】
Энхбат：Өчигдрийн нийллэг сайхан болов уу？
Мөнхбат：Сайхаан. Сайхан ч гэж дээ, Баярсайхан уусан
　　　　　архиндаа согтчихоод, илүү дутуу юм ярьж
　　　　　хүмүүсийг жаахан үймүүллээ.
Энхбат：Мөн тавтиргүй этгээд дээ. Хаа явсан газраа
　　　　　тэгж явах юм. Арай хүн хартай зодоон цохион
　　　　　хийгээгүй биз дээ？
Мөнхбат：Тэр олон хангайн нуруу шиг ханхалзсан
　　　　　сайхан эрчүүд байхад газрын бэтэг шиг
　　　　　Баярсайханы санаа нь байсан ч сачий нь
　　　　　хүрэхгүй байлгүй. Ёстой нөгөө
　　　　　　　Ямаа туйлаад янгиа эвдэхгүй
　　　　　　　Тэмээ туйлаад тэнгэрт гарахгүй
　　　　　гэдэг л болох байх даа.
エンフバト：昨日のパーティーはよかったかい。
ムンフバト：よかった。よかったというか、バヤルサイハンが
　　　　　　飲んだ酒に酔ってしまって、余計なことを言って、
　　　　　　みんなに少し迷惑をかけたよ。
エンフバト：本当におかしなやつだな。どこへ行っても、そう
　　　　　　するんだ。まさか人々とけんかはしなかったんだ
　　　　　　ろ。
ムンフバト：あのたくさんの、ハンガイ山脈のような肩幅の広

い立派な男たちがいては、ひどく背の低いバヤル
サイハンは考えがあっても、力が及ばないはずだ。
まさに例の〈山羊が暴れても荷鞍をこわさない、
ラクダが暴れても天に昇らない〉ということにな
るだろうね。

- газрын бэтэг　　　［口語］背の低い人、ちび
- сачий хүрэхгүй　　力が及ばない

200. Ямааны мах халуун дээрээ

山羊の肉は熱いうちに

【説明】

"山羊の肉は冷えやすく固まりやすい（царцамтгай）ので、熱いうちに早く食べた方がよい"というたとえから、一般に〈何事も時間を無駄にしないで、早いうちに実行に移すのがよい〉という意を示す。

【類義】「善は急げ」

（よいと思ったことはすぐに実行に移すのがよい、ということ）

「旨い物は宵に食え」

（旨い物は、今宵のうちに早く食べた方がよいという意から、よい事は早くするのがよい、ということ）

【例文】

Ээж нь хүүгийнхээ өрөөнд орж ирэнгүүтээ : "Би дөнгөж сая чиний хэрэгтэй гээд байсан номыг Дорж багшаас утсаар асуусан чинь, түүнд ашгүй байна гэнэ. Хэдэн хоног зээлж авч болно гэж байна.

　　Ямааны мах халуун дээрээ гэдэг юм. Миний хүү одоохон жирийлгэж очоод аваад ир !" гэжээ.

母親が自分の息子の部屋に入って来たとたん、「私はついさっきあなたが必要だと言っていた本を、ドルジ先生に電話で聞いたら、先生に幸いにもあるそうよ。何日間か借りてもいいと言っているわ。〈山羊の肉は熱いうちに〉というものよ。あなたは今すぐ駆けて行って取ってきなさい」と言った。

第三章

モンゴル語のことわざの構造的特徴

モンゴル語のことわざを、その構造的特徴から、次の5つの項目、すなわち、
- A．基本文型
- B．所有構文
- C．名詞の格語尾
- D．動詞の連用語尾
- E．命令・否定命令

に分けて、それぞれ分析すると、おおむね次のように定式化することができる。

以下、Sは主語、Nは名詞類(形容詞を含む)、Vは動詞類を示す。

A．基本文型

1) 名詞述語基本形

- $\begin{cases} S_1 + N_1 \\ S_2 + N_2 \end{cases}$ S_1 は N_1 である / S_2 は N_2 である

 Мөнгө цагаан   銀は白い
 Нүд улаан   目は赤い

2) 名詞述語拡張形

- $\begin{cases} N_1\text{-ын}^2 \ N_1' + N_1'' \\ N_2\text{-ын}^2 \ N_2' + N_2'' \end{cases}$ N_1 の N_1' は N_1'' である / N_2 の N_2' は N_2'' である

 Аавын сургаал алт   父の教えは金
 Ээжийн сургаал эрдэм   母の教えは学

3) 名詞述語否定形

- $\begin{cases} S_1 + N_1 \ \text{биш} \\ S_2 + N_2 \ \text{биш} \end{cases}$ S_1 は N_1 ではない / S_2 は N_2 ではない

Инээсэн бүхэн нөхөр биш
Уурласан бүхэн дайсан биш
    笑った者すべてが友ではない
    怒った者すべてが敵ではない

4) 動詞述語基本形
- $\begin{cases} S_1 + V_1 \\ S_2 + V_2 \end{cases}$ S_1 は V_1 する
      S_2 は V_2 する

 Авах хүн бөхийх   もらう人は前かがむ
 Өгөх хүн гэдийх   あげる人は反りかえる

5) 動詞述語拡張形
- $\begin{cases} S_1 + N_1\text{-ыг}^2\ V_1 \\ S_2 + N_2\text{-ыг}^2\ V_2 \end{cases}$ S_1 は N_1 を V_1 する
        S_2 は N_2 を V_2 する

 Уул морийг зовоодог   山は馬を苦しめる
 Уур биеийг зовоодог   怒りは身を苦しめる

6) 動詞述語否定形
a) 両者否定形
- $\begin{cases} S_1 + V_1\text{-даг}^4\text{гүй}(\sim\text{-хгүй}) \\ S_2 + V_2\text{-даг}^4\text{гүй}(\sim\text{-хгүй}) \end{cases}$ S_1 は V_1 しない
            S_2 は V_2 しない

 Ганц мод гал болдоггүй 一本の木は火にならない
 Ганц хүн айл болдоггүй 一人の人は家族にならない

 Ганцаараа идсэн гахай таргалахгүй
 Олуулаа идсэн оготно турахгүй
    一人で食べた豚は太らない
     大勢で食べた野ネズミはやせない

b) 混合形

- $\begin{cases} S_1 + V_1\text{-даг}^4(\sim\text{-на}^4) & S_1 \text{は } V_1 \text{する} \\ S_2 + V_2\text{-даг}^4\text{гүй}(\sim\text{-хгүй}) & S_2 \text{は } V_2 \text{しない} \end{cases}$

　　Тэнгэрийн муухай арилдаг
　　Хүний муухай арилдаггүй
　　　　　　　　天気の悪いのは晴れる
　　　　　　　　人間の悪い所は消えない
　　Мэсний шарх эдгэрнэ　　刃物の傷は治る
　　Үгний шарх эдгэрэхгүй　　言葉の傷は治らない

B. 所有構文

1) 名詞所有基本形

- $\begin{cases} S_1 + N_1\text{-тай}^3 & S_1 \text{は } N_1 \text{をもつ} \\ S_2 + N_2\text{-тай}^3 & S_2 \text{は } N_2 \text{をもつ} \end{cases}$

　　Ой мод урттай богинотой
　　Олон хүн сайнтай муутай
　　　　　　　　森林には長いのも短いのもある
　　　　　　　　多くの人には良い人も悪い人もいる
　　Бушуу туулай　　　　急ぐうさぎは
　　Борвиндоо баастай　　アキレス腱に糞がつく

2) 名詞所有拡張形

- $\begin{cases} S_1 + N_1\text{-тай}^3 \text{ нь дээр} & S_1 \text{は } N_1 \text{があるのがよい} \\ S_2 + N_2\text{-тай}^3 \text{ нь дээр} & S_2 \text{は } N_2 \text{があるのがよい} \end{cases}$

　　　Тоглоом тоотой нь дээр　　遊びは適度なのがよい
　　　Толгой мөлжүүртэй нь дээр　頭は肉のあるのがよい

3) 名詞所有否定形
- $\begin{cases} S_1+N_1\text{-гүй} \\ S_2+N_2\text{-гүй} \end{cases}$ S_1 は N_1 がない
          　　　　　　　　　　　　　S_2 は N_2 がない

　　Хүн болгон адилгүй　　　　人はすべて同じではない
　　Хүлэг болгон жороогүй　　馬はすべて跑足ではない

　　Загасчны морь усгүй　　　漁師の馬に水なし

4) 名詞所有二重否定形
- $\begin{cases} N_1\text{-гүй } N_1'+V_1\text{-даг}^4\text{гүй} \\ N_2\text{-гүй } N_2'+V_2\text{-даг}^4\text{гүй} \end{cases}$ N_1 のない N_1' は V_1 しない
          　　　　　　　　　　　　　　　　N_2 のない N_2' は V_2 しない

　　Зүйргүй үг байдаггүй
　　Зүйдэлгүй дээл байдаггүй

　　　　　　　　　　　　　比喩のない言葉はない
　　　　　　　　　　　　　継ぎ目のないデールはない

C. 名詞の格語尾

1) 属格語尾 -ын² を用いた形式
　a) 基本形
- $\begin{cases} N_1\text{-ын}^2 N_1' \text{ нь дээр}(\sim\text{сайн}) \\ N_2\text{-ын}^2 N_2' \text{ нь дээр}(\sim\text{сайн}) \end{cases}$ N_1 の N_1' がよい
          　　　　　　　　　　　　　　　　　　N_2 の N_2' がよい

　　Ураг төрлийн хол нь дээр　　親戚は遠いのがよい
　　Ус цасны ойр нь дээр　　　　水は近いのがよい

　b) 不完全形(述語省略)
- $\begin{cases} N_1\text{-ын}^2 N_1'(\text{нь}) \\ N_2\text{-ын}^2 N_2'(\text{нь}) \end{cases}$ N_1 の N_1' が
          　　　　　　　　　　N_2 の N_2' が

    Жаргалын удаан   楽しみのゆっくりなのが
    Зовлонгийн түргэн 苦しみのはやいのが

    Хүний хуучин нь   人は古いのが
    Дээлийн шинэ нь   衣は新しいのが

c) 程度・範囲表示
- $\begin{cases} S_1 + N_1\text{-ын}^2\ \text{чинээ} & S_1\text{は}N_1\text{ぐらい}(\sim\text{の大きさ}) \\ S_2 + N_2\text{-ын}^2\ \text{чинээ} & S_2\text{は}N_2\text{ぐらい}(\sim\text{の大きさ}) \end{cases}$

  Танилтай хүн талын чинээ
  Танилгүй хүн алгын чинээ
       知り合いのある人は草原の如し
       知り合いのない人は掌の如し

- $\begin{cases} N_1\text{-ын}^2(\text{хаа}^4)\ \text{хэрээр}\ V_1 & N_1\text{の範囲で}V_1\text{する} \\ N_2\text{-ын}^2(\text{хаа}^4)\ \text{хэрээр}\ V_2 & N_2\text{の範囲で}V_2\text{する} \end{cases}$

  Хөнжлийнхөө хэрээр хөлөө жий
  Адууныхаа хэрээр исгэр
       ふとんの範囲で足を伸ばせ
       馬の数の範囲で口笛を吹け

2) 与位格語尾 -д(-т)を用いた形式
 a) 基本形
- $\begin{cases} N_1\text{-д}\ S_1 + N_1{'}\ (\sim V_1) & N_1\text{に}S_1\text{は}N_1{'}\text{である}(\sim V_1\text{する}) \\ N_2\text{-д}\ S_2 + N_2{'}\ (\sim V_2) & N_2\text{に}S_2\text{は}N_2{'}\text{である}(\sim V_2\text{する}) \end{cases}$

  Үнэн үг хэлсэн хүнд хүн өшөөтэй
  Үхэр унасан хүнд нохой өшөөтэй
       真実を言った人に人は恨みをもつ
       牛に乗った人に犬は敵意をもつ

Зан сайтай айлд хүн болгон цуглана
Замаг сайтай усанд загас болгон цуглана
    性格の良い家に人ごと集まる
    藻の良い川に魚ごと集まる

b) 不完全形(述語省略)

- $\begin{cases} N_1\text{-д } N_1' \\ N_2\text{-д } N_2' \end{cases}$ N_1に N_1' / N_2に N_2'

 Чамд инээд   君には笑い
 Над ханиад   私には咳

- $\begin{cases} S_1 + N_1\text{-д} \\ S_2 + N_2\text{-д} \end{cases}$ S_1は N_1に / S_2は N_2に

 Эхийн санаа үрд   母の思いは子に
 Үрийн санаа ууланд 子の思いは山に

c) 名詞所有否定形

- $\begin{cases} N_1\text{-д } N_1'\text{-гүй} \\ N_2\text{-д } N_2'\text{-гүй} \end{cases}$ N_1に N_1'がない / N_2に N_2'がない

 Залгидгийн гэрт хоолгүй
 Залхуугийн гадаа түлээгүй

    大食いの家に食事なし
    怠け者の外にたきぎなし

2)′ 時表示 -хад^4, -хдаа^4 形(与位格語尾接続形)

 a) -хад^4 形
  I) 名詞述語形
- $\begin{cases} V_1\text{-хад}^4 \ N_1 \\ V_2\text{-хад}^4 \ N_2 \end{cases}$ V_1するとき N_1である / V_2するとき N_2である

    Хэлэхэд амархан   言うのは易しい
    Хийхэд хэцүү   するのは難しい
 II）動詞述語形
  • V₁-хад⁴ V₂   V₁するときV₂する
    Айхад   恐がると
    Аргал хөдөлнө   牛糞が動く

b) -хдаа⁴ 形
 • {V₁-хдаа⁴ N₁   V₁するときはN₁である
   V₂-хдаа⁴ N₂   V₂するときはN₂である
   Ууж идэхдээ уургын морь
   Урагшаа гишгэхдээ ургаа хад
       飲み食いするときは馬捕り用の馬
       前へ踏み出すときは不動の岩

3) 奪格語尾 -аас⁴ を用いた形式
 a) 起点表示
  I) 基本形
   • {N₁-аас⁴   N₁から
     N₂ болох   N₂になる
    Бага залхуугаас   小さな怠惰から
    Их залхуу болох   大きな怠惰になる
  II) 不完全形（述語省略）
   • {S₁+N₁-аас⁴   S₁はN₁から（〜より）
     S₂+N₂-аас⁴   S₂はN₂から（〜より）
    Хүн болох багаасаа
    Хүлэг болох унаганаасаа
        人となるのは幼少から

駿馬となるのは子馬から

Ⅲ）命令形

- $\begin{cases} N_1\text{-aac}^4 \ V_1\text{-}\phi & N_1 から V_1 せよ \\ N_2\text{-aac}^4 \ V_2\text{-}\phi & N_2 から V_2 せよ \end{cases}$

  Болсноос ам хүр　　出来上がったものに口をつけよ
  Буурлаас үг сонс　　老人の言うことを聞け

b）比較表示

Ⅰ）名詞比較型

- $\begin{cases} N_1\text{-aac}^4 & N_1 よりも \\ N_2 + N_3 & N_2 が N_3 である \end{cases}$

  Урьд гарсан чихнээс　　先に出た耳よりも
  Хойно гарсан эвэр урт　　後に出た角が長い

- $\begin{cases} N_1\text{-aac}^4 & N_1 よりも \\ N_2 \ дээр & N_2 がよい \end{cases}$

  Жор үзсэн эмчээс
  Зовлон үзсэн чавганц дээр

  　　　　　処方箋を学んだ医者よりも
  　　　　　苦しみを味わった老婆の方がよい

Ⅱ）動詞比較型

- $\begin{cases} V_1\text{-санаас}^4 & V_1 するよりも \\ V_2\text{-сан}^4 \ \text{нь дээр} & V_2 した方がよい \end{cases}$

  Зуу дахин сонссоноос　　百回聞くよりも
  Нэг удаа үзсэн нь дээр　　一回見た方がよい

c）原因表示

- $\begin{cases} N_1\text{-aac}^4 \ N_1'\text{-aa}^4 & N_1 のために自分の N_1' を \\ N_2\text{-aac}^4 \ N_2'\text{-aa}^4 & N_2 のために自分の N_2' を \end{cases}$

Нойрноос морио　　　眠りのせいで馬を
Чөмөгнөөс хутгаа　　骨髄のせいでナイフを

4）造格語尾 -aap[4] を用いた形式
   a) 基本形
   - $\begin{cases} N_1\text{-aap}^4\ V_1 \\ N_2\text{-aap}^4\ V_2 \end{cases}$　　N_1でV_1する
　　　　　　　　　　　　N_2でV_2する

     Шөлөөр цадаж　　スープで満腹になり
     Төлөөр баяждаг　家畜の子で豊かになる

   b) 拡張形
   - $\begin{cases} N_1\text{-aap}^4\ N_1'\text{-ыг}^2\ V_1 \\ N_2\text{-aap}^4\ N_2'\text{-ыг}^2\ V_2 \end{cases}$　N_1でN_1'をV_1する
　　　　　　　　　　　　　　N_2でN_2'をV_2する

     Хорт сумаар нэгийг алдаг　　毒矢で一人を殺す
     Хорон үгээр мянгыг алдаг　　毒舌で千人を殺す

   c) 否定形
   - $\begin{cases} N_1\text{-aap}^4\ N_1'\ \text{болохгүй} \\ N_2\text{-aap}^4\ N_2'\ \text{болохгүй} \end{cases}$　N_1でN_1'にならない
　　　　　　　　　　　　　　　N_2でN_2'にならない

     Бардам үгээр цэцэн болохгүй
     Балмад явдлаар баатар болохгүй

     　　　　　　　　傲慢な言葉で賢者にならない
     　　　　　　　　野蛮な行為で英雄にならない

   d) 不完全形（述語省略）
   - $\begin{cases} S_1+N_1\text{-aap}^4 \\ S_2+N_2\text{-aap}^4 \end{cases}$　　S_1はN_1で
　　　　　　　　　　S_2はN_2で

Мал хөлөөрөө	家畜は足で
Хүн хэлээрээ	人は言葉で
• $\begin{cases} N_1\text{-ыг}^2\ N_1'\text{-аар}^4 \\ N_2\text{-ыг}^2\ N_2'\text{-аар}^4 \end{cases}$	N_1をN_1'で N_2をN_2'で
Эрдмийг хичээлээр	学問は努力で
Эрлийг сургаар	捜し物は尋ねて

5) 再帰所有語尾 -аа⁴ を用いた形式

a) 名詞接続型

• $\begin{cases} S_1+N_1\text{-аа}^4 \\ S_2+N_2\text{-аа}^4 \end{cases}$	S_1は自分のN_1を S_2は自分のN_2を
Хүн нэрээ	人は名を
Тогос өдөө	孔雀は羽を
• $\begin{cases} N_1\text{-аас}^4\ N_1'\text{-аа}^4 \\ N_2\text{-аас}^4\ N_2'\text{-аа}^4 \end{cases}$	N_1のために自分のN_1'を N_2のために自分のN_2'を
Нойрноос морио	眠りのせいで馬を
Чөмөгнөөс хутгаа	骨髄のせいでナイフを

b) 動詞接続型

• $\begin{cases} S_1+V_1\text{-санаа}^4 \\ S_2+V_2\text{-санаа}^4 \end{cases}$	S_1は自分のV_1したことを S_2は自分のV_2したことを
Сайн хүн явснаа	善人は出かけたことを
Муу хүн идсэнээ	悪人は食べたことを

D. 動詞の連用語尾

1) -ж(-ч)(結合)、-аад⁴(分離)、-саар⁴(継続)を用いた形式

a) -ж (-ч) (結合)

- $\begin{cases} V_1\text{-ж (-ч)} \\ V_2\text{-х} (\sim\text{-на}^4\sim\text{-даг}^4) \end{cases}$ $\begin{matrix} V_1 して \\ V_2 する \end{matrix}$

 Үг олдож   言葉が多すぎて
 Үхэр холдох   牛が遠ざかる

 Сэжгээр өвдөж   疑心で病み
 Сүжгээр эдгэдэг   信心で治る

b) -аад⁴ (分離)

- $\begin{cases} V_1\text{-аад}^4 \\ V_2\text{-х} \end{cases}$ $\begin{matrix} V_1 して（から） \\ V_2 する \end{matrix}$

 Гар бариад   手を握って
 Бугуй барих   手首を握る

 Нэг чихээр ороод   一方の耳から入って
 Нөгөө чихээр гарах 他方の耳から出る

- $\begin{cases} V_1\text{-х гээд} \\ V_2\text{-х} \end{cases}$ $\begin{matrix} V_1 しようとして \\ V_2 する \end{matrix}$

 Нуухыг нь авах гээд 目やにを取ろうとして
 Нүдийг нь сохлох   目をつぶす

 Зүүдээ ярих гээд   夢を話そうとして
 Хулгайгаа ярих   盗みを話す

c) -саар⁴ (継続)

- $\begin{cases} V_1\text{-саар}^4\ V_1\text{-саар}^4\ N_1 (\text{болдог}) \\ V_2\text{-саар}^4\ V_2\text{-саар}^4\ N_2 (\text{болдог}) \end{cases}$

$$V_1 しながら V_1 しながら N_1(になる)$$
$$V_2 しながら V_2 しながら N_2(になる)$$

 Уйлсаар уйлсаар хүн болдог
 Майлсаар майлсаар мал болдог
    泣きながら泣きながら人となる
    鳴きながら鳴きながら家畜となる

 Хуурсаар хуурсаар худалч
 Хумсалсаар хумсалсаар хулгайч
    だましながらだましながら嘘つき
    盗みながら盗みながら泥棒

2) -хаар^4(比較)を用いた形式

 a) 基本形…モンゴル語のことわざに見える最も頻度の高い形式である。

- $\begin{cases} V_1\text{-хаар}^4 \\ V_2\text{-}\phi \end{cases}$ V_1 するよりも
        V_2 せよ

  Айлаас эрэхээр 人の家から捜すよりも
  Авдраа уудал   自分の衣装箱を捜せ

  Эрхийг сурахаар わがままを学ぶよりも
  Бэрхийг сур   厳しさを学べ

 b) 拡張形

- $\begin{cases} V_1\text{-хаар}^4 \\ V_2\text{-сан}^4 \text{ нь дээр} \end{cases}$ V_1 するよりも
         V_2 した方がよい

  Муу явахаар   惨めに生きるよりも
  Сайн үхсэн нь дээр 立派に死んだ方がよい

2)′-хаар⁴(時)を用いた形式
- S+V′-хаар⁴+|N|　　　SはV′すると|Nである|
　　　　　　　|V|　　　　　　　　　　　|Vする|

　Нохой хамартаа хүрэхээр усч
　　　　　　　　　　犬は鼻に水が達すると泳ぎ上手

　Ишиг эврээ ургахаар　　　子山羊は角が生えると
　Эхийгээ мөргөх　　　　　　母親を角で突く

3) -вал⁴(条件)を用いた形式
　a) 名詞述語形
- $\begin{cases} V_1\text{-вал}^4\ N_1\ (\text{болно}) \\ V_2\text{-вал}^4\ N_2\ (\text{болно}) \end{cases}$　　　V_1すればN_1(になる)
　　　　　　　　　　　　　　　　　V_2すればN_2(になる)

　　Дуслыг хураавал далай
　　Дуулсныг хураавал эрдэм
　　　　　　　　　　　　滴を集めれば海
　　　　　　　　　　　　聞いたことを集めれば学

　　Шунал ихэдвэл　　　　欲が過ぎれば
　　Шулам болдог　　　　悪魔となる

　b) 名詞述語否定形
- $\begin{cases} V_1\text{-вал}^4\ N_1\text{-гүй} \\ V_2\text{-вал}^4\ N_2\text{-гүй} \end{cases}$　　　V_1すればN_1がない
　　　　　　　　　　　　　　　　　V_2すればN_2がない

　　Бүгдээрээ хэлэлцвэл буруугүй
　　Бүлээн усаар угаавал хиргүй
　　　　　　　　　　　　みんなで話し合えば間違いなし

　　　　　　　　　　ぬるま湯で洗えば汚れなし

c) 動詞述語形
- $\begin{cases} V_1\text{-вал}^4\ V_1'\text{-даг}^4\ (\sim\text{-на}^4\sim\text{-х}) \\ V_2\text{-вал}^4\ V_2'\text{-даг}^4\ (\sim\text{-на}^4\sim\text{-х}) \end{cases}$ 　V_1すれば V_1'する
　V_2すれば V_2'する

　　Санаж явбал бүтдэг 　　　　思って行けば実現する
　　Сажилж явбал хүрдэг 　　　ゆっくり行けば到着する

　　Эрт босвол нэгийг үзэх
　　Орой унтвал нэгийг сонсох
　　　　　　　　　　早く起きれば何かを見る
　　　　　　　　　　遅く寝れば何かを聞く

d) 動詞述語拡張形
- $\begin{cases} V_1\text{-вал}^4\ V_1'\text{-х хэрэгтэй} \\ V_2\text{-вал}^4\ V_2'\text{-х хэрэгтэй} \end{cases}$

　　　　　　　V_1すれば V_1'しなければならない
　　　　　　　V_2すれば V_2'しなければならない

　　Эхэлбэл дуусгах хэрэгтэй
　　Эрвэл олох хэрэгтэй
　　　　　　　　始めれば終えなければならない
　　　　　　　　捜せば見つけなければならない

e) 条件＋否定命令
- $\begin{cases} V_1\text{-вал}^4\ \text{бүү}\ V_1'\text{-}\phi \\ V_2\text{-вал}^4\ \text{бүү}\ V_2'\text{-}\phi \end{cases}$ 　V_1すれば V_1'するな
　V_2すれば V_2'するな

　　Айвал бүү хий 　　　　恐れるならするな
　　Хийвэл бүү ай 　　　　するなら恐れるな

3)' бол(条件)を用いた形式
  a) 基本形
  - $\begin{cases} S_1+N_1 \text{ бол} \\ S_2+N_2(\sim V) \end{cases}$ S_1がN_1であれば
            S_2がN_2である(〜Vする)
    Эх нь хээр алаг бол   母親が栗毛のまだらならば
    Унага нь шийр алаг   子馬は脛がまだら

    Эр хүн зоригтой бол   男は勇気があれば
    Чоно чацга алдана   狼は下痢をする

  b) 所有否定＋条件
  - $\begin{cases} N_1\text{-гүй бол } N_1{'} \\ N_2\text{-гүй бол } N_2{'} \end{cases}$ N_1がなければ$N_1{'}$である
            N_2がなければ$N_2{'}$である
    Өргүй бол баян   借金がなければ金持ち
    Өвчингүй бол жаргал   病気がなければ幸福

  c) 動詞述語否定形
  - $\begin{cases} S_1+V_1\text{-хгүй бол} \\ S_2+V_2\text{-хгүй} \end{cases}$ S_1がV_1しないならば
            S_2がV_2しない
    Дээд хүн суудлаа олохгүй бол
    Доод хүн гүйдлээ олохгүй
           上の人が地位を得なければ
           下の人は行動を得ない

4) -вч, боловч, ч V-сан[4], ч гэсэн, -гүй(-хгүй) байж (譲歩)を用いた形式

a) 名詞述語形
- V-вч N   V しても N である

    Могой гурав тасравч   蛇は三つに切れても
    Гүрвэлийн чинээ   とかげくらい

b) 動詞述語形
- $\begin{cases} V_1\text{-вч } V_1' \\ V_2\text{-вч } V_2' \end{cases}$ V_1して も V_1'する
       V_2しても V_2'する

    Булавч бултайна   埋めても突き出る
    Даравч дардайна   押してもはみ出る

c) 動詞述語否定形
- $\begin{cases} V_1\text{-вч } V_1'\text{-хгүй} \\ V_2\text{-вч } V_2'\text{-хгүй} \end{cases}$ V_1しても V_1'しない
       V_2しても V_2'しない

    Сайн нэрийг хүсэвч олдохгүй
    Муу нэрийг хусавч арилахгүй

        名声は望んでも得られない
        悪名は削っても消えない

d) болов ч 形
- $\begin{cases} N_1 \text{ болов ч } N_1' (\sim V_1) \\ N_2 \text{ болов ч } N_2' (\sim V_2) \end{cases}$

       N_1であっても N_1'である($\sim V_1$する)
       N_2であっても N_2'である($\sim V_2$する)

    Бороотой боловч болзоондоо
    Хуртай боловч хугацаандаа

        風雨であっても約束に
        降雨であっても期限に

e) боловч＋否定命令
- $\begin{cases} N_1 \text{ боловч бүү } V_1\text{-}\phi & N_1 \text{であっても } V_1 \text{するな} \\ N_2 \text{ боловч бүү } V_2\text{-}\phi & N_2 \text{であっても } V_2 \text{するな} \end{cases}$

　　Жаргалтай боловч орондоо бүү дуул
　　Зовлонтой боловч орондоо бүү уйл
　　　　　　　　しあわせでもベッドでは歌うな
　　　　　　　　つらくてもベッドでは泣くな

f) ч V-сан⁴ 形
- $\begin{cases} N_1 \text{ ч } V_1\text{-сан}^4 + V_1' & N_1 \text{を } V_1 \text{しても } V_1' \text{する} \\ N_2 \text{ ч } V_2\text{-сан}^4 + V_2' & N_2 \text{を } V_2 \text{しても } V_2' \text{する} \end{cases}$

　　Илжигний чихэнд ус ч хийсэн сэгсэрнэ
　　Тос ч хийсэн сэгсэрнэ
　　　　　　　　ロバの耳に水を入れても振り払う
　　　　　　　　油を入れても振り払う

g) ч гэсэн 形 (f)の発展形)
- $\begin{cases} N_1 \text{ ч гэсэн } N_1' & N_1 \text{であっても } N_1' \text{である} \\ N_2 \text{ ч гэсэн } N_2' & N_2 \text{であっても } N_2' \text{である} \end{cases}$

　　Сиймхий ч гэсэн гэр минь
　　Сэгсгэр ч гэсэн ээж минь
　　　　　　　　ぼろぼろであってもわが家
　　　　　　　　ぼさぼさであってもわが母

h) -гүй(-хгүй) байж 形
- $\begin{vmatrix} \text{N-гүй} \\ \text{V-хгүй} \end{vmatrix} \text{байж } V' \quad \begin{vmatrix} \text{N がないのに} \\ \text{V しないのに} \end{vmatrix} V' \text{する}$

　　Өмдгүй байж

Өвдөг цоорхойг шоолох
    ズボンがないのに
    ひざが穴のあいたのをからかう

Өөрийн толгой дээрх тэмээг харахгүй байж
Өрөөлийн толгой дээрх өвсийг харах
    自分の頭の上のラクダを見ないで
    他人の頭の上の草を見る

5) -тал^4 (限界) を用いた形式
 a) 基本形
- $\begin{cases} \text{V-тал}^4 \\ \text{S+N} \end{cases}$ Vするまで
      SはNである
  Сүх далайтал   斧を振り上げるまで
  Үхэр амар   牛は安心

 b) 条件＋限界
- $\begin{cases} \text{V}_1\text{-вал}^4 \ \text{V}_1\text{'-тал}^4 \\ \text{V}_2\text{-вал}^4 \ \text{V}_2\text{'-тал}^4 \end{cases}$ V_1すればV_1'するまで
          V_2すればV_2'するまで
  Ажил хийвэл дуустал 仕事をすれば終わるまで
  Давс хийвэл уустал   塩を入れれば溶けるまで

E. 命令・否定命令

1) 命令形（動詞語幹）を用いた形式
 a) 基本形
- $\begin{cases} \text{V}_1\text{-}\phi \\ \text{V}_2\text{-}\phi \end{cases}$ V_1せよ
        V_2せよ
  Аавын бийд хүнтэй танилц

　　　　　Агтны бийд газар үз
　　　　　　　　　父のいるときに人と知り合え
　　　　　　　　　馬のいるときに土地を見よ

b) 接続形
- $\begin{cases} V_1\text{-ж}(\text{-ч}) \\ V_2\text{-}\phi \end{cases}$　　　　V_1して
　　　　　　　　　V_2せよ
  　Долоо хэмжиж　　七回測って
  　Нэг огтол　　　　一回切れ

c) 比較形
- $\begin{cases} V_1\text{-хаар}^4 \\ V_2\text{-}\phi \end{cases}$　　　　V_1するよりも
　　　　　　　　　V_2せよ
  　Чамлахаар　　　　不足に思うよりも
  　Чанга атга　　　　しっかりと握れ

2) 否定命令 бүү を用いた形式
  a) 基本形
  - $\begin{cases} \text{бүү } V_1\text{-}\phi \\ \text{бүү } V_2\text{-}\phi \end{cases}$　　　V_1するな
　　　　　　　　　V_2するな
    　Эрийг бүү бас　　男を侮るな
    　Далайг бүү янд　　海を量るな

  b) 混合形
  - $\begin{cases} V_1\text{-}\phi \\ \text{бүү } V_2\text{-}\phi \end{cases}$　　　　V_1せよ
　　　　　　　　　V_2するな
    　Инээснийг асуу　　笑ったのを聞け
    　Уйлсныг бүү асуу　泣いたのを聞くな

第四章

中世モンゴル語諸文献に見えることわざ
― 現代モンゴル語のことわざと比較して ―

中世モンゴル語の諸文献には、現代モンゴル語のことわざに、表現形式がかなり類似したものがいくつか見られる。これは、モンゴル語のことわざの成立過程をたどって見るうえで、非常に興味深いことである。

　ここでは、中世モンゴル語の諸文献の中から、A.『モンゴル秘史』、B.『ソバシド』の2つの文献を取り上げ、そこに見られる若干のことわざを、現代モンゴル語のことわざと比較し検証してみたい。

A.『モンゴル秘史』(『元朝秘史』)"Монголын нууц товчоо"

　13世紀前半から中頃にかけて著された文献で、著者は不明である。小沢によると、その大部分が1228年と1252年の2度にわたって編著されたようである。

　内容は、モンゴル人の始祖伝説から始まり、チンギスハーンを主人公とする一代記である。

　原典はいまだ発見されていないが、おそらくはウイグル式モンゴル文字で書かれたものと推定され、現在に伝わるものは、14世紀後半に漢字音写されたもので、全十二巻本と全十五巻本の二種の流布本がある。

1) a) 『モンゴル秘史』(§33)より

　　　孛端察児　　不中忽中合塔吉　　阿中合余安
　　　Bodončar　　Buqu-qatagi　　　aqa-yu'ān
　　　ボドンチャルは、ブク・カタギ　　兄　　　の

　　　(中)豁亦納察　苔中合周　　中合苔舌刺周　　迓步(你)
　　　qoyina-ča　dagaju　　qataraju　　yabu(n)
　　　後　　から　ついて　　駆けて　　行き

— 298 —

嗚詁列^舌論　阿^中合　阿^中合　別耶　帖^舌里兀禿
ügülerün　aqa　aqa　beye　teri'ütü
言うのに、「兄さん、兄さん、体に頭あり、

迭額(勒)　札^(中)合禿　撒因　客額罷
de'ēl　jaqatu　sayin　ke'ēbe
衣に　襟ありは　よい」と言った。

b) 現代語

　　Хүн ахтай　　　人に長あり
　　Дээл захтай　　衣に襟あり
　→〈人は世の中の規律を守り、年長者を敬わなければならない〉という意味。

2) a)『モンゴル秘史』(§76) より

兀真　額客　嗚詁列^舌論　也古兀者埃
Üjin　eke　ügülerün　yegü'üje'ei
ウジン　母　が　言うのに、「けなさないように、

阿^(中)合納児　迭兀揑児　　也勤帖因
aqa-nar　de'ü-ner　yekin　teyin
兄 たち　弟 たち が どうして そのように

乞(勒)都梅　　塔　　薛兀迭^舌列徹　不速
kildümüi　ta　se'üder-eče　busu
しあうのか、おまえたちは。　影　より　他に

那可児　兀該　薛温(勒)額徹　不速
nökör　ügei　se'ül-ece　busu
　友　なし、　尾　より　他に

— 299 —

赤出阿⁽注⁾　兀該　備　　必荅
čiču'ā　　ügei　bui　bida　…
　鞭　　　なし　です、我々は。…

注) čiču'ā《鞭》は、満洲・トゥングース系の単語である可能性が大きい。

《鞭》：女真語　　sušiha,　　満洲文語　šusiha
　　　錫伯語　　susχa,　　鄂温克語　ʃisʊg
　　　鄂倫春語　tʃɪtʃaw,　赫哲語　　tsutsa
　　cf. モンゴル系土族語　ɕdʑau

b) 現代語

　　Сүүдрээсээ өөр нөхөргүй
　　Сүүлнээсээ өөр ташуургүй
　　　影以外に友なし
　　　尾以外に鞭なし
　　→〈自分以外に頼りになる者がなく、一人ぼっちである〉という意味。

3) a)『モンゴル秘史』(§108) より

札木中合　　　嗚詁列舌論　　孛舌羅安　　別舌児
Jamuqa　　　ügülerün　　boro'ān　　ber
ジャムカ が 言うのに、　「風雪　　で

孛魯阿速　　孛勒札勒突舌児　　中忽舌剌　　別舌児
bolu'āsu　　boljal-dur　　　qura　　ber
あっても　　約会　に、　　　雨　　で

孛魯阿速　　中忽舌剌勒突舌児　　不　　中豁只荅牙
bolu'āsu　　qural-dur　　　　bū　　qojidaya
あっても　　集会　に　　　おくれないようにしよう、

額薛兀　客額勒都列埃　必荅
ese'ü　ke'ēldüle'ēi　bida　…
と言い合わなかったか、我々は。…

b) 現代語

> Бороотой болович болзоондоо
> Хуртай болович хугацаандаа
> 　風雨であっても約束に
> 　降雨であっても期限に
> → 〈どんな困難や障害があっても、いったん決めた約束や期限は必ず守らなければならない〉という意味。

4) a)『モンゴル秘史』(§117)より

兀(舌)里都思　斡脱古孫　兀格　莎那思抽
uridus　ötögüs-ün　üge　sonosču
　昔の　　老人たちの　言葉を　聞いて、

安荅古温　阿民　你刊　兀禄　帖卜赤勒敦
anda kü'ün amin niken,　ülü　tebčildün
「盟友の人は命　ひとつ、棄て合うことなく

阿米訥　阿舌里赤　孛魯由客延
amin-u　ariči　boluyu keyēn
命の　保護者　となる」と言って

阿馬舌剌勒都中灰　約孫　帖亦模
amaralduqui　yosun　teyimü
親しみ合う　道理 は このようである。

― 301 ―

b) 現代語

　　　Айл хүний амь нэг
　　　Саахалт хүний санаа нэг
　　　　家族の人の命はひとつ
　　　　近隣の人の意はひとつ
　　→〈家族や近隣で共に暮らす人々の絆は強く、考えも一致している〉という意味。

B.『ソバシド』"Субашид"

　13世紀初め、チベット出身、サジャ・バンディド・ゴンガージャルツァン（Сажа Бандид Гунгаажалцан）(1182-1251)が、チベット語で著した作品で、13世紀終わり頃にモンゴル語訳され伝播した。

　内容は仏教の経典ではなく、当時としては進歩的な、民族の格言やこの世の生活の教訓を表した選集であり、全九章から成る。

　原題をサンスクリット語で "Subhāshita ratna nidhi"、チベット語で "Legs-bšad rin-po-čei gter"、モンゴル語で "Sayin ügetü erdeni-yin sang"（『善説宝蔵』）と言うが、モンゴルでは、通常 "Субашид" と呼ばれる。

　モンゴル語版『ソバシド』の代表的なものに、13世紀終わり頃か14世紀初め頃に書かれた Тарнич тойн Соном-Гара の訳（以下、Соном-Гара の訳）や、18世紀終わり頃に書かれた Цахар гэвш Лувсанчүлтэм の訳（以下、Цахар гэвш の訳）などがある。

1) a) Соном-Гара の訳(111)より
　　　büküi-tü čaɤ-tur bügüdeger sadun bolai :

ker ber sintarabasu qotola dayisun bolui：
erdeni-tü qoi-dur qolakin ber qurayu：
sirgigsen naɣur-i ken ber bögesü tebčiyü：
　　持っているときにみんな親類となる、
　　もし衰退すればすべて敵となる。
　　宝のある半島に遠くの者が集まる、
　　かれた湖を誰でも放棄する。
b）Цахар гэвш の訳(111)より
Сайжран дээшлэх цагт бүгд зэрэгцэн нөхөр болох
Сааран доройтох цагт бүгд зугтаан дайсан болох
Сайн эрдэнэт далайн хойгт олон худалдаачин цуглах
Саймраг хуурай тоймыг хэн ч болов орхих
　　良くなって向上するときすべて並んで友となる、
　　悪くなって衰退するときすべて逃げて敵となる。
　　良い宝のある半島に多くの商人が集まる、
　　砂利のある乾いた泥地を誰でも捨てる。
c）現代語
Муу явахад нөхөр хол
Сайн явахад садан ойр
　　悪いときは友人は遠い
　　良いときは親類は近い
→〈人は利害関係でつながっていることが多く、相手の暮らし向き次第で接する態度を変えてしまうほど現金で薄情なものである〉という意味。

2) a）Соном-Гара の訳(233)より
nasuda sayibar tejigegči：

— 303 —

noyan kümün boɣol-i kilbar-a oluyu：
linqu-a-tu naɣur-tur ɣalaɣun sibaɣud：
ese ber quriyabasu öbesüben qurayu：

　　一生十分に養う、
　　領主の人は奴隷を簡単に見つける。
　　蓮のある湖に雁や鳥たちは、
　　集めなくても自ら集まる。

b) Цахар гэвш の訳(233)より

Тогтуун бөгөөд дорд улсаа асрагч ноён баянд
Тус хүргэх боол зарц хялбар олдох
Тунгалаг бөгөөд замагт нууранд шувуунуудыг
Тун хоривч өөрөө цуглан ирэх мэт

　　穏やかで下の人たちの世話をする領主・金持ちに
　　助けになる奴隷・召使いが簡単に見つかる。
　　澄んだ藻のある湖に鳥たちを
　　たとえ禁じても自ら集まってくるように。

c) 現代語

Зан сайтай айлд хүн болгон цуглана
Замаг сайтай усанд(〜нууранд) загас(〜шувуу) болгон цуглана

　　性格の良い家に人ごと集まる
　　藻の良い川(〜湖)に魚(〜鳥) ごと集まる

→〈親切で優しい社交的な家には、自然に多くの人が集まってくるものだ〉という意味。

3) a) Соном-Гара の訳(243)より

uqaɣatu ed-iyer bayan bögesü ber：
ǰaliqai kümün yeke bolquy-a berke：

— 304 —

čikin urida urɣuju bögetele：
eber ülegsen-i esegü üjebei：
  知恵があり財産が豊かであっても、
  狡猾な人は大きくなるのは難しい。
  <u>耳は先に生えているのに、</u>
  角がまさったのを見なかった。

b) Цахар гэвш の訳(243)より
Ухаан билэг бий бөгөөд эд малаар баян боловч
Огоот зальхайт хүн сайжран дээшлэх бэрх
<u>Урьд ургасан чихнээс хойно ургасан эвэр</u>
<u>Урт бөгөөд өндөр их байхтай адил</u>
  才能があって財産が豊かでも、
  非常に狡猾な人は改善され向上するのは難しい。
  <u>前に生えた耳よりも後に生えた角が、</u>
  <u>長くて大きい</u>のと同様である。

c) 現代語
Урьд гарсан чихнээс
Хойно гарсан эвэр урт
  先に出た耳よりも
  後に出た角が長い
→〈新しいものが古いものよりも優れて勝る〉という意味。

4) a) Соном-Гара の訳(298)より
irege üdügüi čaɣ-i ülü onoɣdaqui：
kürün baraɣsan čaɣ-tur kičigen bütügegdeküi：
<u>usun-luɣ-a učirabasu ɣutusun tayildayu</u>：
<u>učiraɣ-a üdügüy-e yakin tayilumui</u>：

やって来ないときを考えられないこと、
やって来たときに努めて実現されること。
<u>川と出会えば靴は脱がれる、</u>
<u>出会っていないとき、どうして脱ぐのか。</u>

b) Цахар гэвш の訳(298)より

Үсэд холын нэгэн хэргийг дэмий их бодолгүй

Үйлдэхэд ойртсон хэргийг сайтар шинжилж бодтугай

<u>Үлгэрлэвэл гэтлэх усны захад хүрч гутлаа тайлах бий за</u>

<u>Үзээгүй холоос дэмий гутлаа үл тайлах</u> мэт

   はるか未来のある事柄をむやみに考えることなく、
   近くに行う事柄をよく調べて考えなさい。
   <u>例えば、渡る川岸に着いて靴を脱ぐでしょう、</u>
   <u>見ないで遠くからむやみに靴を脱がないように。</u>

c) 現代語

Уул үзээгүй хормой шуух

<u>Ус үзээгүй гутал тайлах</u>

   山を見ないで裾をまくる
   <u>川を見ないで靴を脱ぐ</u>

→ 〈まだ物事が始まっていないうちに早まった軽率な行動をとる〉という意味。

5) a) Соном-Гара の訳(393)より

dorodus aran-i ülemji maɣtabasu :
qoyin-a maɣtaɣči-yi kü doromjilan bui :
<u>burtaɣ-i degegside sačubasu ele</u>
<u>sačuɣči kümün-ü terigün-dür kürtemüi :</u>

— 306 —

　　　　下の者たちを非常にほめると、
　　　　後でほめる人を侮辱している。
　　　　<u>汚物を上へまけば、</u>
　　　　<u>まく人の頭に落ちる。</u>
　b) Цахар гэвш の訳(393)より
　　Адаг муу хүнийг дэмий өргөмжилж их болговол
　　Аль өргөмжилсөн түүндээ харин хор болох
　　Адилтгавал <u>муу хог сагийг дээш цацвал</u>
　　<u>Аль цацсан тэр хүний орой уруу буух</u> мэт
　　　　最悪な人をむやみに推挙し上にすれば、
　　　　その推挙した人にかえって害となる。
　　　　<u>例えば、汚いごみを上へまけば、</u>
　　　　<u>そのまいた人の頭の上に落ちる</u>ように。
　c) 現代語
　　Өөдөө хаясан чулуу
　　Өөрийн толгой дээр
　　　　上に投げた石が
　　　　自分の頭の上に
　　→〈自分のした悪いことの報いが自分に返ってくる〉と
　　いう意味。

6) a) Соном-Гара の訳(455)より
　　<u>sayin morin yabubasu medegdeyü</u>：
　　altan mönggün geskebesü medegdeyü：
　　jaɣan-u sayin qadqulduɣan-dur medegdeyü：
　　merged sayin üge-yi joqiyaqui-dur medegdeyü：
　　　　<u>良い馬は行けば分かる。</u>
　　　　金・銀は溶かせば分かる。

— 307 —

　　　　象の良さは戦争で分かる。
　　　　賢者は名言を著すときに分かる。
　b) Цахар гэвш の訳(455)より
　　Сайн <u>мориныхчадлыг унаж үзвэл мэдэх</u>
　　Сайн зааны хүчийг дайсанд тавивал мэдэх
　　Сайн алтны шижрийг хайлж үзвэл мэдэх
　　Сайн эрдэмтний мэргэнийг ном зохиохоор нь мэдэх
　　　　良い馬の力は乗ってみれば分かる。
　　　　良い象の力は敵に放てば分かる。
　　　　良い金の純度は溶かしてみれば分かる。
　　　　良い学者の賢さは本を著せば分かる。
　c) 現代語
　　Хүний сайныг ханилан байж таньдаг
　　<u>Хүлгийн сайныг унан байж мэддэг</u>
　　　人の良さは付き合ってみて知れる
　　　<u>馬の良さは乗ってみて分かる</u>
　→〈人は外見だけから何事も判断できるものではなく、
　　実際に長く付き合ってみて、はじめて相手の人となり
　　がよく分かるというものだ〉という意味。

　以上、モンゴル語のことわざの成立過程を、ごく簡単にたどってみた。
　ここで、再度『ソバシド』(233)より、一部抜粋して説明することにする。

a) 13世紀終わり頃か14世紀初め頃
　　①<u>linqu-a-tu naγur-tur</u>　②<u>γalaγun sibaγud</u>：
　　③<u>ese ber quriyabasu öbesüben qurayu</u>：

— 308 —

①蓮のある湖に ②雁や鳥たちは
③集めなくても自ら集まる

b) 18世紀終わり頃

①Тунгалаг бөгөөд замагт нуурaнд ②шувуунуудыг
③Тун хоривч өөрөө цуглан ирэх
①澄んだ藻のある湖に ②鳥たちを
③たとえ禁じても自ら集まってくる

c) 現代語

①Замаг сайтай усанд(〜нууранд)
②Загас(〜шувуу) болгон ③цуглана
①藻の良い川(〜湖)に
②魚(〜鳥)ごと ③集まる

ここから、読み取れる事柄は、次の通りである。

1) 語の置換

①より、linqu-a《蓮》(a)) → замаг《藻》(b),c))

③より、qura-《集まる》(a)) → цугла-《集まる》(b),c))

2) 内容の簡潔化

③より、ese ber quriyabasu öbesüben qurayu
《集めなくても自ら集まる》(a))

тун хоривч өөрөө цуглан ирэх
《たとえ禁じても自ら集まってくる》(b))

→ цуглана《集まる》(c))

3) 現代語における改変

①より、naɣur-tur, нууранд《湖に》(a),b),c))
→ усанд《川に》(c))

②より、sibaɣu, шувуу《鳥》(a),b),c))
→ загас《魚》(c))

つまり、この例から、モンゴル語のことわざは、一般に時代を経るにつれて、現代語により一層近い表現形式になる部分と、新たに改変が加えられる部分とがあることが分かる。
　したがって、今後とも、かかる観点から、モンゴル語のことわざの成立過程を、時代をさかのぼって綿密に調査研究していかなければならない。

第五章
数字の入ったモンゴル語のことわざ

モンゴル語のことわざにおいて、数字は頭韻を踏ませ口調を整える他、2つの数字を対比し表現効果を高めたり、誇張表現として用いたりする働きがある。また、数字が具体的に何らかの意味合いをもつ場合もわずかながら見られる。

1）頭韻を踏ませるために用いられるもの
　この場合、数字は形式的に頭韻を踏ませるために用いられるが、それと同時に、意味的には「数が多い」ことを示す場合が多い。

　　Их санасан газар
　　Есөн шөнө хоосон хонодог
　　　思い焦がれた所に
　　　九夜空腹で過ごす
　　→「開けて悔しき玉手箱」

　　Амташсан хэрээ
　　Арван гурав эргэнэ
　　　味をしめた烏は
　　　十三回やって来る
　　→「一つよければまた二つ」、「欲に頂なし」

　　Хоосон буунаас
　　Хорин хүн айдаг
　　　空の銃を
　　　二十人が恐がる
　　→「死せる孔明生ける仲達を走らす」

　　Зуны сар зургаа биш
　　Зуун хорь наслах биш
　　　夏の月は六ヶ月ではない
　　　百二十生きるものではない

— 312 —

→〈モンゴルの夏の季節は短い、概して物事にはすべて限度がある〉という意味。「物には時節」

2) 1つのことわざに2つの数字が対比して用いられるもの

a) нэг（ганц）《1》：хоёр《2》

《1》と《2》を対比させることにより、その表現効果を高める働きをする。

  Нэг сумаар
  Хоёр туулай буудах
    一つの弾で
    二羽のうさぎを撃つ
  →「一石二鳥」、「一挙両得」

  Цэцэнд хоёр чих цөөдөх
  Тэнэгт ганц хэл олдох
    賢い者に二つの耳は少なすぎる
    愚か者に一つの舌は多すぎる
  →「耳は大なるべく口は小なるべし」

b) нэг《1》：долоо《7》

モンゴル語で《7》は、一般に「凶兆」の数とされ、「注意」をうながす意で用いられることが多い。

  Долоо хэмжиж
  Нэг огтол
    七回測って
    一回切れ
  →「念には念を入れよ」、「転ばぬ先の杖」

  Нэг бүдэрвэл
  Долоо бүдэрдэг

一回つまずけば
　　　七回つまずく
→「二度あることは三度ある」

c) долоо《7》：найм《8》

　モンゴル語で《8》は、一般に「吉兆」の数とされ、先に述べた《7》とは対で用いられることが多い。

　　Дордохын долоо
　　Наашлахын найм
　　　　悪くなる七
　　　　良くなる八

　　Эр хүн долоо дордож
　　Найм сэхдэг
　　　　男は七回落ちぶれ
　　　　八回よみがえる
　　→「七転び八起き」

　また、次の例では《7》、《8》は、「凶兆」、「吉兆」の意ではなく、いずれも「いろいろ、様々」の意で用いられている。

　　Долоон булчирхай
　　Найман найлзууурхайгаа тоочих
　　　　七つの分泌腺
　　　　八つのリンパ腺を数え上げる
　　→〈何でもかんでもすべて包み隠さずに話す〉という
　　　意味。「腹蔵なく話す」

d) зуу《100》：жар《60》

<u>Зуун</u> ямаанд

<u>Жаран</u> ухна

　　百匹の山羊に

　　六十匹の種山羊

→「船頭多くして船山へ上る」

<u>Зуун</u> задгай

<u>Жаран</u> хагархай

　　百ばらばら

　　六十こなごな

→〈物事の準備や整理が全くできておらず、混乱している〉という意味。「四分五裂」

　この場合、《100》と《60》の対比は、形式的に頭韻を踏ませる働きがある他、意味的には「雑多、乱雑」の意を含んでいるようである。

e) нэг《1》：зуу《100》／ нэг《1》：мянга《1000》

　日本語を含む世界の他の言語と同様、《100》も《1000》も、モンゴル語では、「誇張」表現として用いられる。

<u>Зуу</u> дахин сонссоноос

<u>Нэг</u> удаа үзсэн нь дээр

　　百回聞くよりも

　　一回見た方がよい

→「百聞は一見に如かず」

<u>Зуун</u> хүний зүс үзэхээр

<u>Нэг</u> хүний нэр тогтоо

　　百人の顔を見るよりも

　　一人の名前を覚えよ

→〈ただ多くの人と顔見知りになるよりも、一人でも

いいから確実に相手の名前を覚えていく方が、将来はるかに有益である〉という意味。

Нэг өдөр танилцаж

Мянган өдөр нөхөрлөнө

　　一日知り合い
　　千日友になる
→「袖すり合うも他生の縁」

Нэг үхрийн эвэр дэлсэхэд

Мянган үхрийн эвэр доргино

　　一頭の牛の角をたたくと
　　千頭の牛の角が揺れる
→「一波わずかに動いて万波随う」

補遺1：モンゴル語と日本語のことわざの比較

　第二章で挙げた200のモンゴル語のことわざを、以下の三つの基準に従って、意味の点から分類することを試みた。
　A．両者の間で、明確な意味の共通点が見られるもの
　　（本文では、〈類義〉と記した）
　B．両者の間で、多少の意味のずれがあるが、共通点が見られるもの
　　（本文では、〈参照〉と記した）
　C．日本語に対応することわざがないもの
ただし、この分類はあくまでも私見による便宜的なものであり、今後の研究によっては、多少の変更が加えられる可能性があることを付記しておく。
　また、以下に挙げる番号は、第二章のことわざの番号と一致するものであり、詳細に関しては、本文の当該箇所の内容を参考にされたい。

A．両者の間で、明確な意味の共通点が見られるもの

1. Аавдаа авгай авахыг заах

    自分の父親に妻をめとるのを教える
    → 「釈迦に説法」、「河童に水練」

3. Ажил хийвэл

    Ам тосдоно

    仕事をすれば脂を口にする
    → 「働けば回る」、「働かざる者食うべからず」

4. Ажил хийвэл дуустал

    Давс хийвэл уустал

    仕事をすれば終わるまで、塩を入れれば溶けるまで

— 317 —

→「乗りかかった船」

5. Айвал бүү хий

    Хийвэл бүү ай

    恐れるならするな、するなら恐れるな
    →「一か八か」、「当たって砕けよ」

6. Айж явбал

    Аминд тустай

    恐がって行けば命のため
    →「君子危うきに近寄らず」

7. Айл хүний амь нэг

    Саахалт хүний санаа нэг

    家族の人の命はひとつ、近隣の人の意はひとつ
    →「世は相持ち」

8. Айлаас эрэхээр

    Авдраа уудал

    人の家から捜すよりも自分の衣装箱を捜せ
    →「灯台下暗し」

9. Айхад

    Аргал хөдөлнө

    恐がると牛糞が動く
    →「疑心暗鬼を生ず」、「杯中の蛇影」

10. Алтны дэргэд гууль шарладаг

    金のそばで真ちゅうが黄色くなる
    →「麻の中の蓬」

11. Ам алдвал барьж болдоггүй

    Агт алдвал барьж болдог

    失言すればつかまえられない
    馬を失えばつかまえられる
    →「吐いた唾は呑めぬ」

— 318 —

13. Амташсан хэрээ

    Арван гурав эргэнэ

    味をしめた烏は13回やって来る
    →「一つよければまた二つ」、「欲に頂なし」

14. Аяганы хариу өдөртөө

    Агтны хариу жилдээ

    茶碗の返しはその日に、馬の返しはその年に
    →「情けは人の為ならず」、「陰徳あれば陽報あり」

15. Бага залхуугаас

    Их залхуу болох

    小さな怠惰から大きな怠惰になる
    →「一時の懈怠は一生の懈怠」

16. Бадарчин явсан газар балагтай

    Батгана суусан газар өттэй

    托鉢僧の行った所に害あり
    蠅の止まった所に蛆あり
    →「毒は早く回る」

17. Бардам үгээр цэцэн болохгүй

    Балмад явдлаар баатар болохгүй

    傲慢な言葉で賢者にならない
    野蛮な行為で英雄にならない
    →「自慢高慢馬鹿のうち」

18. Барилдахаасаа таахалзах нь

    Хийхээсээ хээхэлзэх нь

    相撲を取るよりも威張って歩く方が
    何かをするよりも気取って歩く方が
    →「吠える犬は噛みつかぬ」

19. Баян хүн нэг шуурганд

    Баатар хүн нэг суманд

金持ちは一回の嵐で、英雄は一本の矢で
　→「無常の風は時を選ばず」

20. Биеэ мэдвэл хүн

　　Бэлчээрээ мэдвэл мал

　　　自らを知れば人間、牧地を知れば家畜
　→「人を怨むより身を怨め」、「自ら知る者は人を怨まず」

21. Болсноос ам хүр

　　Буурлаас үг сонс

　　　出来上がったものに口をつけよ、老人の言うことを聞け
　→「敵の家でも口を濡らせ」

22. Бороотойболовч болзоондоо

　　Хуртай боловч хугацаандаа

　　　風雨であっても約束に、降雨であっても期限に
　→「武士に二言なし」

23. Бөх хүн

　　Бүдүүн өвсөнд бүдрэх

　　　力士も太い草につまずく
　→「猿も木から落ちる」

24. Булавч бултайна

　　Даравч дардайна

　　　埋めても突き出る、押してもはみ出る
　→「隠すより現る」

25. Бурхангүй газар

　　Бумба галзуурах

　　　仏のいない所で尼僧が狂う
　→「鳥なき里の蝙蝠」

26. Бухын доодохыг харж

　　Үнэг турж үхэх

　　　種牛の下半身を見てキツネがやせて死ぬ

— 320 —

→「百年河清を俟つ」

27. Буцах бэрд

　　Үнээ нийлэх хамаагүй

　　　戻る嫁に母牛が子牛と一緒になるのは無関係
　→「対岸の火事」

28. Бушуу туулай

　　Борвиндоо баастай

　　　急ぐうさぎはアキレス腱に糞がつく
　→「急いては事を仕損じる」

29. Бүгдээрээ хэлэлцвэл буруугүй

　　Бүлээн усаар угаавал хиргүй

　　　みんなで話し合えば間違いなし

　　　ぬるま湯で洗えば汚れなし
　→「三人寄れば文殊の知恵」

30. Гадагшаа явах хүн амаа хичээ

　　Гэрт байх хүн галаа хичээ

　　　外へ行く人は口に努めよ、家にいる人は火に努めよ
　→「口と財布は締めるが得」

31. Гаднаа гяланцаг

　　Дотроо паланцаг

　　　外はピカピカ、中はペラペラ
　→「見掛け倒し」

32. Гай газар дороос

　　Гахай модон дотроос

　　　災いは地面の下から、猪は森林の中から
　→「災難の先触れはない」

33. Ганц дээлт барилдаач

　　Ганц морьт уралдаач

　　　一着だけの服を持つ者は相撲を取りたがる

　　　　一頭だけの馬を持つ者は競馬に出たがる
　　　→「銭なしの市立ち」、「元手なしの唐走り」

34. Ганц мод гал болдоггүй

　　 Ганц хүн айл болдоггүй

　　　　一本の木は火にならない、一人の人は家族にならない
　　　→「単糸線を成さず」

35. Ганцаараа идсэн гахай таргалахгүй

　　 Олуулаа идсэн оготно турахгүй

　　　　一人で食べた豚は太らない

　　　　大勢で食べた野ネズミはやせない
　　　→「鯛も一人はうまからず」

36. Гар бариад

　　 Бугуй барих

　　　　手を握って手首を握る
　　　→「負ぶえば抱かりょう」

37. Голсон юм голд орж

　　 Шилсэн юм шилд гарах

　　　　嫌ったものが役立ち、選んだものが不用になる
　　　→「無用の用」

38. Гэм нь урдаа

　　 Гэмшил нь хойноо

　　　　過ちは前に、後悔は後に
　　　→「後悔先に立たず」

39. Гэмт хүн гэлбэлзэх

　　 Дайрт морь далбилзах

　　　　罪ある人はびくびくする、鞍傷ある馬は身を揺する
　　　→「心の鬼が身を責める」

40. Дааганаас унаж үхдэггүй

　　 Даравгараас болж үхдэг

　　　　子馬から落ちて死ぬことはない、大口のせいで死ぬ
　　→「口は禍の門」

41. Даахгүй нохой булуу хураах

　　　かみ切れない犬が骨端を集める
　　→「無用の長物」、「安請け合いは当てにならぬ」

42. Давахгүй гэсэн даваагаар гурав давдаг

　　Уулзахгүй гэсэн хүнтэй гурав уулздаг

　　　越えないと思った峠を三度越える

　　　会わないと思った人と三度会う
　　→「一寸先は闇」

43. Дассан газрын

　　Даавуу зөөлөн

　　　慣れた土地の布はやわらかい
　　→「住めば都」

44. Дахан дор эр

　　Даахин дор хүлэг

　　　毛皮の下に丈夫、もつれ毛の下に駿馬
　　→「馬と武士は見かけによらぬ」
　　　「人は見かけによらぬもの」

45. Долоо хэмжиж

　　Нэг огтол

　　　七回測って一回切れ
　　→「念には念を入れよ」、「転ばぬ先の杖」

46. Дураараа дургиж

　　Дунд чөмгөөрөө жиргэх

　　　勝手気ままに振舞い大腿骨で遊ぶ
　　→「傍若無人」

47. Дуслыг хураавал далай

　　Дуулсныг хураавал эрдэм

— 323 —

滴を集めれば海、聞いたことを集めれば学
→「塵も積もれば山となる」、「千里の道も一歩から」

48. Дуудах нэрийг эцэг эх нь

    Дуурсах нэрийг өөрөө

    呼ぶ名前を両親が、轟く名前を自分が
    →「人は一代名は末代」

49. Дэм дэмэндээ

    Дээс эрчиндээ

    助けは助けで、縄はねじれで
    →「世は相持ち」

50. Дээд хүн суудлаа олохгүй бол

    Доод хүн гүйдлээ олохгүй

    上の人が地位を得なければ、下の人は行動を得ない
    →「勇将の下に弱卒なし」、「頭が動かねば尾が動かぬ」

51. Ерөөлийн үзүүрт тос

    Хараалын үзүүрт цус

    祈りの果ては脂、呪いの果ては血
    →「禍福己による」

52. Ёс мэдэхгүй хүнд

    Ёр халдахгүй

    慣習を知らない人に凶兆は寄りつかない
    →「知らぬが仏」

53. Жаргалтай боловч орондоо бүү дуул

    Зовлонтой боловч орондоо бүү уйл

    しあわせでもベッドでは歌うな

    つらくてもベッドでは泣くな
    →「楽は苦の種、苦は楽の種」

54. Жаргалын удаан

    Зовлонгийн түргэн

楽しみのゆっくりなのが、苦しみのはやいのが
→「楽は一日、苦は一年」

55. Жор үзсэн эмчээс

    Зовлон үзсэн чавганц дээр

    処方箋を学んだ医者よりも

    苦しみを味わった老婆の方がよい
    → 「亀の甲より年の功」

56. Загасчны морь усгүй

    漁師の馬に水なし
    → 「紺屋の白袴」

57. Залгидгийн гэрт хоолгүй

    Залхуугийн гадаа түлээгүй

    大食いの家に食事なし、怠け者の外にたきぎなし
    → 「座して食らえば山も空し」

58. Зан сайтай айлд хүн болгон цуглана

    Замаг сайтай усанд загас болгон цуглана

    性格の良い家に人ごと集まる

    藻の良い川に魚ごと集まる
    → 「水積もりて魚聚まる」

59. Зовох цагт нөхрийн чанар танигдана

    Ядрах цагт янагийн тар мэдэгдэнэ

    苦しいときに友人の性質が知れる

    困ったときに恋人の本性が分かる
    → 「まさかの時の友こそ真の友」

60. Зодохын муу чимхэх

    Ярихын муу шивнэх

    なぐることの悪いのはつねる

    話すことの悪いのはささやく
    → 「囁くにろくな事は無いもの」

61. Зөвд зөндөө эзэнтэй

　　Буруудбуцах эзэнгүй

　　　正しいことに多くの主あり、間違いに認める主なし
　　→「過_{あやま}ちては改_{あらた}むるに憚_{はばか}ること勿_{なか}れ」

62. Зусарч хүн зулгаа бардаг

　　Зуудаг нохой шүдээ бардаг

　　　おべっか使いは靴皮をすりへらす

　　　噛みつく犬は歯をすりへらす
　　→「巧言令色_{こうげんれいしょくすくな} 鮮し仁_{じん}」

64. Зуун ямаанд

　　Жаран ухна

　　　百匹の山羊に六十匹の種山羊
　　→「船頭_{せんどうおお}多くして船山_{ふねやま}へ上_{のぼ}る」

65. Зүгээр суухаар

　　Зүлгэж суу

　　　ただ座るよりも磨いて座れ
　　→「徒居_{ただい}しょうより膝麻_{ひざそう}績め」

66. Зүүдээ ярих гээд

　　Хулгайгаа ярих

　　　夢を話そうとして盗みを話す
　　→「問_とうに落_おちず語_{かた}るに落_おちる」

69. Илжигний чихэнд ус ч хийсэн сэгсэрнэ

　　Тос ч хийсэн сэгсэрнэ

　　　ロバの耳に水を入れても振り払う

　　　油を入れても振り払う
　　→「馬_{うま}の耳_{みみ}に念仏_{ねんぶつ}」

71. Инээсэн бүхэн нөхөр биш

　　Уурласан бүхэн дайсан биш

　　　笑った者すべてが友ではない

— 326 —

怒った者すべてが敵ではない
→「顔に似ぬ心」、「人は見かけによらぬもの」

72. Их санасан газар

    Есөн шөнө хоосон хонодог

    思い焦がれた所に九夜空腹で過ごす
    →「開けて悔しき玉手箱」

73. Магтсан хүүхэн хуримандаа

    Бахадсан бөх амандаа

    ほめた娘は結婚式に、自慢した力士は挑戦者に
    →「誉める子の寝糞」

75. Маргаашийн өөхнөөс

    Өнөөдрийн уушги дээр

    明日の脂肪よりも今日の肺の方がよい
    →「明日の百より今日の五十」

76. Могой гурав тасравч

    Гүрвэлийн чинээ

    蛇は三つに切れてもとかげくらい
    →「腐っても鯛」

77. Мөнгө цагаан

    Нүд улаан

    銀は白い、目は赤い
    →「金に目が眩む」

78. Муу нуухаар

    Сайн илчил

    下手に隠すよりもはっきり現せ
    →「過ちては改むるに憚ること勿れ」

79. Муу үг

    Модон улаатай

    悪い事は木の駅伝

— 327 —

→「悪事千里を走る」

80. Муу явахад нөхөр хол

　　Сайн явахад садан ойр

　　　悪いときは友人は遠い、良いときは親類は近い
　　→「富貴には他人も集まり貧賤には親戚も離る」
　　　「貧家には故人疎し」

81. Мэхний их үнэгэнд

　　Мэндийн их бялдуучид

　　　狡猾の多いはきつねに、挨拶の多いはおべっか使いに
　　→「追従も世渡り」

82. Нас чинь бага

　　Цус чинь шингэн

　　　年が若く血が薄い
　　→「春秋に富む」

83. Нойрноос морио

　　Чөмөгнөөс хутгаа

　　　眠りのせいで馬を、骨髄のせいでナイフを
　　→「朝寝八石の損」

84. Нохой хамартаа хүрэхээр усч

　　　犬は鼻に水が達すると泳ぎ上手
　　→「窮すれば通ず」

85. Ноохыг нь авах гээд

　　Нүдийг нь сохлох

　　　目やにを取ろうとして目をつぶす
　　→「情けが仇」

86. Нэг өдөр танилцаж

　　Мянган өдөр нөхөрлөнө

　　　一日知り合い千日友となる
　　→「袖すり合うも他生の縁」

— 328 —

87. Нэг сумаар

    Хоёр туулай буудах

    一つの弾で二羽のうさぎを撃つ
    → 「一石二鳥」、「一挙両得」

88. Нэрэлхээд

    Нэрээ иддэггүй

    遠慮しても名声を保つことにならない
    → 「遠慮ひだるし伊達寒し」

89. Нэрээ хугалахаар

    Ясаа хугал

    名を折るよりも骨を折れ
    → 「命より名を惜しむ」

90. Овоо босгоогүй бол

    Шаазгай хаанаас суух вэ

    オボーを立てなかったら
    かささぎはどうして止まろうか
    → 「物が無ければ影ささず」

91. Ой мод урттай богинотой

    Олон хүн сайнтай муутай

    森林には長いのも短いのもある
    多くの人には良い人も悪い人もいる
    → 「十人十色」、「玉石混淆」

92. Оргүйгээс

    Охинтой нь дээр

    何もないよりも娘のある方がよい
    → 「有るは無いに勝る」、「無いよりはまし」

93. Ороо морийг уургаар

    Омогтой хүнийг аргаар

    捕えにくい馬を馬捕り竿で、怒った人を方便で

→「茶碗を投げば綿で抱えよ」

94. Ороо нь ороогоороо

    Жороо нь жороогоороо

    捕えにくい馬は捕えにくい馬同士で
    跑足の馬は跑足の馬同士で
    →「牛は牛連れ馬は馬連れ」、「類は友を呼ぶ」

95. Өвгөн хүнд өргөмж хэрэгтэй

    Залуу хүнд сургамж хэрэгтэй

    老人には世話が必要、若者には教訓が必要
    →「年寄りの言う事と牛の鞦は外れない」
    「年寄りの言う事は聞くもの」

97. Өглөө хазаар

    Орой ташуур

    朝は馬勒、晩は鞭
    →「日暮れて道を急ぐ」

98. Өглөөний дулааныг дулаанд бүү бод

    Өсөхийн жаргалыг жаргалд бүү бод

    朝の暖かさを暖かさに思うな
    成長期の幸せを幸せに思うな
    →「花一時人一盛り」

99. Өдрийн хоолонд эзэн олон

    Өнчин хүнд ноён олон

    昼食に客人は多い、孤児に主人は多い
    →「赤子の腕を捩る」

100. Өлсөхөд өлөн бугын эвэр зөөлөн

    Цадахад цагаан хурганы сүүл хатуу

    空腹のときは灰色の鹿の角はやわらかい
    満腹のときは白い子羊の尾はかたい
    →「ひだるい時にまずい物なし」

— 330 —

101. Өмдгүй байж

    Өвдөг цоорхойг шоолох

    ズボンがないのに、ひざが穴のあいたのをからかう
    → 「目糞鼻糞を笑う」、「猿の尻笑い」

102. Өнгөрсөн борооны хойноос

    Цув нөмрөх

    通り過ぎた雨の後からレインコートを羽織る
    → 「後の祭り」

103. Өөдлөхөд санах сэрэх хоёр

    Уруудахад унтах идэх хоёр

    向上するのは考えると目覚める

    堕落するのは寝ると食べる
    → 「心程の世を経る」

104. Өөдөө хаясан чулуу

    Өөрийн толгой дээр

    上に投げた石が自分の頭の上に
    → 「天に向かって唾を吐く」

105. Өөрөө унасан хүүхэд уйлдаггүй

    自分で転んだ子供は泣かないものだ
    → 「自業自得」

106. Өөх өгсөн хүнтэй

    Өглөө босоод заргалдах

    脂身をくれた人に朝起きて苦情を言う
    → 「酒買って尻切られる」

107. Өргүй бол баян

    Өвчингүй бол жаргал

    借金がなければ金持ち、病気がなければ幸福
    → 「借銭と病は隠すな」

— 331 —

108. Саалиа бэлдэхээр

　　 Саваа бэлд

　　搾乳の準備をするよりも手桶を準備せよ
　　→「食(しょく)を願(ねが)わば器物(うつわもの)」

109. Сайн нэрийг хүсэвч олдохгүй

　　 Муу нэрийг хусавч арилахгүй

　　名声は望んでも得られない

　　悪名は削っても消えない
　　→「好事門(こうじもん)を出(い)でず悪事千里(あくじせんり)を行(い)く」

111. Сайн юманд

　　 Садаа мундахгүй

　　よいことに障害は多い
　　→「好事魔多(こうじまおお)し」

112. Сайнтай нөхөрлөвөл сарны гэрэл

　　 Муутай нөхөрлөвөл могойн хорлол

　　善と親しくすれば月の光、悪と親しくすれば蛇の毒
　　→「朱(しゅ)に交(まじ)われば赤(あか)くなる」

113. Санаа муут яван хатна

　　 Сарьсан багваахай наранд хатна

　　心悪しきはやがて窮する、こうもりは太陽に干上がる
　　→「悪事身(あくじみ)に返(かえ)る」

114. Санаж явбал бүтдэг

　　 Сажилж явбал хүрдэг

　　思って行けば実現する、ゆっくり行けば到着する
　　→「志(こころざし)ある者(もの)は事竟(ことつい)に成(な)る」

115. Сархад

　　 Савнаасаа бусдыг дийлдэг

　　お酒は器以外のものを負かす
　　→「酒(さけ)は飲(の)むとも飲(の)まるるな」

— 332 —

116. Сурсан нь далай

　　Сураагүй нь балай

　　　学んだ者は海、学ばざる者は闇
　　→「学べば則ち固ならず」、「学ばざれば牆に面す」

117. Сурсан юмыг

　　Сураар боож болдоггүй

　　　学んだことを皮ひもで縛ることはできない
　　→「習い性と成る」、「三つ子の魂 百まで」

118. Сүүлчийн тэмээний

　　Ачаа хүнд

　　　最後のラクダの荷は重い
　　→「終わりが大事」

119. Сүх далайтал

　　Үхэр амар

　　　斧を振り上げるまで牛は安心
　　→「魚の釜中に遊ぶが如し」

120. Сэжгээр өвдөж

　　Сүжгээр эдгэдэг

　　　疑心で病み信心で治る
　　→「病は気から」、「地獄極楽は心にあり」

121. Танилтай хүн талын чинээ

　　Танилгүй хүн алгын чинээ

　　　知り合いのある人は草原の如し

　　　知り合いのない人は掌の如し
　　→「持つべきものは友」

122. Тоглоом тоотой нь дээр

　　Толгой мөлжүүртэй нь дээр

　　　遊びは適度なのがよい、頭は肉のあるのがよい
　　→「物には程がある」、「悪ふざけは喧嘩のもと」

123. Тоолбол нас чацуу

　　 Төөлбөл нуруу чацуу

　　 数えれば年は同じ、測れば背は同じ
　　 →「団栗の背比べ」

124. Төрөөгүй хүүхдэд

　　 Төмөр өлгий бэлтгэх

　　 生まれていない子供に鉄のゆりかごを準備する
　　 →「捕らぬ狸の皮算用」

125. Туйлбаргүй хүн буцах нь амархан

　　 Тугалган жад шантрах нь амархан

　　 意志の弱い人は諦めやすい、鉛の槍の先は純りやすい
　　 →「三日坊主」

126. Тусыг усаар

　　 Ачийг бачаар

　　 助けを水で、思いを狡猾で
　　 →「恩を仇で返す」

127. Түрүүлж дуугарсан

　　 Хөхөөний ам хөлддөг

　　 先に鳴いたかっこうの口が凍る
　　 →「雉も鳴かずば打たれまい」

128. Тэжээсэн бяруу

　　 Тэрэг эвдэнэ

　　 育てた子牛が車をこわす
　　 →「飼い犬に手を嚙まれる」

129. Тэмээ хариулсан хүн

　　 Буурынхаа занг андахгүй

　　 ラクダを放牧した人は
　　 自分の種ラクダの性質をよく知っている
　　 →「子を見ること親に如かず」

130. Уйлсаар уйлсаар хүн болдог

　　Майлсаар майлсаар мал болдог

　　泣きながら泣きながら人となる

　　鳴きながら鳴きながら家畜となる

　　→「泣く子は育つ」、「赤子は泣き泣き育つ」

131. Унасан бөхөд шалтаг мундахгүй

　　負けた力士に言い訳は多い

　　→「負け惜しみの減らず口」

132. Урт хормой хөл ороодог

　　Урт хошуу хүзүү ороодог

　　長い裾は足を巻く、長い嘴は首を巻く

　　→「三寸の舌に五尺の身を亡す」

133. Урьд гарсан чихнээс

　　Хойно гарсан эвэр урт

　　先に出た耳よりも後に出た角が長い

　　→「青は藍より出でて藍より青し」

　　　「出藍の誉れ」、「後の雁が先になる」

134. Усыг нь уувал

　　Ёсыг нь дагадаг

　　その水を飲めばその慣習に従う

　　→「郷に入っては郷に従う」

135.Ууж идэхдээ уургын морь

　　Урагшаа гишгэхдээ ургаа хад

　　飲み食いするときは馬捕り用の馬

　　前へ踏み出すときは不動の岩

　　→「怠け者の食い急ぎ」

136. Уул морийг зовоодог

　　Уур биеийг зовоодог

　　山は馬を苦しめる、怒りは身を苦しめる

— 335 —

→「短気（たんき）は損気（そんき）」

137. Уул үзээгүй хормой шуух

　　 Ус үзээгүй гутал тайлах

　　　 山を見ないで裾をまくる、川を見ないで靴を脱ぐ
→「暮（く）れぬ先（さき）の提灯（ちょうちん）」、「小舟（こぶね）の宵拵（よいごしら）え」
　「塩辛（しおから）を食（く）おうとて水（みず）を飲（の）む」、「海（うみ）も見（み）えぬに舟用意（ふなようい）」

138. Уулыг цас дардаг

　　 Эрийг нас дардаг

　　　 山を雪が圧する、男を年が圧する
→「年（とし）には勝（か）てぬ」

139. Уулын буга үзээд

　　 Унасан бухаа хаях

　　　 山の鹿を見て自分の乗った種牛を捨てる
→「鹿（しか）を逐（お）う者（もの）は山（やま）を見（み）ず」、「欲（よく）に目見（めみ）えず」

140. Үг олдож

　　 Үхэр холдох

　　　 言葉が多すぎて牛が遠ざかる
→「油（あぶら）を売（う）る」、「道草（みちくさ）を食（く）う」

141. Үд болтол унтаж

　　 Үхрийн дуугаар сэрэх

　　　 昼間まで寝て牛の声で目覚める
→「宵（よい）っ張（ぱ）りの朝寝坊（あさねぼう）」

142. Үнэн үг хэлсэн хүнд хүн өшөөтэй

　　 Үхэр унасан хүнд нохой өшөөтэй

　　　 真実を言った人に人は恨みをもつ
　　　 牛に乗った人に犬は敵意をもつ
→「忠言耳（ちゅうげんみみ）に逆（さか）らう」

143. Үнэнээр явбал

　　 Үхэр тэргээр туулай гүйцдэг

— 336 —

正直に行けば牛車で兎に追いつく
　→「正直の頭に神宿る」

144. Үхрийн сүүлэн дээр хутга

　　　牛の尻尾の所でナイフが
　→「磯際で船を破る」

145. Үхсэн буурын толгойноос

　　　Амьд ат айдаг

　　　死んだ種ラクダの頭を生きている去勢ラクダが恐がる
　→「死せる孔明生ける仲達を走らす」

146. Хайр нь дотроо

　　　Хал нь гаднаа

　　　愛情は内に、厳しさは外に
　→「打たれても親の杖」、「獅子の子落とし」

147. Хал үзэж

　　　Халуун чулуу долоох

　　　つらい目に会って熱い石をなめる
　→「辛酸を嘗める」

148. Хар гэртээ хаан

　　　Бор гэртээ богд

　　　黒いわが家では王様、灰色のわが家では聖人
　→「亭主関白の位」

149. Хашир хүн гэж

　　　Хаширсан хүнийг хэлдэг

　　　経験を積んだ人とは苦い経験をした人をいう
　→「酸いも甘いも噛み分ける」

150. Хойд хормойгоо авч

　　　Урд хормойгоо нөхөх

　　　後ろの裾を取って前の裾を繕う
　→「下手の大工で切っては継ぐ」

— 337 —

151. Хонины толгой өлгөөд

　　 Нохойн мах худалдах

　　　羊の頭を懸けて犬の肉を売る
　　　→「羊頭狗肉」、「羊頭を懸けて狗肉を売る」

152. Хоноц хоноцдоо дургүй

　　 Хонуулсан айл хоёуланд нь дургүй

　　　泊まり客は泊まり客が嫌い

　　　泊めた家は両方とも嫌い
　　　→「泣くほど留めても帰れば喜ぶ」

153. Хотоо чоноор мануулах

　　　家畜小屋を狼に見張らせる
　　　→「猫に鰹節」

154. Хошуу нэмэхээр

　　 Хуруу нэм

　　　口を加えるよりも指を加えよ
　　　→「口叩きの手足らず」

155. Хөгшин азарга

　　 Жороо сурах

　　　年取った種馬が跑足を学ぶ
　　　→「年寄りの冷や水」

156. Хөнжлийнхөө хэрээр хөлөө жий

　　 Адууныхаа хэрээр исгэр

　　　ふとんの範囲で足を伸ばせ

　　　馬の数の範囲で口笛を吹け
　　　→「蟹は甲羅に似せて穴を掘る」

157. Хуурамч хүний хөөрхий олон

　　 Худалч хүний нээрэн олон

　　　偽善者の「かわいそうに」は多い

　　　嘘つきの「本当だ」は多い

→「口と心は裏表」
158. Хуурсаар хуурсаар худалч
    Хумсалсаар хумсалсаар хулгайч
    だましながらだましながら嘘つき
    盗みながら盗みながら泥棒
    →「嘘つきは泥棒の始まり」
159. Хүн ахтай
    Дээл захтай
    人に長あり、衣に襟あり
    →「雁に長 少の列あり」
160. Хүн болгон адилгүй
    Хүлэг болгон жороогүй
    人はすべて同じではない、馬はすべて跑足ではない
    →「十人十色」
161. Хүн болох багаасаа
    Хүлэг болох унаганаасаа
    人となるのは幼少から、駿馬となるのは子馬から
    →「梅檀は双葉より芳し」
162. Хүн гэмээ мэддэггүй
    Тэмээ гэдгэрээ мэддэггүй
    人は自分の過ちを知らない
    ラクダは自分の反り身を知らない
    →「自分の盆の窪は見えず」
163. Хүн нэрээ
    Тогос өдөө
    人は名を、孔雀は羽を
    →「虎は死して皮を留め、人は死して名を残す」
164. Хүн хэдий сайн ч хэлэхээс наашгүй
    Цаас хэдий нимгэн ч чичихээс наашгүй

人はいくら立派でも言わないうちは気がつかない
　　　紙はいくら薄くても突かないうちは穴があかない
　　→「自分の盆の窪は見えず」

165. Хүний бага нь хөдөлж

　　　Шувууны бага нь жиргэдэг

　　　人は若いのが動き、鳥は若いのがさえずる
　　→「礼儀は下から慈悲は上から」

166. Хүний гараар

　　　Могой бариулах

　　　人の手で蛇を捕えさせる
　　→「人の褌で相撲を取る」

167. Хүний сайныг ханилан байж таньдаг

　　　Хүлгийн сайныг унан байж мэддэг

　　　人の良さは付き合ってみて知れる

　　　馬の良さは乗ってみて分かる
　　→「人には添うてみよ馬には乗ってみよ」

168. Хүний хүү хүрэн бөөртэй

　　　Өөрийн хүү өөхөн бөөртэй

　　　他人の子は茶色の腎臓がある

　　　自分の子は脂肪の腎臓がある
　　→「他人は時の花」、「血は水よりも濃い」

169. Хүний эрхээр жаргахаар

　　　Өөрийн эрхээр зов

　　　他人の支配で楽しむよりも自分の支配で苦しめ
　　→「籠の鳥雲を慕う」

170. Хүний эрээн дотроо

　　　Могойн эрээн гаднаа

　　　人のまだらは内に、蛇のまだらは外に
　　→「人は見かけによらぬもの」

— 340 —

171. Хэлсэн үгэндээ эзэн болж

　　Идсэн хоолондоо сав болох
　　言った言葉に主(あるじ)となり、食べた食事に器(うつわ)となる
　→「武士(ぶし)に二言(にごん)なし」

172. Хэрээ галууг дууриаж

　　Хөлөө хөлдөөх
　　烏(からす)が雁(がん)をまねて足を凍らせる
　→「鵜(う)の真似(まね)する烏(からす)」

173. Цаг цагаараа байдаггүй

　　Цахилдаг хөхөөрөө байдаггүй
　　時は時のままではない、菖蒲(しょうぶ)は青いままではない
　→「有為転変(ういてんぺん)の世(よ)の習(なら)い」

174. Цаг цагт нэг цаддаг

　　Цагаан сараар нэг цаддаг
　　時々一度満腹になる、旧正月に一度満腹になる
　→「朔日(ついたち)ごとに餅(もち)は食(く)えぬ」

175. Цэцэнд хоёр чих цөөдөх

　　Тэнэгт ганц хэл олдох
　　賢い者に二つの耳は少なすぎる

　　愚か者に一つの舌は多すぎる
　→「耳(みみ)は大(だい)なるべく口(くち)は小(しょう)なるべし」

176. Чамд инээд

　　Над ханиад
　　君には笑い、私には咳
　→「人(ひと)の過(あやま)ち我(わ)が幸(しあわ)せ」

177. Чамлахаар

　　Чанга атга
　　不足に思うよりもしっかりと握れ
　→「足(た)ることを知(し)る」

178. Чөтгөрийн бага нь адтай
　　悪魔の小さいのは利口
　→「山椒は小粒でもぴりりと辛い」

179. Шаварт унасан
　　Шарын эзэн хүчтэй
　　ぬかるみに落ちた去勢牛の主人は強い
　→「我が事と下り坂に走らぬ者なし」

180. Шавийн эрдэм багшаасаа
　　Зулын гэрэл тосноосоо
　　弟子の学は師より、灯の光は油より
　→「弟子の罪は師匠に及ぶ」

181. Шунал ихэдвэл
　　Шулам болдог
　　欲が過ぎれば悪魔となる
　→「欲に目見えず」、「欲に目が眩む」

182. Эвт шаазгай
　　Буга барина
　　仲の良いカササギは鹿を捕える
　→「衆力功あり」

183. Эдээр биеэ чимэхээр
　　Эрдмээр биеэ чим
　　物で自らを飾るよりも学で自らを飾れ
　→「学問は一生の宝」

184. Эдээрээ оролдвол эвдэхийн тэмдэг
　　Эхнэрээрээ оролдвол салахын тэмдэг
　　物に手を出せばこわすもと
　　妻にちょっかいを出せば別れるもと
　→「手を出して火傷する」

— 342 —

185. Эзэн хичээвэл

　　Заяа хичээнэ

　　自らが努力すれば運は味方する
　　→「天は自ら助くる者を助く」

186. Эр өсч

　　Эсгий сунадаг

　　男は育ちフェルトは伸びる
　　→「男は二十五の暁まで育つ」

187. Эр хүн зоригтой бол

　　Чоно чацга алдана

　　男は勇気があれば狼は下痢をする
　　→「断じて行えば鬼神も之を避く」

188. Эр хүн туг ч барина

　　Тугал ч хариулна

　　男は旗も握る、子牛も放牧する
　　→「浮き沈み七度」

189. Эр хүнд итгэхээр

　　Эрхий хуруундаа итгэ

　　男を信じるよりも自分の親指を信じよ
　　→「人を恃むは自ら恃むに如かず」

190. Эр хүний цээжинд

　　Эмээлтэй хазаартай морь эргэлдэнэ

　　男の胸に馬具をつけた馬が駆け巡る
　　→「少年よ大志を抱け」

191. Эр эмийн хооронд

　　Илжиг бүү жороол

　　夫婦の間をロバが跑足で駆けるな
　　→「夫婦喧嘩は犬も食わぬ」

— 343 —

192. Эрдмийг хичээлээр

　　 Эрлийг сургаар

　　　学問は努力で、捜し物は尋ねて
　　→「学問に王道なし」

194. Эрхийг сурахаар

　　 Бэрхийг сур

　　　わがままを学ぶよりも厳しさを学べ
　　→「可愛い子には旅をさせよ」

195. Эсгий хийх газар

　　 Нохой хэрэггүй

　　　フェルトを作る所に犬は必要ない
　　→「下手の横槍」

196. Эх нь хээр алаг бол

　　 Унага нь шийр алаг

　　　母親が栗毛のまだらならば子馬は脛がまだら
　　→「蛙の子は蛙」

197. Эхийн санаа үрд

　　 Үрийн санаа ууланд

　　　母の思いは子に、子の思いは山に
　　→「親の心子知らず」

198. Явсан нохой

　　 Яс зууна

　　　歩いた犬は骨をくわえる
　　→「犬も歩けば棒に当たる」

199. Ямаа туйлаад янгиа эвдэхгүй

　　 Тэмээ туйлаад тэнгэрт гарахгүй

　　　山羊が暴れても荷鞍をこわさない
　　　ラクダが暴れても天に昇らない
　　→「魚の木に登るが如し」

— 344 —

200. Ямааны мах халуун дээрээ
   山羊の肉は熱いうちに
   →「善は急げ」、「旨い物は宵に食え」

B. 両者の間で、多少の意味のずれがあるが、共通点の見られるもの

2. Аавын бийд хүнтэй танилц
   Агтны бийд газар үз
   父のいるときに人と知り合え
   馬のいるときに土地を見よ
   /「若い時の苦労は買うてもせよ」

67. Зэмлэх үгийн ил нь дээр
    Магтах үгийн далд нь дээр
    叱る言葉はあらわなのがよい
    ほめ言葉は秘めたのがよい
    /「ひそかに諫めて公にほめよ」

70. Инээснийг асуу
    Уйлсныг бүү асуу
    笑ったのを聞け
    泣いたのを聞くな
    /「笑う者は測るべからず」

74. Мал хөлөөрөө
    Хүн хэлээрээ
    家畜は足で
    人は言葉で
    /「言葉は心の使い」

96. Өглөгч хүн
    Өөртөө хоосон
    気前のよい人は自分には空っぽ

／「金持ち金を使わず」

110. Сайн хүн явснаа

　　 Муу хүн идсэнээ

　　　善人は出かけたことを

　　　悪人は食べたことを
／「君子行いを以て言い小人舌を以て言う」

193. Эрт босвол нэгийг үзэх

　　 Орой унтвал нэгийг сонсох

　　　早く起きれば何かを見る

　　　遅く寝れば何かを聞く
／「早起きは三文の徳」

C．日本語に対応することわざがないもの

12. Амны бэлгээр

　　 Ашдын жаргал

　　　口の吉兆で

　　　永遠の幸福

63. Зуун хүний зүс үзэхээр

　　 Нэг хүний нэр тогтоо

　　　百人の顔を見るよりも

　　　一人の名前を覚えよ

68. Идээ эзнээ таньдаггүй

　　 Ирэг сүүлээ таньдаггүй

　　　食べ物は自分の主人を知らない

　　　去勢羊は自分の尻尾を知らない

補遺2：日本語のことわざ索引

　以下の番号は、第二章で挙げたモンゴル語のことわざの見出し語番号と一致するものである。

あ

青は藍より出でて藍より青し　133
赤子の腕を捩る　99
赤子は泣き泣き育つ　130
悪事千里を走る　79
悪事身に返る　113
開けて悔しき玉手箱　72
朝寝八石の損　83
麻の中の蓬　10
明日の百より今日の五十　75
当たって砕けよ　5
後の雁が先になる　133
後の祭り　102
油を売る　140
過ちては改むるに憚ること勿れ　61, 78
有るは無いに勝る　92

い

磯際で船を破る　144
一か八か　5
一時の懈怠は一生の懈怠　15
一挙両得　87
一寸先は闇　42
一石二鳥　87
犬も歩けば棒に当たる　198
命より名を惜しむ　89
陰徳あれば陽報あり　14

う

有為転変の世の習い　173
魚の木に登るが如し　199
魚の釜中に遊ぶが如し　119
浮き沈み七度　188
牛は牛連れ馬は馬連れ　94
嘘つきは泥棒の始まり　158
打たれても親の杖　146
鵜の真似する烏　172
旨い物は宵に食え　200
馬と武士は見かけによらぬ　44
馬の耳に念仏　69
海も見えぬに舟用意　137

— 347 —

え

遠慮ひだるし伊達寒し　88

お

男は二十五の暁まで育つ　186
負ぶえば抱かりょう　36
親の心子知らず　197
終わりが大事　118
恩を仇で返す　126

か

飼い犬に手を噛まれる　128
蛙の子は蛙　196
顔に似ぬ心　71
隠すより現る　24
学問に王道なし　192
学問は一生の宝　183
籠の鳥雲を慕う　169
頭が動かねば尾が動かぬ　50
敵の家でも口を濡らせ　21
河童に水練　1
蟹は甲羅に似せて穴を掘る　156
金に目が眩む　77
金持ち金を使わず　96
禍福己による　51
亀の甲より年の功　55
可愛い子には旅をさせよ　194
雁に長少の列あり　159

き

雉も鳴かずば打たれまい　127
疑心暗鬼を生ず　9
窮すれば通ず　84
玉石混淆　91

く

腐っても鯛　76
口叩きの手足らず　154
口と心は裏表　157
口と財布は締めるが得　30
口は禍の門　40
暮れぬ先の提灯　137
君子危うきに近寄らず　6
君子行いを以て言い小人舌を以て言う　110

こ

後悔先に立たず　38
巧言令色鮮し仁　62
好事魔多し　111
好事門を出でず悪事千里を行く　109
郷に入っては郷に従う　134
紺屋の白袴　56
志ある者は事竟に成る　114
心の鬼が身を責める　39
心程の世を経る　103

— 348 —

言葉は心の使い	74	借銭と病は隠すな	107
小舟の宵拵え	137	十人十色	91,160
転ばぬ先の杖	45	衆力功あり	182
子を見ること親に如かず	129	出藍の誉れ	133
		朱に交われば赤くなる	112
		春秋に富む	82

さ

災難の先触れはない	32	正直の頭に神宿る	143
酒買って尻切られる	106	少年よ大志を抱け	190
酒は飲むとも飲まるるな	115	食を願わば器物	108
囁くにろくな事は無いもの	60	知らぬが仏	52
座して食らえば山も空し	57	辛酸を嘗める	147
猿の尻笑い	101		
猿も木から落ちる	23		
山椒は小粒でもぴりりと辛い	178		

す

		酸いも甘いも噛み分ける	149
三寸の舌に五尺の身を亡す	132	住めば都	43
三人寄れば文殊の知恵	29		

し

せ

塩辛を食おうとて水を飲む	137	急いては事を仕損じる	28
鹿を逐う者は山を見ず	139	銭なしの市立ち	33
自業自得	105	栴檀は双葉より芳し	161
地獄極楽は心にあり	120	船頭多くして船山へ上る	64
獅子の子落とし	146	善は急げ	200
死せる孔明生ける仲達を走らす	145	千里の道も一歩から	47
自分の盆の窪は見えず	162,164		
自慢高慢馬鹿のうち	17		

そ

袖すり合うも他生の縁	86

た

釈迦に説法	1
対岸の火事	27

— 349 —

鯛も一人はうまからず	35
徒居しょうより膝麻績め	65
他人は時の花	168
足ることを知る	177
短気は損気	136
単糸線を成さず	34
断じて行えば鬼神も之を避く	187

ち

血は水よりも濃い	168
茶碗を投げば綿で抱えよ	93
忠 言耳に逆らう	142
塵も積もれば山となる	47

つ

追従も世渡り	81
朔日ごとに餅は食えぬ	174

て

亭主関白の位	148
弟子の罪は師匠に及ぶ	180
手を出して火傷する	184
天に向かって唾を吐く	104
天は自ら助くる者を助く	185

と

灯台下暗し	8
問うに落ちず語るに落ちる	66

毒は早く回る	16
年には勝てぬ	138
年寄りの言う事と牛の鞦は外れない	95
年寄りの言う事は聞くもの	95
年寄りの冷や水	155
捕らぬ狸の皮算用	124
虎は死して皮を留め、人は死して名を残す	163
鳥なき里の蝙蝠	25
団栗の背比べ	123

な

無いよりはまし	92
泣く子は育つ	130
泣くほど留めても帰れば喜ぶ	152
情けが仇	85
情けは人の為ならず	14
怠け者の食い急ぎ	135
習い性と成る	117

ね

猫に鰹節	153
念には念を入れよ	45

の

残り物に福がある	118
乗りかかった船	4

は

吐いた唾は呑めぬ　　　　　　11
杯中の蛇影　　　　　　　　　9
働けば回る　　　　　　　　　3
働かざる者食うべからず　　　3
花一時人一盛り　　　　　　　98
早起きは三文の徳　　　　　193

ひ

日暮れて道を急ぐ　　　　　　97
ひそかに諫めて公にほめよ　　67
ひだるい時にまずい物なし　100
一つよければまた二つ　　　　13
人には添うてみよ馬には乗って
　　みよ　　　　　　　　　167
人の過ち我が幸せ　　　　　176
人の褌で相撲を取る　　　　166
人は一代名は末代　　　　　　48
人は見かけによらぬもの
　　　　　　　　44,71,170
人を怨むより身を怨め　　　　20
人を恃むは自ら恃むに如かず
　　　　　　　　　　　　189
百年河清を俟つ　　　　　　　26
貧家には故人疎し　　　　　　80

ふ

富貴には他人も集まり貧賤には
親戚も離る　　　　　　　　80
夫婦喧嘩は犬も食わぬ　　　191
武士に二言なし　　　　22,171

へ

下手の大工で切っては継ぐ　150
下手の横槍　　　　　　　　195

ほ

傍若無人　　　　　　　　　　46
吠える犬は嚙みつかぬ　　　　18
誉める子の寝糞　　　　　　　73

ま

負け惜しみの減らず口　　　131
まさかの時の友こそ真の友　　59
学ばざれば牆に面す　　　　116
学べば則ち固ならず　　　　116

み

見掛け倒し　　　　　　　　　31
自ら知る者は人を怨まず　　　20
水積もりて魚聚まる　　　　　58
道草を食う　　　　　　　　140
三日坊主　　　　　　　　　125
三つ子の魂百まで　　　　　117
耳は大なるべく口は小なるべし
　　　　　　　　　　　　175

む

無常の風は時を選ばず　19
無用の長物　41
無用の用　37

め

目糞鼻糞を笑う　101

も

持つべきものは友　121
元手なしの唐走り　33
物が無ければ影ささず　90
物には程がある　122

や

安請け合いは当てにならぬ　41
病は気から　120

ゆ

勇将の下に弱卒なし　50

よ

宵っ張りの朝寝坊　141
羊頭狗肉　151
羊頭を懸けて狗肉を売る　151
欲に頂なし　13
欲に目が眩む　181
欲に目見えず　139, 181
世は相持ち　7, 49

ら

楽は一日、苦は一年　54
楽は苦の種、苦は楽の種　53

る

類は友を呼ぶ　94

れ

礼儀は下から慈悲は上から　165

わ

若い時の苦労は買うてもせよ　2
我が事と下り坂に走らぬ者なし　179
笑う者は測るべからず　70
悪ふざけは喧嘩のもと　122

参 考 文 献

1．モンゴル語のことわざ
〈モンゴル語文献〉
1. Г. Аким. Цэцэн билгийн сувд эрих. Улаанбаатар., 1995.
2. Г. Аким. Монгол зүйр цэцэн үгийн товч тайлбар толь. Улаанбаатар., 2001.
3. М. Гаадамба, Д. Цэрэнсодном. Монгол ардын аман зохиолын дээж бичиг. Улаанбаатар., 1967.
4. М. Гаадамба, Д. Цэрэнсодном. Монгол ардын аман зохиолын дээж бичиг. Улаанбаатар., 1978.
5. М. Гаадамба, Х. Сампилдэндэв. Монгол ардын аман зохиол. Улаанбаатар.,1988.
6. Ц. Дамдинсүрэн, Ж. Дүгэржав. Эрдэнийн сан Субашид. Улаанбаатар., 1958, 1990.
7. Ц. Дашдондов. Монгол-Англи өвөрмөц хэлц, хэллэгийн толь. Улаанбаатар., 2001.
8. Ж. Дашдорж, Г. Ринченсамбуу. Монгол цэцэн үгийн далай I. Улаанбаатар., 1964.
9. Ж. Дашдорж. Монгол цэцэн үгийн далай II. Улаанбаатар., 1966.
10. Д. Заяабаатар. Монгол зүйр цэцэн үгийн гурван мянган дээж. Улаанбаатар., 1999.
11. Б. Идэрбаяр. Мянган зүйр цэцэн үгийн англи орос монгол толь. Улаанбаатар., 2000.
12. L. Ligeti. Trésor des sentences. Subhāsitaratnanidhi de Sa-skya pandita. Traduction de Sonom gara. Budapest., 1973.

13. Ц. Өлзийхутаг. Монгол ардын оньсого, цэцэн үг. Улаанбаатар., 1982.
14. Г. Ринченсамбуу. Монгол зүйр цэцэн үг. Тэргүүн дэвтэр, Дэд дэвтэр. Улаанбаатар., 2002.
15. П. Хорлоо. Монгол ардын цэцэн зүйр үгүүд ба оньсогууд. Улаанбаатар., 1966.
16. Д. Цэрэнсодном, О. Алимаа. Ажил хөдөлмөрийн тухай ардын цэцэн үгс. Улаанбаатар., 1982.
17. Д. Цэрэнсодном. Монгол уран зохиол (XIII-XX зууны эхэн). Улаанбаатар., 1987.
18. Г. Эрдэнэ-очир. Зарим зүйр цэцэн үгийн товч тайлбар. Улаанбаатар., 1983.

〈日本語文献〉
1．小沢重男 著『元朝秘史全釈（上・中・下)』、『元朝秘史全釈続攷（上・中・下)』風間書房　1984-1989
2．小沢重男 著『元朝秘史』岩波新書　1994
3．神沢有三 編『蒙古・ロシア・カザクスタンの諺　―日蒙露対訳―』南窓社　1970
4．小長谷有紀 著『モンゴル風物誌　―ことわざに文化を読む』東京書籍　1992
5．塩谷茂樹、E. プレブジャブ 著『初級モンゴル語』大学書林　2001
6．塩谷茂樹 著『モンゴル語日本語ことわざ比較研究』大阪外国語大学学術研究双書33　2004
7．ドゥンゲルヤイチル 著、小沢重男 編『現代モンゴル語金言集』東京外国語大学　1986
8．野中　篤「モンゴル語の数詞に見えるシンボリズム―特に慣用表現及口承文芸に言及して」、『日本モンゴル学会紀要』第33

号 pp.49-63　2003
9. 橋本　勝「モンゴルのことわざ」、『世界のことわざ・1000句集』pp.47-58　自由国民社　1980
10. 橋本　勝「モンゴルのことわざ」、『世界ことわざ大事典』（柴田　武　他編）pp.261-270　大修館書店　1995
11. 藤　公之介　編著『モンゴル大草原101の教え』一満舎　1998
12. A. モスタールト　著、磯野富士子　訳『オルドス口碑集―モンゴルの民間伝承』平凡社　1966

2．日本語のことわざ

1. 井上宗雄　監修『例解慣用句辞典』創拓社　1992
2. 尾上兼英　監修『成語林　故事ことわざ慣用句』旺文社　1992
3. 荻久保泰幸　著『実用新ことわざ辞典』ナツメ社　1999
4. 勝崎裕彦　著『仏教ことわざ辞典』渓水社　1992
5. 金田一春彦　監修『早引き現代ことわざ辞典』学習研究社　2002
6. 国広　功　監修『意味から引くことわざハンドブック』池田書店　1996
7. 国広　功　監修『意味から引く四字熟語ハンドブック』池田書店　1998
8. 三省堂編修所　編『新明解　故事ことわざ辞典』三省堂　2001
9. 尚学図書　編『故事ことわざの辞典』小学館　1986
10. 尚学図書・言語研究所　編『慣用ことわざ辞典』小学館　1988
11. 鈴木棠三、広田栄太郎　編『故事ことわざ辞典』東京堂出版　1956
12. 鈴木棠三　編『続故事ことわざ辞典』東京堂出版　1958
13. 大後美保　編『災害予知ことわざ辞典』東京堂出版　1985
14. 高橋秀治　著『動植物ことわざ辞典』東京堂出版　1997
15. 時田昌瑞　著『岩波ことわざ辞典』岩波書店　2000

16．戸谷高明 監修『故事ことわざ活用辞典』創拓社　1993
17．延原政行 編著『ことわざ事典7000語』金園社　2002
18．野本米吉 著『ことわざと故事・名言辞典』法学書院　1994
19．三谷邦明 監修『これで充分ことわざ事典』日本文芸社　2000

3．英語のことわざ
1．大塚高信、高瀬省三 共編『英語ことわざ辞典』(新装版) 三省堂　1995
2．奥津文夫 著『日英ことわざの比較文化』大修館書店　2000
3．講談社辞典局 編『日英対照実用ことわざ辞典』講談社　1999
4．山口百々男 編『和英・日本ことわざ成語辞典』研究社出版　1999
5．山本忠尚 監修『日英比較ことわざ事典』創元社　1981

4．中国語のことわざ
1．金岡照光 編『中国故事成語辞典』三省堂　1991
2．金丸邦三 編著『日中ことわざ辞典』同学社　2000

5．世界のことわざ
1．梶山　健 編『世界ことわざ辞典　―和漢洋対照―』明治書院　1992
2．北村孝一 編『世界ことわざ辞典』東京堂出版　1987
3．柴田　武、谷川俊太郎、矢川澄子 編『世界ことわざ大事典』大修館書店　1995

> 著者紹介

塩谷茂樹 [しおたに・しげき]

1960年、石川県生まれ。
大阪外国語大学地域文化学科、アジアⅠ講座モンゴル語、助教授。
1991年、京都大学大学院文学研究科言語学専攻、博士後期課程単位取得退学。
1980-82年、モンゴル国立大学留学。
専門、モンゴル語学。

E. プレブジャブ [Erdene PUREVJAV]

1961年、モンゴル国ホブド・アイマグ出身。
モンゴル科学アカデミー言語文学研究所研究員。
1985年、モンゴル国立大学モンゴル語文学科卒業。
専門、モンゴル語学。

S. ツォグトバヤル [Samandar TSOGTBAYAR]

1964年、モンゴル国オラーンバータル出身。
漫画雑誌『トンショール』代表。
1984年、オラーンバータル市立芸術専門学校卒業。
専門、漫画家、デザイナー。

目録進呈　落丁本・乱丁本はお取替えいたします。

平成 18 年 2 月 20 日　　　Ⓒ 第 1 版 発 行

著　者	塩　谷　茂　樹 E. プレブジャブ
発 行 者	佐　藤　政　人

発 行 所

株式会社 **大 学 書 林**

東京都文京区小石川 4 丁目 7 番 4 号
振 替 口 座　　00120-8-43740
電　話　(03) 3812-6281〜3番
郵便番号112-0002

モンゴル語ことわざ用法辞典

ISBN4-475-01873-0　　　写研・横山印刷・牧製本

大学書林
語学参考書

塩谷茂樹 E.プレブジャブ 著	初級モンゴル語	B6判	240頁
小沢重男 著	現代モンゴル語辞典（改訂増補版）	A5判	976頁
小沢重男 著	モンゴル語四週間	B6判	336頁
小沢重男 編	モンゴル語基礎1500語	新書判	140頁
小沢重男 編	モンゴル語会話練習帳	新書判	188頁
田中セツ子 著	現代モンゴル語口語辞典	A5判	392頁
ナランツェツェグ 著	日本語・モンゴル語基礎語辞典	新書判	340頁
小沢重男 著	モンゴル語の話	B6判	158頁
小沢重男 著	蒙古語文語文法講義	A5判	336頁
小沢重男 訳注	道	新書判	174頁
小沢重男 訳注	モンゴル民話集	新書判	122頁
竹内和夫 著	トルコ語辞典（改訂増補版）	A5判	832頁
竹内和夫 著	日本語トルコ語辞典	A5判	864頁
勝田　茂 著	トルコ語文法読本	A5判	312頁
水野美奈子 著	全訳中級トルコ語読本	A5判	184頁
松谷浩尚 著	中級トルコ語詳解	A5判	278頁
竹内和夫 編	トルコ語基礎1500語	新書判	152頁
松谷浩尚 編	トルコ語分類単語集	新書判	384頁
水野美奈子 著	トルコ語会話練習帳	新書判	238頁
勝田　茂 著	トルコ語を話しましょう	B6判	144頁
林　徹 アイデンヤマンラール 著	トルコ語会話の知識	A5判	304頁

―目録進呈―